管理实践中人本质的设定及其实现研究

王文奎　宋振航　王　玥　著

Guanli Shijianzhong Renbenzhi De
Sheding Jiqi Shixian Yanjiu

中国社会科学出版社

图书在版编目(CIP)数据

管理实践中人本质的设定及其实现研究/王文奎,宋振航,王玥著.
—北京:中国社会科学出版社,2019.11
ISBN 978 - 7 - 5203 - 5099 - 0

Ⅰ.①管… Ⅱ.①王…②宋…③王… Ⅲ.①管理学
Ⅳ.①C93

中国版本图书馆 CIP 数据核字(2019)第 209456 号

出 版 人　赵剑英
责任编辑　田　文
责任校对　张爱华
责任印制　王　超

出　　版　中国社会科学出版社
社　　址　北京鼓楼西大街甲 158 号
邮　　编　100720
网　　址　http://www.csspw.cn
发 行 部　010 - 84083685
门 市 部　010 - 84029450
经　　销　新华书店及其他书店

印　　刷　北京君升印刷有限公司
装　　订　廊坊市广阳区广增装订厂
版　　次　2019 年 11 月第 1 版
印　　次　2019 年 11 月第 1 次印刷

开　　本　710×1000　1/16
印　　张　15.5
插　　页　2
字　　数　224 千字
定　　价　75.00 元

前　言

　　管理人学理论是构建管理理论体系和管理实践系统的前提与基础，而管理中的人的本质问题则是管理人学理论的核心和主题。人类的管理实践的历史，事实上就是一个在不同历史条件下，不断地设定人的本质并将其创造和实现出来的过程。当然，具体怎么设定或设定的具体是什么？则与人们在不同历史时期对人本质的认识的理论直接相关联。以往的管理理论，特别是长期以来占统治地位的西方"人性假设"理论，建立在实体人性论的基础之上，对管理中的人本质的理解是片面的抽象的。这造成了管理中人性的一再被扭曲和人的失落的悲惨命运长期得不到解决。以马克思主义实践人性论为指导，清算"人性假设"理论的理论局限性和现实危害性，揭示管理中的人的现实本质，探寻管理中人本质的实践创生规律，构建真正关注人本身、充分体现人本理念、促进管理中人的全面发展的新管理理论体系，是我们摆脱资本主义管理文化的影响，建设我国社会主义先进管理文化，必须首先完成的正本清源的理论课题和实践任务。

　　历史上有关人性或人本质的理论基本上可以分为"预成论"和"生成论"两大类。马克思主义人学思想属于后者，但它特别强调劳动实践对人的创生作用。所以可以谓之曰"实践人性论"。这种"实践人性论"的主要观点有三，即劳动使人和动物相区别，人是劳动的产物；人的本质是作为人自己的创造物的一切社会关系的总和；社会实践的历史发展标志和推动着人走向自由自觉的全面的发展。

　　本书立足马克思主义实践人性论，在独创性地界定了管理中的人的双重含义，分析阐明了管理中人本质实践创生的四个基本规定性的基础上，对"人性假设"理论的逻辑片面性抽象性、实体人性论哲学基础的局限性和造成人的一再失落的实践困境等进行了系统的反思与批判。进而，从对管理中人本质的历史演进过程的总结分析、对"人性假设"理论的历史局限性和其背后蕴涵的积极意义的辩证分析中，揭示了管理中人本质实践生成的基本规律。然后根据这种规律，结合我国管理实践活动的现状，紧贴我国社会主义的本质要求、时代潮流和当代管理发展的新趋势等，分析论证了我国管理实践促进人的全面发展的当前任务和努力方向或发展路径。

通过这样的研究得到的主要结论是：

管理是人类有组织的对象性社会实践活动。作为人的对象性实践活动，管理在创造财富的同时也创造着人本身。管理活动是创造文明与文明人自我创造相统一的社会历史过程。作为有组织的社会活动，管理的具体社会组织形式随着社会历史的发展而发展。管理组织形式的历史发展表面上表现为管理历史形态的更替，实质上却体现着和记载了管理中的人的历史发展状态及其本质的自我展现过程。

管理中的人从来都是具体的现实的。管理中的人的历史发展及其本质的具体规定性，一般表现为：在特定的社会历史条件下，于相应的管理系统中所形成的自我设定性、实践生成性、历史演进性和无限创造性等。因此，不存在既成的、永恒不变的所谓管理中的共同的抽象的人性。管理中的人随着社会历史条件的变化和管理形态的更替，遵循着由低级到高级、由简单到复杂、从片面到全面的历史演进和自我实现规律。

"人性假设"理论虽然反映和记载了机器大工业时代资本主义生产方式下管理中的人的历史发展状况，但总体上说它对管理中的人本质的理解是抽象的片面的。唯有立足于马克思主义实践人性论，对"人性假设"理论的逻辑局限性、"人性假设"实体人性论哲学基础的危害性和其一再造成现实中人的失落与人性的被扭曲的实践困境等进行全面的清算，才能够为管理中的人真正走出从"摩登时代"到

"富士康跳楼事件"的历史"宿命"（或悲惨梦魇）提供科学的理论支持。

马克思主义实践人性论为我国构建促进管理中的人的全面发展的社会主义的新管理体系提供了科学的哲学理论基础。但是，必须把这种一般的哲学观念进一步具体化或转化为管理实践活动的基本原理或具体的应用理论形式，才具有实践可操作性。

制约和影响管理中的人的现实本质及其具体实现过程的因素，主要有社会历史条件和管理系统本身的原因。其中，社会历史条件主要包括社会生产力发展水平、社会经济政治制度以及科学技术条件和管理知识与理论的发展状况等，它们从宏观层面决定管理中人本质的具体实现方式和相应的历史发展程度。它们的变化将引起管理历史形态的更替并造成管理中人本质的质的飞跃；管理系统本身的原因主要包括管理理念与价值观、管理体制与制度、管理方式与方法等，它们是管理中人本质具体地历史地自我实现的微观层面的内在根据。它们的变化意味着管理的具体组织形式的改变并造成管理中人本质的持续的量变过程。

我国社会主义和谐社会的建设、当代信息化知识型社会的发展、管理"文治"时代的到来等，为我们超越资本主义管理文化，构建促进人的全面发展的社会主义先进管理文化，提供了良好的社会历史条件。但我国现实的管理实践活动和管理中人本质的发展状况，与我国社会主义的本质要求和当今的社会与管理发展的时代潮流很不相适应。我国现实的管理实践活动系统的基本构架（特别是具体社会组织的管理活动体系）本质上是在吸收引进国外（主要是资本主义现代管理文化）管理经验和技术的基础上形成的。为此，我们所面对的主要任务和努力方向就是，立足马克思主义实践人性论，以真正体现以人为本、促进管理中的人的全面发展为终极目标，系统地变革管理基础理论、重新构造相应的新的管理基本理念系统、全面改造管理实践体系、努力培育和构建社会主义人本管理文化等。通过这些方面的不懈的努力，将我国管理实践活动推向创造文明与文明人的自我创造相统一的健康发展轨道上来。

目　录

下　篇

上　篇

第一章

管理与管理中的人的本质问题

第一节　管理中人本质问题的理论关照与现实拷问

管理广泛地存在于人类社会的一切历史阶段和各个层面。管理活动是人从事社会活动和参与社会实践的最基本的社会组织方式，是人的社会性存在的最直接和最具体的表现形式。管理的具体形态随着人类社会的发展而发展。通观整个管理史，人类的管理活动已经依次经历了三种基本的发展形态：古代（伴随着人们的集体活动和合作劳动而来）的经验管理形态。它以突出管理者个人的才能、韬略和经验为主要特征，亦称管理的"人治"时代。近代（从泰勒倡导的科学管理开始）的科学管理形态。它以追求刚性的制度、严密的程序等所谓的规则之治为主要特征，亦称管理的"法治"时代。当代（20世纪后半叶以来正在逐步形成）的文化管理形态。它以从组织文化深层陶铸所谓的企业精神和员工共有的价值观念、倡导"组织人"出于内心认同的柔性管理等为主要特征，亦称管理的"文治"时代。①

管理中的人的本质问题，历来就是管理学和管理哲学关注和探讨的焦点问题与核心问题。然而迄今为止，这些关注和探讨都主要集中在管理中的人的特殊性方面，即管理中的人不同于其他管理要素的特殊性及其在全部管理活动或整个管理系统中的特殊地位的讨论上。没有进一步分析和探索管理中的人本身的特殊规定性，即揭示和说明管

---

① 张德：《人力资源开发与管理》，清华大学出版社2001年版，第11页。

理中的人在其特定的实践活动中自我生成的成因和具体表现等。由此，当然也就不会有直面管理实践的发展，提出和阐明管理中的人本质的实现问题的具体讨论。

换句话说，以往的研究只讨论了一般意义上的或者说抽象意义上的人性或人的本质问题。他们着重把人看作是管理的一种既成的对象，并且是众多对象性要素之一，只关注作为客体的人的要素与其他同样是客体的要素的区别及其对管理的意义，未曾将人作为管理活动中通过集体创造性劳动实现自己本质的自我创生的主体来看待。他们要么借用来自经济学的人性假设和哲学中的人的观念；要么依据观察实验发现的人区别于物的特殊性，提出管理这种有别于物的对象性的人应该注意的问题，抑或最多只依据这种人与物的一般意义上的差异性提出种种所谓的管理模式或策略等。这种传统的研究路径，至少存在三大理论缺陷，即理论旨趣上更多关注的是管理本身，而不是人的发展问题；对管理中的人的理解的抽象性和片面性；见物不见人的工具主义方法论等。这些缺陷无疑是造成现实管理活动中的一系列弊端和对人性的一再扭曲的基本的理论根源。

我国的现代管理活动肇始于 20 世纪 80 年代。改革开放引进和吸收国外先进的管理技术和经验，对推动我国管理活动不断走向现代化，具有奠基性的意义，发挥了变革性的作用。然而，不可否认的是，我国目前的管理领域还普遍地存在着各种先进与落后的管理理念兼容并蓄、不同管理形态同时并存、多样化的管理模式和体系交织一起、形形色色的管理机制与方法混杂一炉等现象。这表明我国管理实践向现代化的跃升和变革过程还正在进行中，反映了我国真正意义上的现代管理活动在各个领域和各种社会组织的具体管理实践中发展的不成熟和极其不平衡的基本现状。从认识或理论角度来说，这种状态正是由于我们不曾区分和分析国外各种管理思想和不同管理形态历史演变的实质与意义，生吞活剥、拿来就用的结果。这种现状与我们所处时代发展的要求还相差很远，与我国社会主义社会的性质和管理实践促进人的全面发展的根本使命很不匹配。这使得管理实践中常常发

生一些社会主义制度难以容忍的对人性的严重扭曲的现象和一系列本
不该在当今时代出现的悲惨后果，引起了人们的广泛关注，成为管理
哲学必须面对的重大理论和现实问题。

抛开见物不见人，过于功利主义的管理理念和行为所带来的种种
破坏环境与生态、生产销售伪劣和有毒产品等有失人文关怀，甚至蔑
视人的尊严和生命的现象不说。仅就管理系统内部而言，令人震惊的
"富士康跳楼事件"就极具典型意义。富士康作为一个位列世界500
强的现代特大型企业集团，其管理模式直到接连发生十多起员工跳楼
事件，才引起了全社会的多角度的思考。有人斥责富士康是"血汗工
厂"，有人埋怨政府监管不力不到位，也有人把它归因于产业链中国
际分工形成的企业利润挤压的后果，甚至更多的人本末倒置地从所谓
的"新一代农民工"的个性特点和适应能力的不足中寻求解释。事实
上，问题的本质正好相反，正如马克思主义认为的那样，劳动创造了
人，人是劳动的产物，人的社会生活是怎样的，人也就是怎样的。新
一代农民成为现代企业中的工人，他们作为"工人"的这个人，是企
业的生产劳动方式及其管理实践模式造成的。换句话说，富士康的工
人是怎样的，这只能从富士康本身，从富士康的现实的生产劳动的组
织方式和管理模式中寻找答案。更一般地说来，这事实上就是把管理
中的人的本质及其实现问题的思考，再一次以一种极端的方式直接呈
现在了人们的面前。

第二节　管理中人本质问题的研究现状

一　国外研究现状分析

工业文明之前的人类管理活动，总体上处在经验管理阶段，或曰
管理的"人治"时代。经验管理在对待管理中的人的问题上，虽然总
体上把人当作如牛马一样的会说话的工具，但从另一个角度来看，还
是自发地注重人的特殊性的。通常经验管理把人看作是做工者、劳动
者、生产者甚至是创造者。这意味着在经验管理看来，工作任务的完

成、产品的制造等，或一般地说生产劳动的主体是人，人是创造的主体。机器大工业一下子颠覆了这种传统的素朴的意识。似乎进行创造的是机器，人只不过是机器系统的一个组成部分。人由此便不再被看作是主体，而被看作是并且仅仅是一种并不比机器更具特殊性的客体对象，是诸多生产要素中的一种。"工具人"理念在管理中占据了统治地位。但这种理念在管理实践中导致了极其恶劣的后果。不仅由此带来的人的悲惨境遇遭致普遍的不满与反抗，而且正如管理学创始人泰勒所发现的那样：人的创造潜能被遏制了，远远没有发挥出来。① 并且，机器的能量也在人们的不满与反抗中常常被削减或破坏。

泰勒注意到了管理中的人的方面的特殊性，他依据经济学的"经济人"假设，创立了特别关注人的经济属性的科学管理理论。从此，人类的管理活动走上了管理的第二个历史形态，即科学管理阶段，或曰管理的"法治"时代。科学管理时代，人们围绕管理中的人的方面的特殊性进行了多方面的长久的探索，形成了从"经济人"到"社会人""自我实现的人""复杂人"等众多的关于人的特殊性的所谓的人性假设。虽然这些假设有时候似乎也关注到了人的主体性，例如"自我实现的人"和"决策人"等，但总体上它们关注的重点是管理系统本身的优化和效率问题，而不是人本质的实现或人本身的发展问题。通过对人的方面的特殊性（一般的或抽象意义的人性）的关照，促使包括人在内的各种管理要素得到优化配置和高效率运转，是这些假设的初衷和终极目的。因此，它们并没有跳出将人主要看作是管理中的一种即成的和拥有恒定不变性质的对象或客体的认识。对管理中的人本质的这种理解是片面的和抽象的。相应的它所能导致的必然的现实结果，就是对完整的人的片面的抽象的扭曲。

20 世纪中后期以来，在对日本经济奇迹的探寻中发展起来的文化

---

① ［美］弗雷德里克·泰勒：《科学管理原理》，马风才译，机械工业出版社 2007 年版，第 168 页。

管理理论，将人类管理活动推进到了第三个新的发展形态，即文化管理阶段，或曰管理的"文治"时代。文化管理注意到了人的文化属性，把人和整个管理系统看作是一种人的文化性存在。与科学管理偏重通过规则之治规范作为对象的客体的管理中的人的行为相比，文化管理则注意对主体的人的内心世界的培育和陶铸，力求通过培养所谓的"组织人"来达到管理的目标。"组织人"和文化管理所倡导的以人为本、生态和谐等理念，明显地开启了将管理中的人看作是处在多重关系中的，在管理实践中生成自我或实现自身本质的社会性主体的理论探索的新路向。① 尽管这种理论还在发展当中，这种新路向的探索还未获得重要的进展，但它已经为我们探讨管理中的人的本质及其实现路径奠定了思考的前提，提供了研究人在具体的管理实践中如何实现自我的崭新的视角。

二 国内研究现状分析

抛开古代"人性善""人性恶"的一般讨论和各个朝代的治国治民方略中的相关思想不说，就现代管理学尤其是管理哲学的研究而言，国内的相关研究肇始于改革开放引进国外先进管理经验和技术之后。在如何深入理解和把握一下子涌进来的众多的国外管理理论，更好地解决我们面对的复杂的现实管理问题等需求的催生下，伴随着管理理论研究的热潮，我国的管理哲学研究在近一二十年来得到迅速发展，形成了许多新的成果。

国内管理哲学研究的热点问题就是管理中的人的本质问题。围绕这个问题形成的主要观点有：

1. 人是管理的核心和主题

国内管理哲学界几乎一致认为，人是管理的永恒的主题，全部管理的历史和一切管理活动都是围绕这个主题展开的，因此，人同时又是管理的核心。所以，不仅我国现行的管理学教科书几乎都会讲到人

---

① Barbara Czarniawska, Fabrizo Panozzo, "Trends and Fashions in Management Studies", *Int. Studies of Mgt. & Org*, 2008, pp. 11 – 12.

是管理的（最终、最高）目的、管理必须以人为中心等观点，而且近年来管理哲学研究的许多成果也对此作出了进一步的确认和阐述。例如，苏健在其博士论文《管理与人性》中就论述说："人既是管理的主体，又是管理的客体，人是管理系统中矛盾的中心。由于人是一切社会活动的主体和目的，也是一切社会活动的基础和根据，在很大的程度上可以说管理学研究的是人的行为，所以，人性假设才成为管理学的第一公设。"① 又如乔东的《管理思想哲学基础反思》博士论文也认为："既然在一定意义上讲管理学是'人性之学'，而人性是人的本性，那么，管理学也是一种'人学'。人是一切管理的核心，不管是管理的主体还是管理的客体都离不了人。管理的任何问题都或多或少与人有关。"②

这样的认识和观点，在公开出版的许多管理哲学著作中也一再得到了反映。例如，齐振海主编的《管理哲学》一书认为："管理哲学研究的问题都是围绕着管理主体和管理客体的关系而展开的，都是管理主体和管理客体关系的不同侧面的表现。"③ 官鸣也在其《管理哲学》一书中指出，管理哲学的研究对象是："以管理主体和管理客体的矛盾为中心，通过对组织与个人、组织与环境这两个基本问题的考察，揭示出人类管理活动的本质和发展的一般规律。"④ 由此可见，人是管理的核心和主题作为一个基本事实已经得到我国管理学和管理哲学的共同确认和关注。

2. "人性假设"是管理思想演进和管理实践发展的逻辑前提

围绕人是管理的核心和主题问题的探索和研究，我国学者在介绍西方管理学"人性假设"学说，揭示"人性假设"与管理实践的发展、管理思想理论的演变等关系方面，做了大量的工作，进行了最为集中的讨论。这些讨论的基本结论就是，管理实践催生的各种"人性

---

① 苏健：《管理与人性》，博士学位论文，中共中央党校，2003 年。
② 乔东：《管理思想哲学基础反思》，博士学位论文，清华大学，2005 年。
③ 齐振海：《管理哲学》，中国社会科学出版社 1988 年版，第 10—11 页。
④ 官鸣：《管理哲学》，知识出版社 1993 年版，第 2—4 页。

假设”的变化，引起了管理思想和管理理论的历史演进，反过来这种历史演进又指导和引领了管理实践活动的不断深化和发展。例如，张兵的硕士论文《哲学视野下管理中的人性假设》，在叙述了管理学种种人性假设之后总结说："管理学中人性假设的形成模式一般是，考察组织中人的典型特性，分析人的这种典型特性的内在结构，找出人的工作动机和目的，根据人的工作动机和目的对人性做出假设，再把这种关于典型情况的假设加以外推，形成普遍的一般的人性。管理学者或管理者们再将这种预设的人性观点当作公理来使用，形成相应的管理理论和管理方式，最后把这些管理理论和管理方式应用到具体的管理实践当中，观察该假设的应用效果，再根据假设的应用效果对该假设进行修改或提出新的人性假设。"① 尹卫东在其博士论文《哲学视野中的西方管理思想流变》中说："管理学的发展表明，人们对管理中人的本性的认识，是构成管理理论的前提。"任何一门管理理论都有自己的人性假设。一旦管理人性假设发生嬗变，管理理论随后就相应地发生变化。无论是管理思想的嬗变，还是管理方式的变革，实际上都是由人性观的变化所引发。"经济人"假设催生了古典管理理论，"社会人"假设引发了人际关系—行为科学革命，"复杂人"假设则导致以系统观为特征的现代管理科学的崛起。西方管理学演变的历程表明：人性假设是管理理论的基石，是构成理论体系的逻辑前提。②

另外，还譬如，宋培林的《基于不同人性假设的管理理论演进》一文，从不同人性假设的角度对西方管理理论演进脉络进行了梳理后认为：无论怎样理解"管理"，人性假设是"管理"的逻辑前提这个判断却不为人们所反对。也正是基于不同的人性假设，才产生了不同的管理理论，而不同的管理理论在管理实践中便衍生出了形形色色的管理原则、方法、制度和准则。③ 康杨的《管理中的人性假设综述》

---

① 张兵：《哲学视野下管理中的人性假设》，硕士学位论文，兰州大学，2006 年。
② 尹卫东：《哲学视野中的西方管理思想流变》，博士学位论文，苏州大学，2002 年。
③ 宋培林：《基于不同人性假设的管理理论演进》，《经济管理》2006 年第 11 期。

一文说:"就人性假设问题的实际研究情况来看,国内外论者大多在讨论人性假设问题之后,立即转向激励和组织领导等问题的研究,反映出人性假设作为人的问题研究的人性论基础以及整个管理理论展开的逻辑前提这一事实。"① 张明兴的论文《西方管理学人性假设的哲学思考》认为:对人性的理解是……管理学思想形成和研究的重要哲学前提,管理可以看作是由人性驱使的一种社会活动。在西方传统管理思想的发展历程中,"人性"始终是一个基本的逻辑范畴。从某种程度上可以说,哲学理论包括管理思想都是根据对"人性"的某种认识而提出的。各种管理理论的根本区别,归根结底都是源于对"人性"的不同理解。② 朱华桂在《论中西管理思想的人性假设》一文中也说:"从管理学的角度来看,每一种管理理念的背后都反映了管理者对被管理者最基本的行为预期,而这一预期又以一定的人性本质为假定前提。人性假设是管理学研究的逻辑前提。不同的人性假定有不同的管理学理论,不同的管理学理论在管理实践中更是衍生为不同的各具特色的管理原则、管理方法、管理制度、管理准则。因此,对人性的认识是管理思想形成的重要理论依据。"③ 黎红雷博士则提出,人类不同时代对于自身本质的认识,标志着那一时代管理活动的侧重点,实际上这种对人类本质的认识是划分一定管理时代的依据。④

3. 西方管理理论中的"人性假设"对人的理解是抽象的、片面的

在对"人性假设"的深入探讨中,我国学者从多重角度对其进行了反思和批判。指出了这种学说的抽象性和片面性等。例如,刘友红在《对西方管理学中人性假设误区的文化哲学辨析》一文中指出:"从文化哲学将人性的本质归结为人的自我创造的文化本性,来评价

---

① 康杨:《管理中的人性假设综述》,《学理论》2009 年第 25 期。
② 张明兴:《西方管理学人性假设的哲学思考》,《贵州财经学院学报》2006 年第 3 期。
③ 朱华桂:《论中西管理思想的人性假设》,《南京社会科学》2003 年第 3 期。
④ 黎红雷:《人性假设与人类社会的管理之道》,《中国社会科学》2001 年第 2 期。

西方管理学的人性假设，可看到其在不同程度和不同方式上具有片面性、孤立性、静态性、实体性、超验性和抽象性。即它们存在以下三大误区：第一，对人性存在的片面性、孤立性理解；第二，对人性样态的静态性、实体性理解；第三，对人性功能的超验性、抽象性理解。"① 何伟强在《中西方管理人性论的辩证思考与应然构建》一文中说："比较中西方管理人性论，两者在出发点与着眼点、人性结构与总体倾向、论证角度与论证方法等方面存在一定的区别和分歧。其中，中国管理人性论侧重于对'人'作为群体、复数、抽象概念的'群体社会性'存在（社会存在物）、'价值性'存在的认识；西方管理人性论则侧重于对'人'作为个体、单数、具体概念的'个体自然性'存在（自然存在物）、'事实性'存在的认识。中西方管理人性论虽各自具有一定的合理性，但又都存在有不足之处。中国的管理人性论注意到了人作为'群体社会性'存在的一面，而忽视了人作为'个体自然性'存在（或'自然存在物'）的一面，注重了对'人'的价值性认识，却忽视了对'人'的事实性认识。中国古代管理人性论具有'社会本位（或群体本位）''价值本位'的特点或片面性；西方的管理人性论注重了对'人'的事实性认识，却忽视了对'人'的价值性认识。西方管理人性论具有'自然本位（或个体本位）''事实本位'的特点或片面性。"② 乔东的《西方传统管理思想中的实体人性论》的文章说："西方传统管理思想以实体人性论为哲学基础，用片面的、既定的、抽象的思维方式看待人。其各种人性假设从不同的角度抽象出人性的各种形态，阐述人的各种基本特性。由此他们提出各种不同甚至对立的管理理论，最终使得西方传统管理思想及其理论陷入困境而不能自拔。"③

---

① 刘友红：《对西方管理学中人性假设误区的文化哲学辨析》，《学术月刊》2004 年第10 期。

② 何伟强：《中西方管理人性论的辩证思考与应然构建》，《浙江教育学院学报》2008年第 5 期。

③ 乔东：《西方传统管理思想中的实体人性论》，《山东师范大学学报》（人文社会科学版）2010 年第 1 期。

4. 应当从人的存在方式来理解管理的本质

在批判西方管理思想和"人性假设"的局限性基础上，我国学者提出了应当从人的存在方式来理解管理中的人和管理的本质的新观点。例如，傅长吉、丛大川的文章《"管理"与人的生命存在——对"管理"产生前提的哲学反思》就认为："管理的本质不是自然的、物质的、神赐的，而是人性的产物。管理是人的生命创造。有意识的生命存在是管理产生的起点，区别于动物的生命存在是管理生成的基础。人的生命存在是管理产生的前提。"① 傅长吉还在《管理与人的存在方式》一文中指出："理论界在'管理'和'人的存在方式'的研究中存在一个明显的不足，就是没有把管理与人的存在方式联系起来，忽略了管理是人的存在方式。人必须凭借管理，才能使自己特有的生命得到生成和发展，人只能存在于管理构建的社会历史中。管理既是人的生命存在的方式，又是人形成发展社会历史的方式。管理是人的生成方式，管理是人的成长方式，管理是人的活动方式，管理是社会关系构成的方式，管理是历史形成发展的方式。"②

5. 人性的发展和管理的发展应当遵循"动态平衡规律"

苏健的博士论文《管理与人性》提出："管理作为人的实践活动，不能脱离人性，是人性的现实表现。同时，管理又是对人性的塑造过程。论文通过对人性与管理关系的研究，认为人性与管理始终处于动态平衡的关系中，人是管理的主体，人性是管理发展的最深层动因，人性发展应该是管理追求的目标，好的管理作为手段也能够促进人性的发展。两者在社会历史的发展中形成对立统一的关系。人性是管理的逻辑起点，管理发展的最高境界就是顺应人性的发展，促进人性的发展。"③ 同时，他还以对人性管理的基本问题的理论探讨为基础，对当代中国人性管理实现的问题作了初步探讨。

---

① 傅长吉、丛大川：《"管理"与人的生命存在——对"管理"产生前提的哲学反思》，《安徽大学学报》（哲学社会科学版）2005 年第 4 期。

② 傅长吉：《管理与人的存在方式》，《安徽大学学报》（哲学社会科学版）2006 年第 5 期。

③ 苏健：《管理与人性》，博士学位论文，中共中央党校，2003 年。

　　由此可见，从对人是管理的核心和主题这一基本事实的关注与自觉，和进而对"人性假设"是西方管理思想嬗变、管理实践发展的逻辑前提的论证与阐明，到反思和揭示"人性假设"的抽象性、片面性等不足和局限，再到要求从人的存在方式研究人与管理的关系，并提出人性的发展和管理的发展应当遵循"动态平衡规律"等，国内管理哲学研究在近一二十年来可谓一步一个脚印，逐步深入，取得了值得肯定的可喜的进展。这些研究将焦点集中于管理中的人及其本质问题，可谓主题明确、切中要害；这些研究反思、批判和揭露了西方"人性假设"思想的抽象性和片面性等，应当说是睿智的和深刻的；这些研究提出了管理是人的存在方式、人性的发展和管理的发展应当遵循"动态平衡规律"，显然具有突破性和创造性的意义。这些重要成果为我们的研究奠定了扎实的基础，提供了进一步深化研究的前提和正确的方向。

　　我的研究无疑应该充分地吸收和借鉴这些成果，但并不能就此止步，以此为满足。因为，在肯定这些成果的同时，我发现不但管理中的人的本质问题还远没有得到解决，作为解决这个问题之要害的管理中的人本身（本质）的特殊规定性甚至没有被真正地触及到，而且这些研究自身也存在有一些不足和缺陷。例如对西方管理思想和"人性假设"历史演进所记载的人性或人本身在管理实践中的现实的历史的发展没有给予足够的重视；仍然立足于一般意义上的人、人的本质或人性的抽象阐述，未能进一步揭示管理实践中的人本身及其本质的特殊规定性；还是把人仅仅当作管理中的一个特殊要素，侧重它与其他要素的区别的说明和对所有这些要素在既定管理目标实现中的地位的关注，没有真正把人看作是在管理实践中通过创造性劳动实现自我的主体，并进而去探讨管理中的人本质实现的历史进程或规律及其现实路径或方式等；虽然对管理是人的存在方式和人性的发展与管理的发展应当遵循"动态平衡规律"作出了原则性的理论说明，但未见有对它们的具体内容和在我国现实管理实践中应当如何体现等的进一步论述。我的研究将力求在这些方面有所突破，并作出系统的阐述。

第三节　管理中人本质问题研究的目标与任务

一　研究目标

事实上，管理中的人并非只是一种抽象的对象性存在，在其现实性上它是处在集体创造性活动中活生生的社会性的自我实现的主体。管理中的人的现实的具体的本质，必须进一步从这种自我实现的主体的人本身的具体活动方式的特殊规定性中来把握。我的研究将以此为关注点，一改传统研究路径，立足人学的视角，对历史上关于管理中的人的方面的特殊性的研究成果进行反思和批判，着重讨论管理中的人本身的发展问题或人本质的自我实现问题，力求揭示处在管理实践方式中的人的特殊本质及其动态演进规律，并在此基础上探讨我国当前条件下管理中的人本质的基本实现路径。这样的研究，在理论上是对以往的研究的进一步深化，是对管理哲学研究内容的必要补充和对马克思主义人学理论应用性拓展的有益尝试，在实践上将为我国管理活动的健康发展，为我国社会主义条件下管理活动促进人的全面发展，提供理论支持与具体指导。

换句话说，本书将对管理中的人本质的具体规定性及其实现规律和当前路径等分层次作出系统的理论阐述。与已有的研究不同，本书关注的重点不是管理系统的效率问题，而是管理中的人本身的发展问题；着力讨论的不仅是管理人性论的理论辩驳问题，更重要的是管理中人的具体本质的实现问题。力求通过对管理中的人本身的特殊规定性的揭示和对管理中的人本质的实现规律的探讨，寻找到在我国社会主义条件下实现管理中的人的本质，促进人的全面发展的路径，为我国的管理实践的发展提供理论指导。

二　主要内容

人学意义上的管理与管理中的人的理论界定：人学视角研究管理的逻辑合理性及其现实必要性和意义；人学意义上的管理的具体所指

及其基本含义；管理中的人的双重内涵；作为社会性创造主体的管理中现实的人的完整性及其本质规定的多样性的辩证统一。

管理"人性假设"理论反思与批判：管理"人性假设"理论产生与盛行的社会历史背景与内在原因；管理"人性假设"的逻辑发端及其局限性和对人的理解的抽象性片面性分析；管理"人性假设"理论的实体人性论哲学基础反思；管理"人性假设"导致的对管理中的人从理论抽象到现实扭曲的实践困境的批判；以"人性假设"理论为基础的管理物本主义价值取向与"以人为本"理念的矛盾；隐藏在"人性假设"背后的管理中现实的人的实践生成过程分析；"人性假设"的不断演变对管理中人本质的历史演进过程的逻辑记载；"人性假设"理论的积极意义揭示。

管理中人本质实现的历史演进规律揭示：管理中人本质的实践创生机理；伴随着管理形态更替和管理具体组织形式变化的管理中人本质的实践创生过程，以及在这个过程中所表现出来的人的具体本质的质变和量变历史统一性；管理中人本质实现过程的历史演进规律及其具体表现形式；管理中人本质的实现是一个历史事实论证。

管理中人本质实现的历史演进规律运行过程中的影响因素分析：外部条件——社会生产力发展水平、社会经济政治制度以及科学技术条件和管理知识与理论的发展状况等，对管理中人本质实现的影响方式分析；内在成因——管理理念与价值观、管理体制与制度、管理方式与方法等，与管理中现实的人本质的具体生成过程的真实关系分析。

我国管理实践构建人本管理文化促进人的全面发展的路径探讨：变革物本主义管理文化的必要性和历史意义；当今时代和我国社会对构建人本管理文化提供的现实条件和所提出的系统性要求；当前社会转型期我国的管理实践和管理中的人的现状分析；我国管理实践走出物本主义传统，构建新的人本管理文化的当前任务与发展方向；我国管理实践促进人的全面发展的多层路径及其实践操作方式论述。

三 需要解决的关键问题

立足马克思主义人学理论观点，就管理中的人及其本质的实现问题，形成自己独到的较为完整系统的理解，使该研究成为将马克思主义实践人性论应用到研究具体的管理实践活动形式中，人的实践生成规律的一种积极的尝试和富有现实意义的探索。

基于人学视角对管理中人的真实内涵进行界定分析，对管理实践活动中作为社会性创造主体的人本质的现实规定性及其辩证性质作出具有独创性的揭示和阐述。

力求从逻辑局限性分析、哲学基础反思和实践困境批判等多层面对管理学"人性假设"理论作出比之学界现有的相关研究更为深入和全面系统的分析论述，明确对其进行理论变革的必要性和重要意义。

在反思批判"人性假设"理论的基础上，同时注重其"积极意义"的考察和挖掘，揭示隐藏在"人性假设"不断更替背后的管理中的人本质的实践创生机制和历史演进规律，并对其表现在管理历史形态更替和具体组织形式变化中的质变、量变相统一的过程进行具体阐明，使该研究从理论抽象转入实践具体，具有可操作性。

在系统分析具体的管理中人的实践生成的外在条件和内在成因的基础上，依据论文所坚持的"管理中现实的人本质的实现是一个历史事实"（或过程）的核心观点，结合我国管理和管理中的人的现状，提出了变革物本主义管理传统，建构新的人本管理文化的多层次的系统路径，力求对转型期我国新管理文化的建设具有现实指导价值。

第二章

人学视角管理中的人本质的一般规定性

第一节　人学视角的管理与管理中的人

一　人学视角的管理界定

管理作为一种普遍存在的社会现象，在现实中常常表现为诸如行政管理、企业管理、事业单位或社会团体管理，以及国家管理、社会管理、组织管理或战略管理、事务管理、行为管理等多种多样的种类、层次和形式。但是，无论什么样的管理种类、层次或形式，人都在其中居于核心地位。人是管理的普遍的永恒的主题与核心，管理的历史和一切现实的管理活动都是围绕着这个主题与核心展开的。在这个意义上说，全部管理史就是大写的人的历史展开过程，管理学也是一种人学。

人学意义上的管理研究的兴趣，不在于对不同的管理种类、层次和形式作出区分并加以特殊地考察，而在于将管理作为人从事社会活动和参与社会实践的最基本的社会组织方式，人的社会性存在的最直接的和最具体的表现形式，来探讨和找寻在这种极其普遍性但又具体独特性的实践方式和存在形式中的人本质的实践生成过程及其实现规律。总之，管理的人学研究侧重的不是管理系统本身的优化及其经济效率的提升，而是对管理实践形式中人本身的发展的特别关照。

因此，人学意义上的管理的研究是对包括所有现实的管理种类、层次和形式等在内的一般意义上的管理实践活动与人的本质之间的关系的一种揭示。我们可以将这个意义上的管理定义为：有组织的人的集体活动过程所形成的人们之间的合作劳动体系和社会协作模式。按照马克思主义人是劳动的产物和人的本质是一切社会关系的总和的观点，这种有组织的集体活动过程，事实上就是管理中的人自我创生的特殊实践过程；这种合作劳动体系，事实上就是管理中的人展现自我本性的现实平台；这种社会协作模式，事实上就是管理中的人的具体的社会存在方式。如果说"整个所谓世界历史不外是人通过人的劳动而诞生的过程"①，那么，全部管理实践活动的历史就是管理中的人的现实展开过程，亦即管理中人本质实现的历史演进过程。

正是在这种意义上，我们才能够说，首先，管理是"人的存在方式"，"管理的本质不是自然的、物质的、神赐的，而是人性的产物。管理是人的生命创造。有意识的生命存在是管理产生的起点，区别于动物的生命存在是管理生成的基础。人的生命存在是管理产生的前提"，"人必须凭借管理，才能使自己特有的生命得到生成和发展，人只能存在于管理构建的社会历史中。管理既是人的生命存在的方式，又是人形成发展社会历史的方式。管理是人的生成方式，管理是人的成长方式，管理是人的活动方式，管理是社会关系构成的方式，管理是历史形成发展的方式"。②

既然管理是人的生命创造，那么，人创造管理和管理创造人以及管理中的人的存在和管理实践，就是同一个过程。因此，我们才又可以说，人性的发展和管理的发展应当遵循"动态平衡规律"，"管理作为人的实践活动，不能脱离人性，是人性的现实表现。同时，管理又是对人性的塑造过程。人是管理的主体，人性是管理发展的最深层动因，人性发展应该是管理追求的目标，好的管理作为手段也能够促进人性的发展。两者在社会历史的发展中形成对立统一的关系。人性是管理的逻辑起点，管理发展的最高境界就是顺应人性的发展，促进

---

① ［德］马克思：《1844年经济学哲学手稿》，人民出版社2000年版，第92页。

② 傅长吉、丛大川：《"管理"与人的生命存在——对"管理"产生前提的哲学反思》，《安徽大学学报》（哲学社会科学版）2005年第4期。

人性的发展"。①

总之，人学视角的管理，把整个管理史和管理活动的一切内容都看作是人的劳动创造的产物，而这种人的创造物所映现的恰恰就是作为创造性主体的人本身。也就是说，人所创造的管理的历史和他们所从事的管理实践活动，才是管理中的人真正现实的具体存在形式。人学视角的管理研究，正是立足于人与物的这种辩证关系的角度，探求管理中的人在管理实践活动过程中自我创生的过程和人的本质的具体实现规律的一种努力。

二　管理中的人的所指及其基本内涵

管理就其构成的直观形态来看，无疑是一个包括"人、财、物、信息等"在内的复杂的动态开放系统或"有机组织体系"。② 所谓管理中的人，就其形式而言，指的正是那些在历史上和现实中，处于这样的管理体系或系统范围内，实际参与了这种体系或系统的具体运行过程的现实的人们，即管理学通常所说的管理中的"人的方面"。其中主要包括管理者和被管理者，主体是被管理者。传统的管理学通常仅仅从分类学的意义上，把它们看作是与管理中的物的方面相区别的所谓的一般意义上的人的要素。

然而，我们却要说，"对于一个社会组织的具体的管理实践活动而言，"仅仅把人理解为管理中的一种同质性的要素是远远不够的。"管理实践活动却总要去面对像张三或者李四这些个性鲜明并且其所处环境与心境等都极为具体的特殊的人"③。换句话说，参与管理实践活动的现实的人，一方面都是具体的、各不相同的。他们在诸如性别、年龄、个性以及能力、特长和个人需求等方面都有差异。这使得他们只能各自处在更适合于自己的工作或劳动岗位上，才能形成特定

---

① 苏健：《管理与人性》，博士学位论文，中共中央党校，2003 年。

② ［美］Armen A. Alchian, Harold Demsetz, "Production, Information Costs, and Economic Organization", *The American Economic Review*, 1972（62），p. 782.

③ 王文奎：《从被管理者的角度谈管理》，《当代财经》2004 年第 9 期。

的管理中的人们的社会分工协作体系；另一方面这些存在有内在区别和外在差异，处在不同岗位从事着不同的工作中的每一个人，又都是作为完整的人参与到这种社会协作体系中的。他们并非是一些仅仅单纯地拥有属人的某些个别特质或特性的片面性的存在物。任何力量也不可能将他们作为整体的人撕裂成这样的碎片，作为异己的对象加以利用和管制。再者，从他们与自己所在的社会组织的关系来看，"被管理者并非是社会组织的异己的力量，他们在社会组织中工作，也决非是用自己的劳动换取生活资料那么简单。他们选择某个社会组织中的某种职业，实际上是对他们的生存方式的选择，他们由此就将自己的命运和所选择的组织的命运捆在了一起"。① 他们唯有在这种具体的整体性的意义上，在与社会组织的这种融通中，才能够真正获得管理中的创造主体的地位。

作为创造主体的管理中的人，它对于管理的意义，就不仅仅只是由于其与其他物的要素相比具有特殊性，会引起对它的管理策略和模式的改变那么肤浅和简单。（因为，原则上说任何一种要素都与其他要素是不同的，都具有自己的特殊性。当人们仅仅把它们看作是对象性的要素的时候，无疑都应该采取相应的特殊管理策略和模式。）事实上人们之所以特别关注管理中的人，还有其更为深刻的理由。其真正的缘由就在于，在现实的管理实践活动过程中，人是决定和造就管理活动全部现象和本质的真正内在的主体性创造力量。这种力量是管理源起之根、存在之本，是管理活动的内在尺度和终极目的。管理系统的建构与形成、存在和运行恰恰是这种创造性主体特殊本质的具体展现。这就是说，管理中的人非但具有客体方面的与他物比较意义上的特殊性，更具有其统摄管理全局并由此造就自己独特的现实存在方式的主体方面的人本身的，即人所以为人的特殊性。

因此，管理中的人的基本内涵，就必然包括管理中的人的方面的特殊性和管理中的人本身的特殊性等两个基本的逻辑层面。第一个层

① 王文奎：《在组织中成长——从被管理者的角度谈管理》，《理论导刊》2002年第2期。

面侧重从人作为管理的对象不同于其他管理要素的客体的意义上来看待管理中的人及其与管理的关系；第二个层面则力求从人作为管理的创造性力量在这种特定的实践活动形式中所展现出来的特殊本质的主体的意义上来理解管理中的人及其与管理的关系。将这两个逻辑层面统一起来，我们就可以说，管理中的人既是一种对象性存在，又是从事这种对象性活动的创造性主体。其全部的深刻的内涵就在于，管理中的人乃是在自己的对象性活动中将二者统一在一起的有机整体。

以往的管理哲学和管理学理论，通常笼统地将管理中的人理解为管理活动或管理系统中的人的方面，仅仅强调了管理中的人的方面的特殊性，即人与物的比较的特殊性。这种传统侧重把人理解为管理中的一种特殊的对象要素，一种与物的要素不同的客体。其目的并不是对管理中的人本身的发展的关注，只是想通过关注作为客体的人的要素与其他同样是客体的物的要素的区别，来发掘它对实现管理目标的手段性意义，提出管理这种对象性的人应该注意的问题，或者最多只依据这种人与物的一般意义上的差异性提出种种所谓的管理模式或策略等。

这是一种在对待管理中的人的问题上的工具主义思想。这种仅仅从工具主义意义和人与物的一般区别的层次上来看待管理中的人的传统观念，很自然地就造成了管理史上一直以来要么借用来自经济学的人性假设和哲学中的人的一般观念，要么依据实际观察发现的人区别于物的特殊性，即抽象的人之共性或所谓的一般意义的人性，来看待管理中的人的理论路径。这种只讨论抽象意义上的人性或人本质问题的理论路径，必然导致的结果就是管理学一直跳不出由"人性假设"理论上的抽象性造成现实中对管理中的人本质的扭曲的困境。管理史上各种"人性假设"之间的纷争不断和一再演变，至今无法真正解决管理中的人的本质问题，从而从根本上克服其现实困境的事实就是最有力的证明。究其症结就在于，这种对管理中的人的理解是抽象的，不是具体的。而这种抽象性又来自于对管理中的人的基本涵义的片面性关注。当传统的管理哲学和管理理论把人仅仅看作是管理的对象，并且是仅仅具有人与物的直接区别意义上的特殊性的对象性要素之一,而未曾将人作为管理活动中通过集体创造性劳动实现自己本质的一种特殊主体来看待的时候,这种片面性和抽象性就是不可避免的,上述困境的现实存在就是无论怎样变换所谓的"人性假设"都是无法克服的。

管理中的人的真正深刻的内涵必须从管理中的人本身的特殊性中去挖掘。唯有深入揭示和阐明管理中的人本身的这种特殊性,我们才能够完全理解和把握人所从事的管理实践活动连同由此形成的管理中的人的真正具体的现实的本质。

管理中的人从来都不是什么既成的、直接的或抽象性的自然存在物。管理中的人始终都是,并且只能是处在一定的管理系统中经由自身特定的对象性实践活动,即有组织的集体创造性活动,不断创生和实现着自己本质的具体的和现实的社会性主体。这就是管理中人本身的特殊性。正如马克思主义所说,人是人的创造性劳动的产物。人的社会生活是怎样的,人也就是怎样的。人的本质在其现实性上是一切社会关系的总和。因此,我们必须和只有进一步去追索和探究管理社会实践形式所要求和必然造成的管理中的人本身的特殊规定性,透过这种特殊规定性的实践创生机制及其历史演进过程,来理解和把握作为社会性创造主体的管理中的人的真正现实的具体的内涵。

从这个角度或层面来看,伴随着管理实践的历史发展所形成的管理学"人性假设"的历史演进,因此也就具有了更为深刻的积极意义。因为,人类管理实践的历史发展过程就是管理中的人本质的现实展开过程。"人性假设"理论记载了这种实践过程的一些主要的发展阶段和这种人本质的现实展开过程的重要的逻辑环节。如果我们采用历史与逻辑相统一的方法,对管理学"人性假设"历史演进进行深入的反思和分析,就能够透视管理实践历史发展过程中的人本身的历史演化过程及其本质的自我实现规律。对此本书将在后面适当的地方再做详细论述。

总之，管理中的人从来都是具体的和历史的，即它受特定的社会历史条件所造成的管理实践的具体情况的决定与制约。这种决定与制约最终造成了历史上和现实中管理中的人的具体规定性的差异和其自我实现程度的不同。伴随着管理实践活动的历史发展，管理中的人表现为一个不断演化生成和历史地自我创生、自我实现的过程。正如有人所说的那样，"人（生物意义上的人——引者注）是一个未完成的创造物"①，现实的真正意义上的人——当然包括管理中的现实的人——是在自己的劳动过程中自我创生和不断地实现着自身本质的一种具有无限发展性的社会性创造主体。

第二节　管理中人本质的一般规定性

一　管理中的人的本质

本质乃是一个间接的领域，是直接存在物之间的一种反射关系。离开了人的具体的现实的社会关系和其所进行的对象性实践活动过程，人最多只能是一个直接的一般自然存在物。由此来谈论所谓的人性或人本质的规定性，非但是不合逻辑的并且必然陷入片面性和抽象性的窠臼。和其他任何事物的本质一样，管理中的人的本质不是任何意义上的直接性存在，它只能是一种在具体管理实践的对象性运动中通过人的创造物的直接存在所映射出来的间接的内在规定性。这种内在规定性，就包含在人们所实际参与和从事的管理的现实组织关系与管理实践之对象性活动的具体过程之中。

就人与管理实践的一般关系而言，管理中的人的本质整体上只能被理解为一种组织起来的创造性主体，一种既是人的对象性创造物的创造主体，同时又是人本身的创造性地实践生成的主体。管理实践活动的具体现实性和过程性决定，这种主体的创造性能量的释放乃是一个非常具体的逐步展现的过程，其具体的内容和实际实现程度，则由

----

① ［德］雅斯贝尔斯：《新人道主义的条件与可能》，商务印书馆1963年版，第233页。

特定的社会历史条件和管理的历史发展形态及其具体组织形式来决定。所以，管理中的人的本质不可能是任何一种可以事先加以直观地确认或抽象地"假设"的直接的、既成的规定性。如果一定要"假设"，也只能将其看作是一种具有无限可能的创造性的主体力量。这种力量只有在它的实际创造活动中，即在管理实践的具体过程和历史进展中，才能够获得具体的实现和得到现实的确认。这种实现和确认通常至少表现为以下几个主要层面、环节，或者说主要具有以下几个一般的规定性。

二　管理中的人本质的自我设定性

人的活动区别于动物的地方，就在于它是在自己的意识支配下进行的，是一种有目的的改造对象的活动。当人在这种对象性活动中确立了自己的活动目标的时候，就不仅仅是对自己预改造对象未来状态的一种设想和欲求，它同时也就是，或者说更为深刻的乃是对将要完成这一设想的人自己的内在本性的一种自觉，是对人自己作为这种活动的创造性主体将可能和应当如何具体作为的潜在本质的一种自我设定。

管理实践活动是一种有组织的集体创造性活动。管理实践活动的这种特殊性质决定，管理中的人作为创造性主体首先必须对自己如何适应和完成这种特殊活动作出某种自觉的自我设定。这种设定的基本内容大致可以从管理体系中人与对象、人与人和个人与组织之间的具体关系所决定的管理中的人的活动目标、行为特点和需求的满足方式等的特殊形式中加以把握：一般说来，管理中人的活动目标，虽然往往是多种多样的和多方面多层次的，但基本上可以归为个人目标和组织目标两类。管理中的个人的目标的实现必须以组织目标的实现为前提，二者必须达到高度的统一。管理中的每一个人都只能和必须在这种高度统一中，来设定自己的具体的活动目标，以便使其成为组织目标实现的有机组成部分，并由此获得其正当性和现实性；管理中的人的行为是一种有组织的创造性行为，即在严密分工和系统协调中的集体创造行为。管理中的每一个人的行为都是集体创造活动的一个环节或有机组成部分，个人行为之间必须形成高度协同一致的整体。管理中个人的具体行为的设定，只有在这种高度协同一致的整体性力量中，才能获得其现实可行性和实际有效性；管理中的人的需求是一个复杂的动态的系统，多种需求往往交织一起并不断相互催生演变。其中既有集体的共同需求和组织层面的一致性需求，又有个人的差异性和变化性需求。管理中的人的需求的满足方式的设定，就是将这些需求整合为一个互补的体系，形成一个共生的协调系统。由此才能够使管理中的人在实现组织目标、造福社会和体现个人价值的集体创造性活动中，通过全面满足自己生理需求和社会需求，来实现对自己本质的真正占有和现实体认。

因此，我们便可以得出结论说，管理中的人本质的自我设定，乃是作为创造性主体的人对自己在特定的改造对象的集体创造性活动中的一种社会性主体的具体确认。这便是管理中的人本质的第一个基本规定性。正是在这个意义上，当代管理学中才有所谓"组织人"的说法。也就是这种"组织人"，才使得管理中的人和其他活动形式中的人的区别，以及人们通常所使用的诸如"中国人""海尔人"等说法，具有了实质性的意义。

三　管理中的人本质的实践生成性

管理中的人本质的自我设定，是管理中的人对自己作为组织起来的社会性创造主体，在处理人与对象的关系、个人与组织的关系和个人与个人的关系的时候，应当和必须采取的活动方式的一种能动自觉，是在对自己作为这种创造主体所拥有的内在力量充分自信的基础上形成的一种如何改造对象的理想意图。这种自觉和意图为现实的管理实践提供了意识前提和活动蓝图。任何管理实践活动都是在这种意识的支配下将这种蓝图变为现实的过程。

然而尽管如此，就这种设定性本身来看，它实质上还仅仅是复杂的人本质的第一个基本规定性而已，还只是停留在理想状态中的对人参与或进行管理活动的内在的潜在本质的一种总体层面上的主观设定。要使这种内在力量表现于外，使这种潜在性实现出来，将主观的设定变为客观的现实，必须通过具体的现实的管理实践活动。只有具体的现实的管理实践活动，才能够最终决定现实的管理中的人实际上究竟是怎样的一种创造性的力量，事实上到底占有了什么样的或何种程度的属人的本质。这就是说，管理实践活动中的人的现实本质，是由人所从事的具体的管理实践创生的。其具体内容或实有状态，只能通过人所进行的具体管理实践活动的事实状态和其实际的创造物来确认。正所谓管理是人性的体现和创造，反过来管理又创生和促进人性的发展；人用自己的方式创造物，物却反过来印证和确认人的本质。这就是管理与人、管理中的人与物的辩证法。

管理实践活动毕竟是现实的具体的。现实的管理实践是怎样的，进行这种实践的人的本质也就是怎样的。这种现实活动具体达到什么深度和广度，决定着身在其中的人对自己本质的实际占有程度。作为创造性主体的人在具体管理实践中所生成的对自己那具有无限可能的潜在本质的事实上的有限占有，就是管理中的人本质的第二个基本规定性。这个规定性表明，由管理实践所创生的管理中的人的现实本质，即管理中的人本质的实有状态，往往和人们所欲设和希冀的理想状态存在差异。这种差异的原因和它将如何被克服，只能在管理实践的深化发展和由此所决定的人本质的历史演进中寻找答案。

四　管理中的人本质的历史演进性

管理中的人本质实践创生的事实决定，不同的具体管理活动中的人的现实本质，或者说处在不同的管理体系中的人们对自己本质的实际占有程度，都是有区别的。这种区别不仅表现在管理实践发展的不同历史形态当中，也存在于同一形态的不同管理系统的具体组织形式当中。

管理实践的历史发展，如前所述，迄今为止已经先后经历了经验管理、科学管理和文化管理等三大历史形态。在这些管理形态的历史演进中，受不同的管理理念的引领和支配，又存在着各种各样的管理系统的具体组织形式的不断变化。管理学中的种种"人性假设"，诸如工具人、经济人、社会人、自我实现的人、复杂人以及理性人、决策人、行为人、文化人或组织人，等等，事实上就是这类具体的组织形式变化的理论反映和历史记载。如果我们仔细研究这些大大小小的管理形态之间和管理的具体组织形式之间的关系，就会发现伴随着这些形态的发展与形式的变化，隐藏在其内部或背后的正是管理中的人本质的具体规定性的不断丰富化和逐步展开的历史序列。

经验管理中的直观判断意义上的自然人、科学管理中的事实判断意义上的理性人、文化管理中的价值判断意义上的组织人，以及工具人、经济人、社会人、自我实现的人、复杂人和文化人，等等，这些对管理中的人的具体规定，不仅仅是一些理论认识，它们恰恰是管理历史形态和管理体系具体组织形式发展变化当中，管理中的人本质在其现实性上实际经历的一些发展阶段和具体表现形式。理论认识只不过是对这些事实的反映罢了。这些发展阶段的逐步跃升和具体表现形式的依次展开的历史表明，管理中的人的本质，随着管理实践的发展和其现实状态的变化，具有明显的历史演进性。这种历史演进性不仅表现在人的丰富特性的量的不断拓展，而且表现在质的方面的逐次演化与递进。这种历史演进性无疑是管理中的人本质的第三个基本规定性。这个规定性表明，管理中的人对自己本质的实际占有是一个动态的历史过程。而这个过程的动力和其形成的具体原因，则无疑来自于作为创造性主体的人的实践创造，在于这种实践创造活动必然具有的历史性质和其无限的发展能力。

五　管理中的人本质的无限创造性

管理中的人的实践创造活动总是在特定的社会历史条件下，在由此才可能产生的特定管理理念引领下所形成的管理形态及其具体组织形式中现实地展开。这决定管理中的人的本质总是具体的有限的。但有限包含无限，我们在管理中的人的具体的有限的自我创生的现实活动中，总能发现它的无限性。这种无限性不仅表现在上述的历史演进当中，也同样体现在任何现实的具体的管理实践活动当中。甚至可以说，人的历史演进的无限性正是其现实的具体实践活动的无限创造性所造成的。

马斯洛曾经在自己关于人的需求层次性理论当中，事实上从他自己的角度已经给我们描述了这种人本质的无限创造性。他认定人的需求是一个由低级到高级、由单一需求的满足必然创生出其他需求的逐层跃升的无限的发展过程。① 我们可以将其看作是对管理中的人本质的无限创造性——这个管理中的人本质的第四个基本规定性的具有一般意义的一个注脚。

管理中的人本质的实践创生不可能停留在一个水平上。人作为创造性主体的本性、人的需求的无限变化所形成的内驱力，加上社会的进步、环境的变化和认识水平的提高等所形成的综合动力，必然会使人们的实践能力不断地得到提升和发展。人是在自己的劳动实践中不断成长着的。人的劳动实践能力的不断提升，标志着作为主体的人的创造性本质的逐步展现与升华。人本质的这种展现与升华，必然表现在人的需求的逐次变化上来，而这种变化了的人的需求，同时就会使得人的活动目标和行为方式等随之发生变化。这些属人的方面的变化，逐步地并最终将彻底改变人们的有组织的集体活动的具体组织形式，或者说改变具体的管理体系的现实状态。当这种管理体系现实状态的改变达到一定程度的时候，带来的就是所谓的管理形态的历史演变。正是在这一系列的管理与环境、认识与实践、本质与现象、人与物、个人与组织以及管理的具体组织形式与历史形态等辩证运动的无限进展当中，管理实践活动的逻辑和历史不断趋于统一。管理中的人真正具体的本质就是在这种无限创造性所造成的这种历史与逻辑动态统一的历史进程中，实现着人自身的全面发展。这就是作为社会性创造主体的人进行管理实践活动的

---

① ［美］弗兰克·G. 戈布尔:《第三思潮马斯洛心理学》，吕明等译，上海译文出版社 2001 年版，第 39 页。

终极目的和它的全部意义之所在。

　　如此看来，管理学"人性假设"理论将管理中的人的本质或人性，看作是我们可以对其采用相应固定的管理措施与模式的客体的人所具有的既成的、不变的直接存在物，就不仅在理论上是片面的抽象的，而且在实践上也是有害的。必须对其作出彻底的反思和批判。

第三章

管理学"人性假设"理论反思

第一节 管理学"人性假设"及其 历史演变的逻辑分析

一 管理学"人性假设"的发端

对于人性的思考和探讨,几乎是有思想的人天生的一种内在志趣和自我反思能力。和管理学一样,从古至今几乎所有人文社科的基础领域,例如哲学、政治学、伦理学、心理学、经济学等都存在着大量的人性观念和相应的理论体系。就管理学中的"人性假设"理论来看,它是与机器大工业生产的劳动组织形式密切相关的。工业时代的社会化大生产所表现出来的全新的劳动实践特征,至少在以下几个方面直接构成了管理学"人性假设"的发端。

首先,社会大生产中个人劳动要素化造成的人的差异性表面上的消弭,成了"人性假设"寻找人的抽象共同性的基本依据。大工业生产将大量的人集中在一起劳动,而且要求这些劳动不能再是一个个单个人的劳动的简单集合,必须在严密分工基础上形成一个有机的社会化协作体系。这本来是劳动社会化的一种自觉组织形式,是人的社会性本质的一种直接体现方式。但就其表面特征来看,这种劳动组织形式却似乎使得处在这样的社会化协作体系中的每一个人,都只能作为构成集体生产能力的一个要素,每一个人的劳动都直接地呈现为有组织的集体创造性活动的一个组成部分,即被高度协调起来的整齐划一的同质化的社会劳动的一部分。单个人独立进行的那种个别劳动的完整性和其本质上所具有的具体的丰富的内容被掩盖了起来。从事这种直接的社会劳动的人的要素似乎也就仅仅是一些无差别的类存在物而已。这样的个人差异性的表面上的消弭,为"人性假设"寻求共同的、抽象的人的规定性提供了依据和理由。

其次,机械系统运行中人的要素与物的要素高度融合所造成的人被单纯对象化的假象,成了"人性假设"宣称人本质的既成性和不变性的理论基础。机器的采用,不仅为社会化大生产提供了技术支撑,更使得这种生产过程中的人与物融合为一个整体,使它们成为整个工业生产体系运行中的一些组成部分。既然大家都只是组成部分,那么无论人还是物,在管理者眼中就都是配置这种生产体系和提高其运行效率应该调动和支配的对象。人的主体性进而也被掩盖起来了,好像进行劳动创造的是机器,人只不过是构成机器创造系统的一个组成部分,一种实体性的对象要素而已。这又似乎进一步消弭了作为抽象的类存在物的人与物的区别,从而使得"人性假设"把管理中的人看作是一种既成的、拥有不变性质的可资利用的工具或客体对象,似乎顺理成章了,似乎拥有了借以立论的可靠的事实基础。

最后,但是事实上在大生产的具体组织(即管理)中作为类要素的人与物之间的直接差异所表现出来的人的方面的现实特殊性,成了"人性假设"最终把实体性的人所具有的类特性看作是永恒人性的总的理论取向。当管理者在实际处理自己与这些对象的关系的时候,即当他们去调动和支配这些人与物的时候,似乎上述两个方面的事实都仅仅是一种表面的现象而已。因为他们发现人并不会像物那样任凭自己随意调动和支配。人毕竟是人,不同于物。人的实际行为虽然也受外界的影响,但他们事实上更多的是出于某种自我的原因,受自己的主观意愿支配。这便自然地引发了对管理中的人的方面的特殊性的思考。遗憾的是,这种思考并没有就此对实践中已经显露出来的人作为社会性创造主体的关注。倒是关注管理系统的有效运行及其效率的提升,而不是人本身的发展的物本主义思想,使得这种思考沿着对作为客体或对象之一的人与同样是客体或对象的其他物的要素的区别的方向展开了去。对管理中的人的方面的特殊性的探讨，变成了对无差别的作为类要素的人的抽象类特性的寻找，最终形成了管理学"人性假设"抽象人性论的理论传统。

二 管理学"人性假设"历史演变的原因

管理学中不断涌现出来的诸如"经济人""社会人""自我实现的人""复杂人"等众多的"人性假设"，经历了并且还在继续经历着自己的无休止的历史演变。关于这些假设及其相关理论的具体内容和它们怎样表现为一个先后相继的和逐步拓展与不断深化的历史演变过程，管理学和管理哲学早已存有大量的阐述和说明，这已经是人们耳熟能详的事情和公认的事实了。我们没有必要在这里再做重复的阐述。我们更感兴趣和要强调指出的是，造成这些假设前后相继、不断变化的原因和这种历史演变为什么会无休止地延续下去的问题。

首先，就这些假设前后相继、不断变化的原因来看。造成这些变化的直接的但又是根本的原因，在于它们自身无法克服的实践困境。这些假设中的每一种，每当运用于实践的时候，都无一例外地会遇到这样两个层面的实践困境：第一，相对于从事着劳动实践活动的人的具体内容的丰富性，它们只能解释和关照到其中的一定的或个别的层面。管理实践中同时存在和不断涌现出来的这些假设涵盖不了和无法解释的事实，往往会对它们形成巨大的挑战，使它们顾此失彼、漏洞频出。例如"经济人假设"无法解释人群之间的情感关系、"社会人假设"掩盖了个人的创造动机、"自我实现的人假设"不能说明人的需求交织一起的复杂性以及"复杂人假设"内容的不确定性，等等。故此，使得人们不得不去寻找另外的其他假设，以补充这些假设的解释能力的不足。第二，这些假设所鼓吹的"人性"就并非像他们设想的那样，是人的真正的永恒的本质。当它们一旦被现实的管理中的人一定程度地占有之后，其管理意义和实践效力似乎顿然就不复存在了，乃至于赫茨伯格将其按照人的需求上的可能的具体表现形式区分为"保健因素"和"激励因素"。① 可问题在于依据同样的逻辑，我们还可以反问赫茨伯格："保健因素"真的只是"保健"性的吗？它们不曾起到过"激励"作用吗？"激励因素"果真具有永恒的"激励"能力吗？它们不会变成"保健"性的吗？管理实践的历史表明，任何"保健因素"都曾经是激励性的，任何"激励因素"都会随着人本身的发展而变成保健性的。看来问题的症结并不在这里。这样的事实只能说明，这些假设的逻辑并没有真实地反映或体现出具体管理实践中的人的完整的现实本质。这种逻辑与现实的矛盾因此就不得不在管理活动的历史展开中不断地去追求和实现它们的统一。但这样不断变化着的历史的统一过程本身就使得每一种"人性假设"的所谓永恒性荡然无存了。对永恒的追求不得不继续进行下去。

其次，就这种历史演变为什么会无休止地延续下去的问题而言。其实，除了上述种种，如果有意义的话，我们还可以列举出更多的和还在不断出现的类似的"人性假设"。如前所述，人本质的实践创生是一个无限的创造过程。在人本质实践创生无限进展过程中，任何意义上的人本质的变化与升华，都会为人们提出新的类似的"人性假设"提供充分的事实依据。因此，只要这类假设的思维逻辑不改变，其无休止的延续就是不可避免的。现在就让我们来看看"人性假设"理论在思维逻辑上存在的问题。

三　管理学"人性假设"的逻辑片面性与抽象性

无论管理学"人性假设"理论怎么样强调人、人性等，其理论主旨始终都是管理的效率和效益问题。这样的理论主旨从根本上决定了它不可能真正关心管理中的人本身的发展，事实上它也没有把人作为通过管理实践创造着自身本质的发展性力量来看待。管理中的人仅仅被理解为拥有某种可资利用的既成共性的直接存在物。这是对管理中的人的一种片面的抽象的理解。这种片面性和抽象性贯穿于"人性假

---

① ［美］丹尼尔·雷恩：《管理思想的演变》（中译本），中国社会科学出版社 1986 年版，第 168 页。

设"理论逻辑思维的全过程。

首先，就其逻辑起点来看。在"人性假设"理论看来，把大量的对象性的人组织在一起进行生产劳动，必须剔除他们的差异性，寻找到他们的共同性，以便以此对这些对象性的人进行统一的管理，使他们能够配合管理目标的实现。这种专注于寻找直接呈现在我们面前的对象性的人的共同性的逻辑起点，从一开始就是有问题的。

问题一：在管理活动中人不仅仅是对象，更是主体。如果我们把人看作是主体，那么包括人本身在内的管理中的一切可能和绩效就都是这种主体的创造性能量释放的结果。管理无非就是体现这种创造性的一个实践平台或一种社会组织方式。在这个平台上，或者说以这种方式进行着创造的人的本质，因此就理应被看作是通过特定的社会协作过程不断创生、逐步展现自我丰富性的社会性创造力量。相反，如果我们把人仅仅看作是客体，那么包括人在内的各种管理要素就都只能作为直接呈现在我们面前的可供支配和利用的对象而存在。从其自我创造的社会实践活动中分离出来的仅仅作为对象性的直接存在物的人的本质，就只剩下单个人所具有的自然的或生物意义上的抽象特性可讲了。"人性假设"理论只看到了客体的对象人，忽略了主体的创造中的人。显然，它在理论上迈出的这第一步就是片面的。

问题二：像管理这样的有组织的集体创造性活动，在其现实性上必然表现为各种各样的具体劳动的社会协作过程。管理把大量的不一样的人组织在一起进行生产劳动，正像把大量的人、财、物等不同要素整合在一起组成一个协调运作的系统一样，其实质是它们之间的和谐关系的构建。好的管理并非简单地统一人们的行为，而是构筑一个有效的人们之间相互协调配合的体系。奇怪的是"人性假设"理论在管理大系统的人、财、物之间讲求它们的协调运作，而面对管理中的人的时候，却抛弃了对人们之间的和谐关系的追求，反而武断地剔除他们之间的差异，去寻找什么共同性。试问离开了人们之间以及人们的具体劳动之间的协调配合，哪来的管理系统的人、财、物之间的协调运作?！且不说这样做会对管理中的人本质造成怎样的误解，仅就其所折射出来的对管理本身的认识来看，这无疑就是把管理看作是作为类要素的无差别的人类抽象劳动的集合罢了。这种认识不但歪曲了管理的本质，而且造成了"人性假设"理论上的内在不统一和自相矛盾。

问题三：管理实践在任何时候都是正在进行中的人们的社会性创造活动过程。处在这种社会性创造活动中的人的本质直接的就是现实的和具体的，其具体规定性和内容必然表现为一个不断展开和无限发展的过程。"人性假设"理论抛开对管理实践中这种实实在在的具体的人本质的探讨，热衷于追寻仅仅作为类要素的客体的对象人所具有的抽象共同性。毋庸赘言，被这样界定的人绝对不是具体管理活动中的现实的人，他们最多只能在自然或生物意义上才有其一般的存在。据此所可能获得的任何内容的关于人的这种片面性的人性假设，仅仅只是一种理论上的抽象设想而已，是经不起实践检验的。将其应用到管理实践中，只能创造同样是抽象的和得到片面发展的人。管理实践中"人性假设"跳不出的对人性从理论抽象到现实扭曲的逻辑怪圈充分说明了这一点。

其次，就其逻辑格式来看。在"人性假设"理论看来，提高管理的效率和效益，是包括人在内的一切管理要素必须服从的至高无上的、甚至是唯一的目的。为此，管理的首要任务就是必须在与物的要素的比较中，去把握管理中的人的方面的基本特性，以便管理者更好地利用这种特性服务于管理目的的实现。这种基于外在目的通过直接存在物的比较特性来把握管理中的人本质的逻辑格式，同样存在诸多问题。

问题一：基于外在目的探寻人本质的前提就是不合理的。管理中的人的活动目的植根于每个人的内在需求，它们的内容是丰富的和各不相同的。管理的效率和效益来自于在追求这些不同目的的时候人们之间的相互配合与协作，是这种配合与协作的结果。因此，如果要了解管理中的人的真正的基本特性，就必须从其丰富的内在需求出发，通过它们在现实中的具体表现来把握。"人性假设"理论把管理效率和效益这样一种外在于每个人的、仅仅作为他们在实现自我追求中进行社会化协作的结果的东西，设定为统领一切的目的，强加给每一个管理中的人，一厢情愿地将其假定为排斥了一切个人丰富内在需求的、人们参与管理实践活动的统一的动机。这种将外在的强制人为地设定为内在的动机，把结果看成前提的做法，是把本末倒置了。这样做的后果就是人的自我创造的主体性被强行褫夺了。管理中活生生的现实的人变成了如同死的物的要素一样，一下子就被完全置于为了实现这个外在目的的工具的地位。管理史上人的种种悲惨境遇和令人发指的不合理现象盖源于此。

问题二：通过直接存在物的比较特性界定人本质的逻辑格式本身就是抽象的和片面的。人是一个在实践中不断自我创生的"未完成的创造物"。管理中的人及其本质只能将其置于具体的管理活动过程中，通过他们的创造行为和创造物来确认。"人性假设"理论把人看作如同物一样的既成的直接存在物，主张在管理实践活动之前和之外通过此物（人）与他（物）的对比来寻找区别于他物的此物的基本特性。一方面，这样的对比事实上就是康德式的抽象主义的做法。这种抽象主义正如黑格尔批评的那样，是要人们学会游泳再下水；另一方面，就这样的直接对比可能的结果来看，它除了人的生物特性之外，最多也只能是对人已经占有了的本质，即人的自我发展过程中的某个阶段或层面的本质的认知。它无法回避人本质进一步发展所呈现出来的更为丰富的内容的挑战。在这些挑战面前一切可能的"人性假设"都只不过是一个片段或片面而已。如上所述，这正是造成管理学"人性假设"不断变化和无休止地延续的根源所在。

问题三：这种逻辑格式的整体价值取向与"以人为本"理念自相矛盾。管理中"以人为本"的理念，源自于"人性假设"理论开始对管理中人的方面的特殊性的关注。但是，受一切为了管理的效率和效益的物本主义和将人仅仅理解为可利用的对象的工具主义价值取向的支配，"人性假设"理论将自己局限在上述此物与他物的直接对比中，把所有的注意力都集中在寻找那些只对管理效率和效益有意义的工具人的特性上面，完全忘却了对作为从事创造性劳动的主体的人本身发展的内在本质的挖掘和关照。这与由它们开始的管理学所倡导的"以人为本"的理念是自相矛盾的。这正是导致管理实践中人性一再被扭曲的逻辑症结所在（对此我们将在后面的一节中做详细论述）。这种逻辑与现实的矛盾事实上宣告了通过既成存在物的直接对比来寻求管理中的人本质的逻辑格式的破产。

最后，就其逻辑结论来看。遵循上述抽象对比逻辑格式的"人性假设"理论，不断地给出各种各样的甚至是完全相反的所谓人性的结论。这些结论单个地看，无一例外的都是站不住脚的和有害的。

第一，每一种"人性假设"充其量都只不过是对管理中的人可能会占有的或在管理实践的发展中已经一定程度地占有和展现出来的某个阶段或层面的人本质的认知。这些阶段仅仅是在自我创造中永恒发展着的人的本质的一些片段，这些层面仅仅是走向全面发展的人的无限丰富的本质的个别层次和方面。然而，当任何一种"人性假设"理论将自己所达到的这种有限认知，或者说将他们基于自身理论视角所特别关注的某个层面和片段宣称为管理中人的唯一的或永恒的本性的时候，它们就必然地无一例外地陷入了片面性。这些对管理中的人本质的片面性理论之所以还能够在管理活动中大行其道，其全部意义就在于这些包含着相对性真理的认识，正好可以在一定程度上为支配和利用这些不完整的对象性的人去提高所谓的管理效率和效益。这样做的结果，往往是外在于人的管理目标似乎是实现了，但管理中的人本身却失落了，真正的人的现实本质被扭曲了。①

第二，"人性假设"所宣称的那些所谓直接存在着的既成的人性，并不是对现实管理活动中当前实有的人本质的把握。它们事实上只是对未来可能的人的存在方式的预先假定和设想，即把过去曾经有所表现的人的某种有限特性转换成理论上的无限预设了。以这种对管理中的人的片面性特性的无限预设为指导来对待管理中的人，必然在实践

---

① ［美］彼得·德鲁克：《管理——任务、责任、实践》，孙耀君译，中国社会科学出版社 1987 年版，第 122 页。

中把人塑造为片面性的存在物，形成对人性的严重扭曲。换句话说，"人性假设"所谓的人性并非什么既成的直接存在的东西，事实上它们只有在真正的人性一再被扭曲的特定的管理活动的结果中，才有其不完整的被扭曲的现实的存在。原本被"人性假设"理论当作是前提的东西，在实践中无情地变成了令人无法接受的现实的结果。

第三，所有的"人性假设"理论都将自己的结论认定为永恒的人性，这就从根本上否定了人的发展变化的可能性，并进而使管理实践活动变成了一种只能在片面的人性基础上，简单地实现着所谓的管理目标的固定的工作模式和程序。随着这种模式和程序的一再重复，伴随着管理者所欲求的经济效益的不断积累，管理实践活动中的人本质的丰富性被淹没了，每个人都一再被简单化为仅仅具有类特性的可重复利用的工具，人本身的发展成了人们漠不关心的问题。这就是直到今天还会一再出现诸如"富士康跳楼事件"等那些如同电影《摩登时代》所反映的几个世纪以前就有的现象的原因所在。

好在规律是不会以人的意志为转移的。受管理实践自身发展规律的支配，管理学所宣称的那些"永恒的人性"假设，在这样的规律面前都无一例外地被无情地宣告为仅仅是记载了处在无限发展中的管理中的人的一些历史片段而已。换句话说，值得深入反思和应当进行批判的是"人性假设"理论，而不是遵循着自身发展规律的管理活动和在这种实践活动中历史地发展着的人本身。

第二节　管理学"人性假设"理论的哲学基础反思

一　关于人性的两种对立的哲学观点

人性问题虽然自古以来就是一个长期争论不休的问题，但却是我们探讨所有社会问题都绕不开的一个理论前提。中外历史上诸如孟子、荀子、柏拉图、基督教、休谟、马克思、弗洛伊德、萨特、斯金纳和洛伦茨等所创立的关于人性的一系列理论，都对我们的人性观念曾经并且还正在发生着重要影响。①

　　从哲学层次观之，存在有两种截然对立的人性观。第一种是我国学者所说的"实体人性论"。这种观点还有诸如"实体论""前定论""预成论""单极论""不变论"以及"传统人性论""抽象人性论""先验人性论""片面人性论"等各有侧重的称谓。这种观点奉行的是追求事物的单一、不变、既成本质的"实体思维"方式，遵循"或这，或那；或是，或否"的"非此即彼"的逻辑原则。② 这种观点"把人等同于物""把人视为一种摆在眼前的、可以用理性的、概念的方式来予以静观的对象，认为认识人最为重大的使命就是抛开种种关于人的'现象'，去发现人之为人的最终'本质'；只要透过'现象'，用理性的方式捕捉到了这种'本质'，就实现了对人的一劳永逸的把握。"③ 这种观点最终往往"把人的某一方面的属性视为人的既定的、抽象的和先验的与生俱来的本性。"

　　第二种与之对立的观点就是"人性生成论"。德国古典哲学关于人的能动性的辩证思想，特别是费希特的"我完全是我自己的创造物""不是自然使人成为他所成为的人，而是人本身把他自己造成他将成为的人"的观点，④ 以及黑格尔的人是"绝对精神"辩证发展的环节和"劳动"是人本质的确证等观点，⑤ 虽然都是唯心主义的，但像黑格尔那样抓住劳动来理解人和现实世界，把劳动理解为外化、对象化、异化和它的扬弃，理解为人的自我生成过程，显然是一种"人性生成论"思想。另外，兰德曼、卡西尔、雅斯贝尔斯等人也都表达了类似的观点。兰德曼说，"自然没有把人制造完整便把人放在世界上了。自然没有最终决定人，而是让人在一定程度上尚未决定"。⑥

---

　　① ［英］史蒂文森：《人性七论：基督教、弗洛伊德、洛伦茨、马克思、萨特、斯金纳和柏拉图人性论》，赵汇译，国际文化出版公司 1988 年版，第 16 页。

　　② 乔东：《管理思想哲学基础反思》，博士学位论文，清华大学，2005 年。

　　③ 贺来：《马克思哲学与"人"的理解原则的根本变革》，《长白学刊》2002 年第 5 期。

　　④ ［德］费希特：《人的使命》，商务印书馆 1961 年版，第 78 页。

　　⑤ ［德］黑格尔：《精神现象学》，商务印书馆 1961 年版，第 23 页。

　　⑥ ［德］兰德曼：《哲学人类学》，工人出版社 1988 年版，第 245—246 页。

"人必须靠自己完成自己，必须决定自己要成为某种特定的东西"
"他不仅可能，而且必须是创造性的。创造性……作为一种必然性，
植根于人本身存在的结构之中"。① 卡西尔认为，"人的本质是永远处
在制作之中的，……人性并不是一种实体性的东西，而是人自我塑造
的一种过程：真正的人性无非就是人的无限的创造性活动"。② 雅斯贝
尔斯则指出："人是一个没有完成而且不可能完成的东西，他永远向
未来敞开大门，现在没有，将来也永远不会有完整的人。"③

本书所说的马克思主义"实践人性论"是"人性生成论"中最
具现实价值的一种科学观点。这种观点认为，人不仅是对象性存在，
而且是对象性活动。以往的哲学都在解释世界，可问题在于改造世
界。如同物体的属性只有在运动中才显示出来一样，人性只有在实践
活动中才能显示出来。人是劳动的产物，人的本质是在人自己的劳动
实践中创生的。"个人怎样表现自己的生活，他们自己也就怎样。因
此，他们是什么样的，这同他们的生产是一致的"④，所以必须通过人
的实践活动来了解真正现实的具体的人。这种观点进一步指出，现实
的具体的人本质的实践创生是一个永恒发展着的历史过程。人的"五
官感觉的形成是以往全部世界历史的产物"，"工业的历史和工业的已
经产生的对象性的存在，是一本打开了的关于人的本质力量的书，是
感性地摆在我们面前的人的心理学"。⑤ 实践活动的性质决定，不存在
一成不变的、固定的人性，人性永远处于动态生成中。"现实的人的
存在的历史表明，人性永远通过实践向未知敞开，人是在不断的选择
中形成自己现实的、历史的、具体的生成性本质的。"⑥ 因此，要用辩
证、发展、开放、变化和生成的观点看待人的本性。总之，这种观点

---

① ［德］兰德曼：《哲学人类学》，工人出版社 1988 年版，第 228—229 页。
② ［德］恩斯特·卡西尔：《人论》，甘阳译，上海译文出版社 1985 年版，第 87 页。
③ ［德］雅斯贝尔斯：《新人道主义的条件与可能》，商务印书馆 1963 年版，第 233 页。
④ 《马克思恩格斯全集》第 3 卷，人民出版社 1960 年版，第 24 页。
⑤ 《马克思恩格斯全集》第 42 卷，人民出版社 1979 年版，第 126、127 页。
⑥ ［英］Andrew M. Pettigrew，"Management Research After Modernism"，*British Journal of Management*，2001（12），p. 65.

认为，真正现实的人是处在实践的历史中的活动着的具体的人，它不仅是感性存在与感性活动、对象性存在与对象性活动的统一体，而且是自然存在、社会存在和意识存在的统一体，是建立在劳动需要基础上的自然需要、社会需要和精神需要的统一体，是不断发展变化的现实性与历史性的统一体。"人的本质并不是单个人所固有的抽象物，实际上，它是一切社会关系的总和。"① 现实的具体的社会人，以劳动为根本属性，以需要为发展动力，通过在具体的社会实践中不断地协调个人与环境、个人与社会、个人与集体以及个人与个人、集体与集体等关系，创造和成就着自己之为人的本质，历史地走向自身的自由和全面地发展。因此，"实践人性论"的主要观点有三，即（1）劳动使人和动物相区别，人是劳动的产物；（2）人的本质是作为人自己的创造物的一切社会关系的总和；（3）社会实践的历史发展标志和推动着人走向自由自觉的全面的发展。

二　管理学"人性假设"哲学基础的局限性及其消极影响

管理学中的"人性假设"，无论是直接源出于亚当·斯密经济学理论的泰勒的"经济人"，还是从所谓实验观察中发现的梅奥的"社会人"，抑或作为一种心理学观点发展起来的马斯洛的"自我实现的人"以及其他种种，无论它们的直接来源和具体内容有多么大的区别，在对待管理中的人的基本方式上，在人本质的界定方法上都是一样的。换句话说，管理学"人性假设"所遵从的理论思维的逻辑格式是共同的，即通过作为直接存在物的人与物的对比特性来追寻和认定所谓永恒不变的人性。这种共同性表明，它们自觉不自觉地都是以"实体人性论"为自己的哲学基础的，或者说它们本身就是"实体人性论"的一些具体表现形式。

管理学"人性假设"以"实体人性论"为哲学基础，不仅存在有其认识方面的抽象性片面性和植根于资本主义生产方式的社会历史

---

① 《马克思恩格斯全集》第3卷，人民出版社1960年版，第17页。

局限性等，更重要的是这种哲学基础会给人们把握管理中的人的本质造成极其恶劣的消极影响。

"实体人性论"本质上是一种物种思维方式，奉行这种哲学基础必然会漠视人的主体创造性。

物种思维也叫实体性思维或本质主义，是一种通过知性地分析物种特性寻求仅仅作为对象的直接存在物物种界限的思维方式。它把所探寻的对象当作"现成存在和摆在那里这种意义上加以领会"。① 主张运用知性逻辑的方式，"使用求同法或求异法，寻找出此物区别于他物，且为此物种所有个体共同具有的本质属性或特征，"然后从所获得的"所属物种的规定"出发，采取"属加种差"的方法，给出关于此物的定义。②

这种思维方式用于探索物性是有其积极意义的。因为，"物的活动没有超越性，完全与其物种的活动相一致，正如马克思所说：'动物与其生命活动是直接同一的，动物不把自己同自己的生命活动区别开来，它就是这种生命活动。'"③ 相反，用这种思维方式来探求人性，则必然造成对人的主体创造性的漠视。因为，人与物不同，人把"自己的生命活动本身变成自己意志的和自己意识的对象"，"通过实践创造对象世界，改造无机界"，"有意识的生命活动把人同动物的生命活动直接区别开来"，"动物只是在直接的肉体需要的支配下生产，而人甚至不受肉体需要的影响也进行生产，并且只有不受这种需要的影响才进行真正的生产"。④ 这说明，在人的任何存在形式中他都不仅仅是直接存在的对象，而是一种进行着对象性活动的创造主体。人通过劳动实践及其创造物来确证自己的主体性。人的本质正是在这种自由自觉的对象性劳动中生成的。

因此，无论"实体人性论"把人理解为"理性的存在者"，还是

① 〔德〕海德格尔：《存在与时间》，上海三联书店 1987 年版，第 60 页。
② 王晓红：《现实的人的发现——马克思对人性理论的变革》，博士学位论文，吉林大学，2008 年。
③ 同上。
④ 〔德〕马克思：《1844 年经济学哲学手稿》，人民出版社 2000 年版，第 57、58 页。

神性的存在者，或是"自然性的存在者"①，无论它在表面上把人看得有多高，但因为它漠视人的主体性，把人等同于物，使人沦为完全物化的现成的对象性存在物，以探求物性的方式来理解人性，其实质都是人的贬值和对人之为人的价值的颠覆。这样做的必然结果就是："传统哲学怀着关注人性、人的自我理解的雄心为起点，却以人的失落为终局。"②

毫无疑问，正像我们前面的逻辑分析所表明的那样，管理学种种"人性假设"正是以"实体人性论"的这种物种思维方式理解管理中的人本质的。它们把管理中的人仅仅看作一种现成的"对象"性要素，通过此物与他物直接比较的知性方法探求人区别于其他管理要素的特性，然后将其认定为人之为人的本质——管理中的人的本性。以这种漠视人的主体创造性的方式来理解管理中的人，不仅使这些"人性假设"陷入理论上的抽象性片面性，而且造成了现实管理活动中真正的人的失落，这是管理学"人性假设"奉行"实体人性论"哲学基础必然造成的消极后果。

"实体人性论"本质上是一种形而上学方法论，奉行这种哲学基础必然会否定人本质发展变化的历史事实。

形而上学是一种运用孤立的、静止的、片面的观点看世界的方法论。它把事物从其普遍联系中割裂出来，立足于该事物的某个侧面，考察这个事物在其静态的、独立的直接存在中的质的规定性或区别于他物的基本特性，并最终把这种规定性或特性看成是该事物永恒不变的本性。

形而上学方法论不懂得本质乃是一个间接的领域，是一种关系，直接的存在只是现象而已。它没有意识到从其普遍联系中割裂出来的事物已经失去了自己的本质。"譬如一只手，如果从身体上割下来，按照名称虽仍然可叫做手，但按照实质来说，已不是手了。"③ 形而上

---

① Tim Ingold, "Human Nature and Science", *Annual Festival of Science*, 1999 (9), p. 75.
② 贺来：《马克思哲学与"人"的理解原则的根本变革》，《长白学刊》2002 年第 5 期。
③ ［德］黑格尔：《小逻辑》，商务印书馆 1980 年版，第 405 页。

学方法论更不懂得处在普遍联系中的事物的内在矛盾才是事物的真正本质。它没有意识到矛盾会推动事物不断地运动、变化和发展,任何静止的方面都只不过是这种发展过程的一个片段而已。那种以为本质是"存在于表示某种确定结果的或可以直接予以认识的一个命题里"的永恒不变的东西的"习见",乃是一种教条主义的思想方法。它所造成的有限命题之间的冲突,恰恰意味着"真理是一个"充满矛盾的发展"过程"。① 总之,形而上学方法论不懂得处在普遍联系和永恒发展中的现实事物的本质的具体性和整体性,"单一的存在只不过是观念的某一方面"而已。② "真理作为具体的,它必定是在自身中展开自身,而且必定是联系在一起和保持在一起的统一体。换言之,真理是全体。"③ 真理是一个从抽象走向具体的过程,它"不仅没有因它的辩证的前进而丧失什么,丢下什么,而且还带着一切收获和自己一起,使自身更丰富、更密实。"④

因此,无论"实体人性论"怎么样界定人性,并在具体解释中把它描述成是善的还是恶的、勤奋的还是懒惰的、主动的还是被动的,等等,都不会改变它们犹如盲人摸象一样,只能给我们提供一些关于孤立存在的人的静观片段而已。把其中任何一个或一些片段认定为人的永恒的绝对的本性,都是对人本质的发展变化的历史事实的否定,其后果只能是造成实践中现实的人本质的严重扭曲。

管理学"人性假设"受"实体人性论"的这种形而上学方法论的支配,将管理中的人的本质分别定义为"经济人""社会人""自我实现的人"以及"工具人""理性人""复杂人""文化人",等等,不一而足、一再改变和不断延续。⑤ 实体思维"从来没有看到真

---

① [德]黑格尔:《精神现象学》(上卷),商务印书馆1979年版,第14页。
② 《列宁全集》第38卷,人民出版社1959年版,第209页。
③ [德]黑格尔:《小逻辑》,商务印书馆1980年版,第56页。
④ [德]黑格尔:《逻辑学》,商务印书馆1966年版,第155页。
⑤ 原明妮、刘国平:《对人性假设新发展的哲学思考》,《现代企业教育》2006年第4期。

实存在着的、活动的人"①。但在管理实践中，这其中的任何一种都没有如它的主张者预期的那样，成为管理中的人的永恒的本质。它们之间的相互冲突和历史演变的事实表明，它们忘却了每一个人都是作为整体参与到管理活动中的，并不是仅仅把自己的"经济性"或其他什么侧面的特性带到管理中来（如果可能的话）的单纯的片面的存在物。它们没有深入到人与人、人与物等具体关系中，来认识管理中的真正的现实的人。它们无法应对和解释管理实践中不断变化发展着的人的本质。它们所造成的唯一的后果，只能是在管理经济效益的不断获得和增长中对人本质的一再扭曲和管理中活生生的人的悲惨境遇的历史延续。

"实体人性论"本质上是一种特别适合资本主义生产方式的理论体系，奉行这种哲学基础必然会造成人本身的失落。

"实体人性论"思想虽然源远流长，但只有在资本主义生产方式下才获得其统领一切的地位，乃至于几乎成为一种深入到人的活动的一切领域的意识形态。究其原因至少有这样几个主要的方面：

首先，资本主义生产中与生产资料分离开来仅仅作为自然存在物的人、劳动力商品化中被物化的人、劳动异化后失去了自身本质的人，似乎正好可以用"实体人性论"加以解释，资本主义剥削制度下物欲横流的对财富增长无节制追求的物本主义思想，也恰恰需要"实体人性论"作为其理论基础。

其次，以追求利润最大化的资本主义生产目的，必然会把包括人在内的一切生产要素，都看作是实现这个目的的手段和工具。探索人作为手段和工具的有用性和如何有效地支配利用它的价值取向，淹没和取代了对人作为人的真正本质及其丰富内容的关注。"实体人性论"自然而然地就成为这种对人的工具主义理解的理论来源，为这种工具主义价值取向提供了直接的理论支持。

再次，资本主义生产过程的管理，因此就变得非常单纯和简单

---

① 《马克思恩格斯全集》第 3 卷，人民出版社 1960 年版，第 60 页。

了，完全可以采用所谓的理性主义的模式化方法来加以处理了。既然人和其他要素一样都是直接存在着的可供支配和利用的手段和工具，那么剩下所要做的唯一的事情，就是采用理性主义方法，对它们作为直接存在物的物性的契合度进行精确化的计算和标准化的配置，① 以便使它们能够组合成为某种可以无限重复的确保效益最大化的管理模式。"实体人性论"当之无愧就成为这种模式化的不二的思想依据，理性主义模式化方法因此便成为一种被认定为绝对正确的管理法则和传统。

总之，资本主义生产方式为"实体人性论"思想的具体化、精细化提供了现实土壤，在和资本主义生产方式倡导的物本主义原则、工具主义价值取向和理性主义管理方法等的结合中，"实体人性论"从一种对人的特性的解释性的哲学原则，变成了一种以各种各样的"人性假设"形式表现出来的关于如何支配和利用人的抽象本质的管理模式和操作方法。

可是，这种模式和方法所导致的结果却是，人在管理中的主体地位的丧失和管理中现实的人的失落。因为，这是"一种以牛顿物理学的基本定理为模型的世界观"②，这种"抽象的、冷酷的哲学思想"或"狭隘的理性分析"，"没有把复杂的人的因素考虑进去"③。它把"全部注意力'都放在那些技术、方法和方案上了，结果忘掉了生产产品和提供服务的人以及使用产品和服务的人。'使原本内在于人的实践的管理变成了外在于人的异己的存在，从而使管理变成了约束人、支配人的一种强制力量。所以，这种'重物轻人'的模式管理不仅与人类文明和人类本性是背道而驰的，而且最终也必然与模式管理追求效率最大化的初衷相背离"④。这是以"实体人性论"为哲学基础的"人性假设"所真正设定的管理中的人的"宿命"。

---

① 乔东、李海燕：《从模式管理到实践管理：管理思想哲学基础反思》，《山东师范大学学报》（人文社会科学版）2005 年第 4 期。
② 艾恺：《世界范围内的反现代化思潮》，贵州人民出版社 1991 年版，第 9 页。
③ ［美］托马斯·彼得斯：《追求卓越：美国优秀企业的管理圣经》，中央编译出版社 2001 年版，第 86 页。
④ 乔东：《管理思想哲学基础反思》，博士学位论文，清华大学，2005 年。

第四章

管理学"人性假设"实践困境批判

第一节　管理学"人性假设"的实践困境

管理学"人性假设"理论，"怀着关注人性、人的自我理解的雄心"，从探索管理中的人的特殊性、寻找所谓永恒的人性开始，但由于它们漠视人的主体创造性，否认人本质发展变化的事实，看不到人不同于物的价值所在，最终却走向了对管理中的人本质的抽象的片面的理解，并由此陷入了各种"假设"相互否定所形成的无法停止的不断改头换面的"魔咒"之中。然而，这一切还仅仅是现象，还仅仅是理论方面的问题而已。深藏在这些现象背后的问题的实质和更为严重的现实后果是，这些"假设"在管理实践中，非但没有使人成为真正的自由自觉的创造主体，使人的尊严受到真正尊重，使人的潜能和价值得到充分释放与体现，使人自身得到全面地发展，反而却造成了现实的人的工具化、人的悲惨境遇的无休止地延续和人本质的一再被扭曲。我们把管理学"人性假设"理论所导致的对管理中的人本质由理论抽象到现实扭曲的事实，称之为管理学"人性假设"理论的实践困境。

人类管理的历史，特别是从泰勒开始的所谓现代管理的历史，就是在不断地陷入这种困境，又在试图超越这种困境的矛盾运动中演化到今天的。管理学中第一个"人性假设"就是"经济人"假设。按照泰勒的说法，管理中的人只不过是一种追求自身利益最大化的经济动物。因此，只要能够简单地满足人的物质利益，就可以使其潜能充分地释放出来，实现管理效率的提高和效益的最大化。① 然而，管理实践的事实表明，这种"假设"所描述的自私自利的所谓人性，与活生生的富有情感的作为整体参与到管理活动中来的现实的人相去甚远。把人所具有的经济特性看作是永恒不变的人的本性，以单纯的经济原则来对待管理中的人，非但不能够充分释放人的潜能，一劳永逸地实现管理效率的提高与效益的最大化，反而会严重地扭曲人性，不断地造就唯利是图的"经济魔鬼"。著名的霍桑试验，不仅证明了这一点，而且使得梅奥另外提出了所谓的"社会人"假设。梅奥认为，人是一种群体性的情感动物。即使社会组织没有意识到这种群体性情感，人们也会在所谓的"非正式组织"中培育和维系这种关系。因此，必须高度重视隐藏在社会组织中的"非正式组织"，重视在"非正式组织"基础上所形成的工作"士气"的决定性作用，唯有如此才能真正提高管理效率和实现管理效益最大化。② 然而，当"社会人假设"把人的"社会依赖性放在人的本质属性的首位，甚至几乎排除了人的其他特性"③ 的时候，它却与"经济人"假设一样陷入了片面性。尽管它比"经济人"假设更多地看到了人的心理、情感等属性，但又走向了另一个极端。把建立在人们心理情感基础上的诸如安全感、归宿感等狭隘的人群心理关系，绝对化为人的永恒不变的全部本性，以单纯的情感原则来对待管理中的人，非但与构成社会的基本单位不是非正式组织，而是正式组织、在追求经济效益最大化的管理模式中起主导作用的主要是理性逻辑，而不是感性因素等现实不相符，反而使得它和"经济人"假设一起组成了管理中的所谓 X 理论。这种理论把人描述为天生就是被动的、懒惰的、必须加以管制的，等等。因此，这种企图最大限度地提高生产效率的主观努力所获得的直接实践后果就是，管理活动中客观上的人的失落。因为，它把人变成

---

① 坚喜斌，李剑：《"全国管理哲学创新论坛"会议综述》，《教学与研究》2007 年第 7 期。

② ［美］彼得·德鲁克：《管理——任务、责任、实践》，孙耀君译，中国社会科学出版社 1987 年版，第 143 页。

③ 袁闯：《管理哲学》，复旦大学出版社 2004 年版，第 64 页。

了一种处在强行管制和严格监督下运行的"活的机器"或机器系统的附属物、附件。

"社会人"假设与"经济人"假设的不同之处，仅仅在于它开创了管理学中"行为科学"的研究热潮罢了。由此开始的"行为科学"研究，以马斯洛需求层次理论等为代表，发展了管理学中所谓的 Y 理论。与 X 理论不同，Y 理论强调人的勤奋和责任心，等等。但由于它把人的这些品质看作是人性中的既定的、永恒的、不变的东西，所以它照旧没有跳出抽象人性论的传统。例如马斯洛的"自我实现的人"假设，虽然"似乎比'经济人假设'和'社会人假设'更加关注人，强调人的自我实现。"但是，它"把自我实现看作是一个自然进行的过程并将其内涵绝对化、既定化，没有看到自我实现是一个相对的概念，其本身也是在不断提升的。"① 它不懂得人的需求的不同层次在现实中相互交融的动态复杂性及其辩证统一关系，反倒把人分为三六九等，以为自我实现只是少数人才能达到的目标。其实自我实现乃是人所共有的普遍追求，只不过其具体内涵会有所不同罢了。所以，这种理论所造成的实践后果就是，比之此前那些"人性假设"单纯地造就某一种片面发展的人有所不同，它分层次同时造就多种等级的畸形的人。人的本质的被扭曲和管理中的人的悲惨命运，不但没有改变，反而变本加厉、更加严重了。其他的和后来不断出现的"理性人""决策人"② 以及"复杂人""权变人""文化人"等各种各样的"人性假设"，虽然强调的方面各有侧重，理论上各有所长，并且互相对立、相互否定，乃至于形成表面上一片繁荣的所谓管理理论的"丛林"。③但是，由于它们都以"实体人性论"为哲学基础，都奉行抽象性片面性的思维逻辑，都恪守重物轻人的基本理念和以经济效益最大化为唯一价值目标，这使得时至今日，管理中的人本质的被扭曲还在延续，

---

① 乔东：《管理思想哲学基础反思》，博士学位论文，清华大学，2005 年。

② ［美］赫伯特·A. 西蒙：《管理决策新科学》，李柱流等译，中国社会科学出版社 1982 年版，第 56 页。

③ ［美］哈得罗·孔茨、西里尔·奥唐奈、海因茨·韦里克：《管理学》，中国社会科学出版社 1987 年版，第 86 页。

人在管理中的悲惨境遇还在继续。即使 Z 理论力求超越人本善恶的思维方式，从企业和员工的共同利益角度构建管理模式，也仍然未能真正超越这种境况。①

总之，"自从'管理'与'科学理性'相遇以来，整个 20 世纪人类管理的命运似已成定局，即在一定的人性假设前提下，寻求管理活动中的共性与规律，使其日趋规范化与科学化就成了统御一切的所谓'模式管理不变的追求'""在模式管理中，理性主义方法论以及由此形成的'管理规律'无疑在管理中占据了核心与主宰的地位，然而，'人的存在'则处于从属与被动的地位。"这种"盲目推崇理性主义方法论的模式管理，在给人类带来巨大物质文明的同时，却割裂了管理与人内在同一的关系，也导致了人在管理中主体地位的丧失。""使管理变成了约束人、支配人的一种强制力量"②。这种所谓的现代管理模式片面追求经济利益最大化的实质，只不过是"把'贱买贵卖'这样一句老话讲得复杂一些罢了。"③ 由它所导致的"单纯的物质追求让人堕落，让人变成无情无义的'狼'"④。"它们给最大多数人造成了最大的伤害。"⑤ 因此，"我们不得不驱逐"这种"经济魔鬼，哪怕不得不放弃其他一切。大众无法忍受一个被魔鬼的力量支配的世界"⑥。

第二节　走出管理学"人性假设"的实践困境

要彻底改变这种状况，走出管理学"人性假设"的实践困境，就

---

① ［美］威廉·大内：《Z 理论——美国企业界怎样迎接日本的挑战》，中国社会科学出版社 1984 年版，第 71 页。

② 乔东：《管理思想哲学基础反思》，博士学位论文，清华大学，2005 年。

③ ［美］彼得·德鲁克：《管理实践》，上海译文出版社 1999 年版，第 41 页。

④ 齐善鸿：《先进企业文化的基点是尊重人性——企业竞争力的不竭源泉》，《中外企业文化》2003 年第 12 期。

⑤ ［英］苏·纽厄尔：《构建健康组织》，周祖城等译，机械工业出版社 2004 年版，第 96 页。

⑥ ［美］彼得·德鲁克：《社会的管理》，徐大建译，上海财经大学出版社 2003 年版，第 78 页。

必须对传统的模式管理进行系统的变革与改造，构建能够真正体现"以人为本"理念、促进管理中的人全面发展的管理实践新格局。完成这个任务或实现这个目标，需要从实践提升和理论更新等两个方面去努力。就实践提升方面而言，我们除了必须强调这将是一个非常现实的动态的历史过程，它最终只能在管理形态和规律的变化发展过程中，通过艰苦的实践创造逐步地来完成、来实现之外，应当说，当代知识经济和信息化社会的发展，特别是我国社会主义制度的建立和和谐社会的建设，以及文化管理新形态或管理"文治"时代的到来，等等，已经为这种变革与改造奠定了适合的时代基础，创造了良好的社会历史条件，提出了迫切的现实需求。目前阻碍这种变革的，或者说对这种变革的顺利进行和有效展开形成妨碍的主要阻力，还是来自于认识和理论方面。即来自于管理学至今还没有摆脱"人性假设"理论的传统范式，缺乏能够直接指导构建管理新格局的相应的管理哲学理论；为此，在理论更新方面，我们必须首先完成的基本任务就是，紧紧抓住管理哲学的核心问题，即管理中的人及其本质的实现问题，探索和揭示管理中人本质的生成演化规律，了解和掌握管理中人本质实现的基本条件和现实途径，通过管理人性论的更新和改变，为清除变革的认识和理论障碍，构建新的管理哲学理论体系奠定基础。

关于管理中人本质的生成演化规律与管理中人本质实现的基本条件和现实途径，我们将在以后的章节中专门论述，这里先讨论如何改变和更新管理人性论的问题。

改变和更新管理人性论的关键所在，就是转换管理人性论的哲学基础。我们关于传统管理学"人性假设"理论哲学基础的反思，在揭露和指出其"实体人性论"哲学基础的局限性及其在管理实践中所造成的消极后果的同时，也已经概要地叙述了与之对立的"人性生成论"，特别是马克思主义"实践人性论"的基本主张和主要观点。毋庸赘言，"实践人性论"毫无疑问地就是指导我们改造传统管理人性论，走出"人性假设"实践困境的可靠的哲学基础。现在的问题是，如何进一步将这种一般意义上的哲学理论具体运用到对管理实践中的人本质的透视当中去，构建新的管理人性论和管理哲学体系，为实现管理学和管理实践的重大变革提供直接的理论支持。为此，本书认为我们至少要在以下几个方面作出努力：

首先，必须以马克思主义"实践人性论"为思想原则。摒弃抽象地探寻作为直接存在物的人与物的比较特性来认定所谓共同人性的思维方式。通过对管理实践中的人的实际存在方式和具体表现形式等的现实考察，来透视作为创造主体的社会人及其本质的自我设定性、实践生成性、历史演进性和无限创造性等具体规定性，以便使我们的思想注意力回到对具体的现实的人本身的科学认识上来，使我们对管理中的人本质的理论探索，建立在对真正现实的人本质的具体性的思考基点之上。

其次，应当以马克思主义"实践人性论"为逻辑依据。跳出仅仅把人的某种或某些特性简单地、直接地当作人的绝对本性的片面性逻辑窠臼。通过对管理实践中的人在人与物、人与人、个人与组织等各种现实关系中所形成的感性存在与感性活动或对象性存在与对象性活动的统一，自然存在、社会存在和意识存在的统一，建立在劳动需要基础上的自然需要、社会需要和精神需要的统一，处在不断发展变化中的现实性与历史性的统一等多样性的辩证统一的全方位透视，来论证处在管理活动核心地位的完整的人及其本质的复杂性，以便使我们的逻辑思考拓展到对作为"一切社会关系的总和"的人本质的丰富性的科学理解上来，使我们对管理中的人本质的理论分析，成为对真正现实的人本质的全面性的逻辑再现。

再次，要以马克思主义"实践人性论"为理论指导。超越用既成的、永恒不变的形而上学观点看待人本质的旧观念。通过对管理实践中人本质生成变化的社会历史条件、管理制度原因和历史形态具体演进过程等的系统分析，来揭示作为全部管理实践之主题的人及其本质的历史发展规律，以便使我们的理论研究深入到对实践基础上人本质的辩证运动过程的科学阐明上来，使我们对管理中的人本质的理论阐述，升华为对真正现实的人本质的历史演进规律的把握。

最后，要以马克思主义"实践人性论"为价值取向。走出以经济效益为终极目标的物本主义管理模式。通过对管理实践中的人的活动目的、劳动本质以及对对象世界的改造和自我生成发展等事实的内在价值判定，来构建促进人的全面发展的辩证唯物主义的管理人性论，以便使我们的理论体系的建构转到真正关注管理中的人本身的发展的价值取向上来，使我们关于管理中的人本质的理论体系，能够承担起彻底扭转"见物不见人"的管理思想，摆脱"人性假设"理论的实践困境的历史使命，引导和推动人类管理实践走上真正贯彻"以人为本"理念，促进管理中的人的全面发展的轨道。

第五章

管理中人本质的生成演变规律

第一节 人本质实践创生机理及其理论价值

人之所以被称为人，是因为人与动物不同，比动物更高级。动物最多只不过是一种对象性的直接存在物，而人的对象性存在则是通过其自己所进行的对象性活动得到确证的。人是一种间接的存在，是劳动的产物。与动物的本能活动不同，人的对象性活动乃是一种社会实践过程。社会实践作为一种具体的、发展变化着的、朝向未来的人类感性活动，是在主体的人的意识支配下，于合目的地改造对象、占有对象的同时，现实地展开和实现着人本质的一种创造性过程。它不仅创造对象，而且创造人本身，创造全部属人的世界。"人的本质是由实践创生的"①。

人本质的实践创生意味着：第一，既然实践活动是具体的，那么人的本质就不会是抽象的。有什么样的实践活动，就会创生什么样的人的本质。人所从事的实践活动的性质和状况不同，由此形成的人的具体本质也就必然会存在差异、各不相同。人的本质只能是具体的；第二，既然实践活动是不断变化发展着的，那么人的具体本质也就不可能是永恒不变的。实践活动的深化与发展，必然引起人本质的变化与升华。人所进行的实践活动的广度与深度的不同，造就着不同发展程度的人的现实本质。人的本质必然是变化发展着的；第三，既然实

---

① A. L. Cunliffe，"Managers as Practical Authors Reconstructing Our Understanding of Management Practice"，*Journal of Management Studies*，2002（3），p. 12.

践活动是在人的意识支配下进行的，那么人的现实本质就不应该是外在的异己的。但凡具体的特定的实践活动，都不是由外在于现实的人的异己的所谓绝对共性来推动的。人能够开展的实践活动的层次与水平，决定着人的发展程度，并且反过来又正好是特定发展程度的人的自我展现。人的本质事实上就是人的自我创造；第四，既然实践活动是朝向未来的，那么人的本质就不可能是先天既成的。唯有在实践活动和实践活动的结果中，才会有人本质的具体的现实的存在。人的本质必须经由具体实践活动及其创造物才能够动态地加以确证；人本质的活的灵魂，就是改造对象和占有对象的感性活动；人本质的具体存在形式，就是能够反映人们一切社会关系总和的人的全部创造物；人的现实本质只能是作为自我创造结果的人的一种特定的历史性存在。

总之，人本质的实践创生表明，现实的具体的人本质的生成过程，就是人自己的合目的自我创造过程。这个过程是按照人自己的愿望和设想，经由人自己的自我设定、自我展开、自我创造和自我确证等逻辑环节，在直接现实性的感性实践活动中来完成的。这种感性活动是怎样的，现实的人本质也就是怎样的。这种感性活动发展到什么程度，具体的人本质也就展现为什么样式。这说明像管理这样的实践活动，根本就不应该离开实践创造事先假设什么人的本质。唯有满足作为创造主体的人的具体需求，才能够在现实的实践活动中展现出实实在在的具体的人的本质。

第二节　管理中人本质实践创生的特殊形式及其历史记载

具体到管理实践来说。人类管理的历史，就是管理中人本质的实践创生的历史。以现代管理学诞生以来的管理活动的发展过程来看，"人性假设"理论几乎完整地记载或再现了这种历史创生过程，只不过它是以一种不断变换着的片面性的历史积淀的方式记载着这个过程罢了。它把人本质实践创生的内在逻辑直接地转化成了所谓的现代管理模式和实践操作方法。如果我们仔细分析一下统领现代模式管理的种种"人性假设",就不难发现:这些所谓的"假设",其实并不是通常我们使用"假设"这一概念所表达的那种含义。通常意义上的"假设"是一种有待证实的,只有通过大量的事实证明后才能被认定为真理的东西。而管理上的"人性假设"则是一种事先就已经被主观地认定为真理,用来指导人们如何对待管理中的人的绝对公设或行为原则。这些公设或原则往往把诸如人对经济利益、群体情感、自我发展等的追求,或者人所具有的感性存在、理性抉择、文化载体等属性以及人的行为特质及其具体表现的不确定性等其中的某一种特性,武断地从人的整体性中肢解抽取出来,片面地将其认定为人先天具有的共同的永恒不变的本性。然后,将这种对人本质的片面的抽象的理解,强加给管理中每一个活生生的现实的人,强迫他们必须按照这样的原则设定自我,才能参与到管理实践活动中来,强制他们只能依据这样的"被设定",在现实的管理活动中展现自我。结果自然就是人的个别特性在管理实践中的无限地放大与展开,它所能造就的就是片面发展的人,它能够确证的就是被扭曲的人性。

虽然管理"人性假设"也曾一再改变其内容和形式,但由于它们对管理中的人本质的理解都是片面的抽象的,所以这种改变所能带来的变化充其量也就是,人的片面发展的具体形式的不断改换和由此造成的管理中的人性的一再被扭曲。例如,"经济人假设"把本来是主客体统一的人仅仅当作可利用的客体性的工具,结果创造了"经济魔鬼";"社会人假设"把原本是个体性与社会性统一的人挤压为干瘪的合群性的心理存在,结果消弭了人的独立自主性;"自我实现的人假设"把事实上是有限性与无限性动态统一的人撕裂为一些固定的片段,结果造成了人的等级差异;"复杂人假设"则把现实中确定性与不确定性统一的人看作是纯粹相对的对象,结果把人当作一种可以任意加以"权变"地支配的管理要素;"理性人""决策人假设"把内涵丰富的感性与理性统一的人抽象为单纯的理性存在,结果导致了失去真正人文关怀的无情的模式管理的盛行；新近出现的"文化人假设"，如前所述，它虽然开启了科学地探索管理中的人本质的新路向，但当它把作为感性存在物与文化创造主体相统一的人，仅仅理解为所谓组织文化的受动性的单纯的载体的时候，结果也只能形成对人的更加深入和隐蔽的外在性统治，人内在的自由本质的自我实现将变得无从谈起，等等，不一而足。这就是百多年来一直在模式管理的范围内打转转的现代管理的内在逻辑，这就是至今无法彻底改变管理中人本质被扭曲的悲惨命运的根本成因。

尽管如此，我们还是要说人本质的实践创生非但没有因此被否定，反而在这样的现实的管理活动中被活生生地体现出来了。现实的管理中的人的具体本质，无论是片面的还是全面的，无论是被扭曲了的还是完整的，都是并且只能是管理实践活动创生的结果。事实上，每一种"人性假设"都是对人将要展现的自身本质的一种自我设定，尽管它们是片面的；在这种片面设定中每每现实地展现出来的管理史上的人的本质的具体的历史存在形式，每一种都是在相应的管理实践中活生生地被创生出来的，尽管它们是被扭曲的。"人性假设"的不断演变，以一种特殊的形式忠实的记载了管理中人本质实践创生的这种历史进程。至于它们被片面地扭曲是管理活动本身的问题。片面追求"经济效益最大化"的管理活动只能造就片面发展的人，"重物轻人"的管理实践必然扭曲人的本性，在物欲横流的社会现实中不断地造成人本身的失落。因此就是管理中的人无法摆脱的悲惨境遇。这一切的改变只能通过管理实践的发展来实现，通过管理实践活动的历史形态及其具体组织形式的提升或升华来完成。

第三节　管理中人本质的历史演进规律

如果我们把管理中人本质实践生成的历史表现形式看作是现象，把这些现象联系在一起深入一步进行考察，我们就会欣喜地发现隐藏在这种种现象背后的管理中人本质的历史演进规律。虽然，受管理实践活动的历史状况和水平等的限制，迄今为止，管理中的人总体上还处在片面性的发展当中，管理中的人本质还处在极其不合理的有限的自我展现当中。这种发展和自我展现历史地呈现给我们的，还只是无限发展中的人的一些个别的层面和孤立的历史片段，甚至还是一些被片面化和严重扭曲了的层面和片段。但是，正是这些层面和片段却时时处处向我们昭示着人所以为人的本质；正是这些层面和片段的多样性向我们展示了人的现实本质的丰富性；正是这些层面和片段的不断生成变化向我们表现出人的具体本质的动态发展性。所以，我们完全有理由说，这些层面和片段事实上乃是构成辩证统一体的人的一些逻辑环节，它们表征的是历史演进中的人本质的不同发展阶段。在管理实践基础上，或者说在管理活动的现实变化过程中，这些环节和阶段不断出现、依次变化的历史事实表明，管理中人本质的发展遵循着自身固有的历史演进规律。这就是：管理中人本质的实践创生是一个从简单到复杂、由低级到高级的历史演变过程，是一个从片面性的有限展现走向多样性的辩证统一的无限发展过程。

具体地说，管理中人本质的这种历史演进规律，至少在以下两个层面表现得尤为明显。

第一，在管理实践历史形态变化的宏观层面的表现。如前所述，人类管理实践的发展先后经历了主要以"人治"为特点、以"法治"为特点和以"文治"为特点的三个较为明显的大的历史时期，相应地形成了所谓经验管理、科学管理和文化管理等三种历史形态。在这三种历史形态中，管理中的人也先后分别作为素朴的感性个体或生物统一体、抽象的理性共相或对象存在物、高级的文化载体或所谓的"组织人"等，得到了管理实践的确认和确证，管理中人本质的多重特性也因此获得了相应程度的现实的展现。伴随着管理实践的这些历史形态的变化，管理中的人的本质由此就被连接为依次从感性个体到理性存在再到文化主体等这样一个逐步演化的链条。毫无疑问，构成这个链条的这三个环节每一个都是人的基本的特性。它们先后得到展现或被确认，恰恰是一个从直接深入到间接、由部分走向整体的过程。这个过程显示出管理中人本质生成变化的明显的历史演进性。人必须首先是感性的个体，然后才能谈到他的理性存在，进而唯有作为感性和理性统一的人，才能将自己展现为现实的文化主体。管理形态的依次变化，正是管理中的人本质的这种内在逻辑的历史展现。这种历史与逻辑的统一表明，是管理实践的发展造成了管理中人本质的历史演进，反过来管理中人本质的历史演进性又将自己现实地显现为管理实践历史形态的更替。管理历史形态的更替和管理中人本质的历史演进乃是同一个发展过程的两个方面，承认其中的一个必须同时承认另一个。

第二，在管理活动组织形式变化的具体过程中的表现。管理历史形态的变化是管理实践根本性质的变化，它表征的是人类管理实践所发生的质的飞跃。在这种质的飞跃到来之前，同一种管理形态中，管理活动的具体组织形式的变化所表征的则是管理实践的量变过程。与管理实践的质的飞跃一样，管理实践的量变过程中的人的本质同样遵循着这样的历史演进规律。

我们以科学管理形态中管理学"人性假设"统驭下的所谓现代模式化管理的具体组织形式的变化过程为例。需要说明的是，此前我们通过多种角度的反思一直在批判管理"人性假设"。其实，那只是问题的一个方面。问题的另一方面是，管理"人性假设"不断变化的背后也隐含着令人鼓舞的直击问题本质的积极的一面。这种积极意义就内含在管理"人性假设"的变化所引发的相应的管理活动具体组织形式不断改变的历史进程当中。在这种历史进程当中，伴随着管理活动具体组织形式的改变，管理中的人的现实本质也发生着相应的一定程度的变化。从所谓的"经济人"到"社会人"再到"自我实现的人"，从所谓的"理性人"到"行为人"再到"文化人"以及"决策人"和"复杂人"，等等，无论从它们作为"人性假设"学说的理论上的认识或主观性的设定角度来看，还是从它们作为这些认识或设定指导下由模式化管理所生成的人的片面性的现实存在形式或客观结果来看，由它们前后相继所组成的人们对管理中的人的认识的逻辑过程，由它们依次出现所展现的管理中人本质的现实的变化过程，都呈现出明显的历史演进性。例如，唯有理性的"经济人"和情感的"社会人"的动态的统一，才能有作为主体的"自我实现的人"；正是"理性人"的自我设定和"行为人"的对象性活动的历史结合，才产生了"文化人"所创造的灿烂的属人的文明，等等。事实上，管理活动具体组织形式中的人本质的这种历史演进性，是造成或引起上述更大范围、更高层面的管理历史形态变化过程中的人本质的历史演进性的前提和基础，而管理历史形态变化中的人本质的历史演进，则是管理具体组织形式中人本质的变化发展的结果与升华。这两个层面的历史演进性实际上就是管理中人本质的量变到质变的辩证发展过程。

究其根源，管理中的"人性"所以能够被"假设"，那是因为管理实践一旦发生，就必然会向我们直接呈现出作为管理必不可或缺要素的人所具有的不同于物的属人的本质特性。那些"假设"无非就是把这种属人的本质特性中的某一种当作天然的"人性"罢了；管理中的"人性"所以能够从不同意义上被一再地"假设"，那是因为正在进行的管理实践向我们展现出了管理中的人本质的多方面性和丰富性。那些"假设"无一不是对其中的某个方面的具体确认并把它指认为绝对的"人性"的；管理中的"人性假设"所以能够不断地一个接替一个地逐步变化，那是因为变化着的管理实践造就了管理中的人本质的无限发展性和历史演进性。那些"假设"正好是对这些发展阶段和演进形式的历史记载。只不过他们分别都把这些阶段和形式孤立地认定为永恒不变的"人性"而已。因此，管理学中的种种"人性假设"原来并非是所谓的对天然的作为既成存在物的人本质的认识，它们事实上是对管理实践中展现出来的人的方面的一些特殊性的孤立的认定；管理学中性质不同的"人性假设"之间原来并不存在谁是谁非的问题，"没有一个是所谓的绝对的"①，它们实际上是对管理活动

---

① Keith Hortonm, "The Limits of Human Nature", *The Philosophical Quarterly*, 1999 (197), p. 20.

中正在展现的那些人本质的多重特性的个别强调；管理学中依次发生的"人性假设"原来谁也无法否定谁，每一个都不是所谓的固定不变的，它们只不过是对由它们作为指导原则所造成的管理中发展着的人本质的历史展现形式的变化的反映罢了。

所以，应该说管理学中的种种"人性假设"虽然孤立地看，它们对管理中人本质的理解都是抽象的片面的，但当它们依次出现动态地贯穿在一起的时候，却如实地记载着管理实践中的人本质历史演进过程的一些主要的发展阶段，并且这些记载还向我们分别阐明了管理中人本质现实展开过程的几乎所有的重要的逻辑环节。这就是管理学"人性假设"的积极意义。这种积极意义的重大价值就在于，它在自觉不自觉中向我们表露出或昭示了管理中人本质历史演进规律的客观存在。这再一次说明了规律是不以人的意志为转移的，无论我们自觉还是不自觉，不管人们承认不承认，事物的内在规律总是客观地存在着的，它统御着所有该发生的一切主观的和客观的过程。管理并不例外，管理中人本质的发展亦不能例外。

第四节　管理中人本质实践创生和历史演进规律的现实意义

弄清楚管理中人本质的实践创生及其历史演进规律，在管理上具有根本变革性的理论意义和重大的现实指导价值。认识不到这一点，管理理论就无法真正跳出抽象人性论的窠臼；管理实践活动因此也就不能超越人本质一再被扭曲的现实困境；彻底摆脱"重物轻人"的传统，关注管理中的人本身、贯彻以人为本的理念、促进管理中的人的全面发展等就无从谈起。如是，则这一切充其量只能停留在美好的愿望当中，或者沦为一些漂亮的口号。在今天的现实的管理活动中到处都已经盛行的，把管理"以人为本"理念所表达的管理是主体人自主自为的自由创造的本质内涵，简单化为从主要对物的利用和支配转化到主要对人的刺激和管制上来的理解；在今天的所谓企业或组织文化的建设中处处都开始流行的，把"文化管理"新形态所肇始的创造文明和文明人的自我创造相统一的大趋势，庸俗化为从主要对人的行为的外在控制转移到主要对人的内心世界的统治上来的做法；在今天的企业运行和组织生活中仍然还到处存在与不断发生的，令人震惊的诸如"富士康跳楼事件"和种种破坏环境与生态、生产销售伪劣和有毒产品等有失人文关怀，甚至蔑视人的尊严和生命的现象，等等，这一切都证明了这样一个道理：时至今日管理中人本质实践生成及其历史演进规律的理论变革意义和实践指导价值，仍然没有能够引起人们的足够重视和切实地践行，乃至于我们的管理实践，仍然还囿于传统的理论范式和活动模式之中。从根本上改变这种范式和模式，必须从深刻理解和把握管理中人本质的实践生成及其历史演进规律的革命性变革意义入手，把这种指导价值具体运用和体现到今天的管理实践活动中来。

首先，就管理中人本质的实践创生的意义来看。管理中人本质的实践创生表明，管理中的具体的人的本质乃是一个在管理实践的基础上、通过具体的管理实践活动本身、并且以这样的管理实践状况与水平为确认标准和衡量尺度的生成过程。因此，我们不仅不能够离开管理实践活动，或者在具体的管理实践活动之前，对其作出直接的绝对的把握。我们甚至也不应该把具体的管理实践活动之外的一般意义上的人的本质，或者其他社会实践形式中的人的现实本质，不加区分地直接地挪移和套用到管理中的人身上来。所谓的"人性假设"仅仅是一种抽象的理论想象，最多也只不过是带有某种偏见的对未来希望塑造成的人的行为原则的片面性的预先设定。那种把哲学中的一般意义上的人本质的抽象定义和其他实践活动中所表现出来的特殊的人的特性等，直接移植到管理中的人本质的界定上来的方法，是不合适的和非法的。

管理中的人本质的现实性只存在于现实的管理实践当中，管理中的人本质的具体规定性就表现在具体的管理活动当中。当下的正在进行的管理实践活动是怎样的，由它生成的直接现实的具体的人的本质也就是怎样的。因此，要克服"人性假设"对管理中的人本质的抽象的片面的理解，就必须首先抛弃它们抽象地片面地界定管理中的人本质的方法。采用马克思主义唯物辩证的方法，不带任何偏见地从管理中的人作为创造性主体的事实出发，通过其在具体的管理实践的对象性活动中所表现出来的无限创造性，逻辑地再现其自我生成的辩证本性。唯有如此，我们才能够如实地依据其自身的发展要求，为其提供和构建自我实现的管理实践平台，促进管理中的人健康地全面地发展。

其次，就管理中人本质的历史演进规律的意义来看。管理中人本质的历史演进规律表明，管理中人本质的自我实现乃是一个逐步展开、不断发展着的具体的历史过程。因此，我们不能祈求一劳永逸地解决管理中的人本质的实现问题，也没有必要和无法做到在管理实践的一定历史阶段或某种具体的组织形式中一下子实现完整的人的全部现实本质。管理中人本质的实现是不可能有终点的，必须在管理历史形态和具体组织形式的长期的变化发展过程中加以解决。目前我们所能够实际作出努力的是，牢固树立"以人为本"的理念，以关注管理中的人本身的发展为根本价值取向，通过对管理中人本质实现的基本社会历史条件和来自于管理系统本身的内在成因等的分析和梳理，寻找到当前，特别是我国社会主义条件下，促进管理中人的全面发展的具体路径。

第六章

管理中人本质实现的社会历史条件和管理系统成因

第一节　管理中人本质实现问题上的认识误区

在具体讨论管理中人本质实现的基本条件和内在成因之前，有必要首先消除人们在管理中人本质实现问题上的认识误区。

通观近年来学术界对管理"人性假设"理论的反思和批判，在人们反对将管理中的人的某些特性抽象地片面地理解为直接存在的既成的所谓永恒不变的"人性"，并且主张用动态的和发展的观点看待管理中的人的现实本质的同时，大部分论者却自觉不自觉地将人本质的这种现实性看作是有待实现的未来的理想或愿望。似乎历史上和现实中被片面化和抽象化的管理中的人还未曾实现过自己的本质，等到将来管理中的人得到全面发展的时候，才能实现自己的人的本质。[①] 其实，这是一种认识误区。这种认识误区，不懂得片面的存在也是一种现实的道理。它混淆了事物本质的实现与其未来发展状态的关系，误把管理中人本质的未来发展状态当作其全部的或仅有的现实性。事实上，管理中人本质的实践创生及其无限发展的过程表明，管理中人本质的实现问题实质上乃是一个不断发生着的历史性的事实。历史上和现实中的管理实践活动所创生的任何意义上的管理中的人，只要他已经创生，就意味着这样的管理中的人本质已经实现。这里只有其实现

---

① 徐建龙：《企业人本管理思想综述》，《哲学动态》2000 年第 5 期。

的具体形式和历史程度的差异，不存在实现与否的问题。因为，管理中的人的现实本质正如这种认识误区的持有者们也认同的那样，它并非所谓抽象的人所具有的待展现的既成的东西，而是由现实的人正在进行的实际创造活动和其结果来定义和确证的。现实的管理实践活动是怎样的，这样的管理活动中的人的本质也就是怎样的。管理实践发展到什么程度，现实的人本质也就实现到什么程度。管理中的人本质的现实性不是一个悬置于未来的理想性的点，而是一个伴随着主体的人的创造活动的连续的展现过程。如果我们对这个过程中的人自己的现实有什么不满意，那就应该通过改造我们的管理实践活动去创造更加满意的管理中的人。但我们却不能仅凭自己的不满意就断然否定管理中的人的那些历史存在的现实性。否则，我们就会再一次陷入如同"人性假设"理论一样的抽象人性论的泥淖。

犹如我们此前已经指出的那样，"人性假设"所谓的"假设"，并不是通常我们使用"假设"这一概念所表达的有待事实证明后才能被认定为真理的那种含义，它实际上是一种事先就已经被主观地认定为真理，然后用来指导人们如何对待管理中的人的绝对公设或行为原则。如果像上述认识误区的持有者那样，把管理中的人的本质看作是只有在未来的更加令人满意的管理实践中才能够最终实现的真理，那这样的理解与"人性假设"理论除了表述语词上的区别之外，难道还有实质性的不同吗？它不俨然又是一种新的徒有辩证法语词的抽象人性论吗？！以反对"人性假设"理论为起点，最后却陷入同样的泥淖的这种打着辩证法幌子的新的抽象人性论，由于它否定当前的人的现实性，拒绝承认现实存在的人的真理性，把一切现实和真理都悬置于绝对的未来，这使得它和"人性假设"理论相比，甚至不是一种进步，反倒是一种倒退。因为"人性假设"理论还笃信当前现在的管理中的人的现实性，只不过它们把这种有限的现实性绝对化了，打着辩证法幌子的新的抽象人性论却否认这一点。问题的实质在于，当现在的人的现实性被否定后，其结果必然是最终否认管理中的人的历史的真实性。可是这么一来，声称自己是辩证法的观点却变成了一种典型

65

的历史虚无主义观点，与真正的辩证法背道而驰。试问离开了真实的现实的历史积累，哪来的未来的真理？没有管理实践中人本质的历史演进，哪里还有管理中人本质的现实存在呢?! 因此，我们必须跳出这种认识误区，在如实地承认管理中人本质的实现是一个不断发生着的历史事实的基础上，透过其发生发展的现实条件和具体原因等来寻找真理，来发现这种真理的真正的辩证运动过程。

第二节　管理中人本质历史演进的社会历史条件

人本质的历史演进和发展变化存在于现实的实践活动当中，现实的实践活动存在于具体的运行环境及其相应的组织系统当中。虽然包括管理实践在内的人类一切实践活动，都是在人的意识支配下的有目的的创造性活动，但这样的创造性活动并非是随心所欲的、不讲条件的。它们必须在特定的社会历史条件下具体地展开，总要表现为在这种特定条件下的具体的有组织的系统性活动。特定的社会历史条件和具体的组织系统，不仅影响和制约着这些实践活动的发展程度及其创造能力与水平，决定着它们的具体性质、内容和形式，而且由此它也规定和决定了相应的实践活动中的人的具体本质及其现实发展程度。

就管理实践活动而言，标志其历史发展程度和创造能力与水平的，就是我们此前所说的管理实践发展的不同的历史形态。而此前我们所谓同一种历史形态下的管理活动的具体组织形式，则对应的正是这里所说的特定实践活动的具体性质和其内容与形式。管理中人本质的发展变化过程，就是在这样的现实的具体的管理实践的基础上，通过其具体组织形式的变化和历史形态的更替来完成的。因此，特定的社会历史条件和管理系统原因，既是我们了解把握管理中人本质历史发展过程的钥匙，也是我们谋求当前管理实践促进人的全面发展的基本依据。

很明显，其中管理系统原因与管理中人本质演进变化的关系，属于微观层面的问题，我们下一节再进行具体讨论。这里先讨论社会历史条件与管理中人本质历史演进的宏观层面的关系。宏观上影响、制约和最终造成管理实践历史形态更替与相应的管理中人本质演变发展的一般社会历史条件，主要有社会生产力发展水平、社会经济政治制度以及科学技术条件和管理知识与理论的发展状况等。

社会生产力发展水平影响和制约着管理实践活动的深度和广度，并由此决定管理中人本质的历史发展程度。任何现实的具体的管理实践活动都不可能脱离和超越特定的社会生产能力。事实上它们不仅以相应的社会生产力力发展水平为基础，只能在其所提供和能够达到的范围内展开，而且它们本身也恰恰又是构成这种水平的生产能力的组成部分。在特定社会生产力水平基础上所形成的管理实践发展的不同历史形态，从根本上制约着处在该历史形态的管理中的人的自我生成能力和实践创造能力。现实的人是怎样的？或者说人现实地是什么？正是由其实际上表现出来的和事实上具有的自我生成能力和实践创造能力来定义和确认的。管理的这些历史发展形态就是管理中的人在该历史形态中所具有的或能够具有的现实能力的外在表现，它标志着该历史发展阶段管理中的人本质的实有状态和发展程度。如果说古代低下的社会生产力基础上形成的以"人治"为特点的经验管理形态中的人，还是一种主要靠素朴经验来谋生的生物意义上的直观的感性人，那么近代机器大工业生产能力基础上形成的以"法治"为特点的科学管理形态中的人，就已经升华为用复杂的理性进行决策来满足自己多方面需求的"社会人"和"自我实现的人"，而当代知识型或信息化社会基础上正在形成的以"文治"为特点的文化管理形态中的人，则开始了将自己直接塑造成为集感性和理性为一体的整体的"文化人"或文明人的伟大历程。由此可见，在社会生产力发展的基础上，伴随着它的发展进程，我们看到的是，在管理实践从谋生的感性活动方式，到自我实现的理性行为，再到创造文明的文化活动等历史发展过程中，管理中的人不断由低级向高级发展，由片面到全面，从自在走向自为的历史事实。这说明管理中人本质的具体实现程度及其历史发展过程，从根本上说是由特定的社会生产力发展水平所决定的。

社会经济政治制度影响和制约着管理实践活动的社会性质和价值取向，并由此决定管理中特定发展程度的人本质的基本性征。历史上一切现实的管理实践活动，都是在具体的社会经济政治制度下组织起来的，都必须在这样的制度环境中运行。它们的社会性质和根本价值取向，既不能和相应的社会制度相冲突，又必须能够维护和体现其价值追求。管理实践活动的社会性质，决定着管理中的人与物、人与人的具体关系。管理实践活动的价值取向，制约着管理体系的目标选择和运行方向。管理中人与物、人与人的具体关系，规定了管理中的人的现实本质，管理体系的目标选择和运行方向，彰显着这些被规定的有限的现实人的具体性征。例如，古代原始公社、奴隶制和封建制等社会经济政治制度条件下，管理中的人与物、人与人的自然结合、浑然一体或人身归属和依附关系，以及以谋生与个人福祉为目标选择、以财富的获取和积累为运行方向的管理活动，所能造就的就是那些直接地以其生物特性为主的氏族成员、奴隶和佃户等感性的自然人。近代资本主义社会经济政治制度条件下，管理中的人与物（生产资料）、人与人（所谓人身自由的个体）的相互分离、彼此孤立甚至互相对立的社会关系，以及以经济效益最大化为目标选择、以资本的增值和剩余价值转化为资本为运行方向的管理活动，造就的则是具有片面性或"异化"特性的所谓"经济人""社会人""决策人""自我实现的人"和"复杂人"等理性的行为人。在社会主义和共产主义社会经济政治制度条件下，管理中的人与物、人与人逐步地并将最终摆脱私有制基础上的彼此对立和剥削与被剥削的关系，由此将实现的是以文明的创造为目标选择、以人的全面发展为运行方向的新型管理活动，它要造就的是与自然和谐相处的、体现着自身完整的动态统一特性的自由的文明人。由此可见，在社会经济政治制度的框架内，伴随着它的变化发展，呈现给我们的是，在管理的价值趋向和管理活动中人与物、人与人的关系从直接性的自然结合，到间接性的相互分离与对立，再到走向完整性的动态统一等演进变化过程中，管理中的人本质的丰富特性的逐步展现与不断趋于全面发展的现象。这说明管理中人本质的基本性征及其丰富化、完整化，事实上是由管理活动必须遵循的特定的社会经济政治制度的发展来规定的。

科学技术条件影响和制约着管理实践活动中人们所从事的劳动的自然属性和社会化形式，并由此决定管理中人的那些本质特性的具体生成方式。科学技术除了作为生产力的要素，从根本上决定管理中人本质的实现程度之外，它作为管理中人们具体劳动可资利用或假以发生的手段与工具，还直接决定管理中人的劳动的自然属性及其相应的社会化形式。劳动的自然属性体现的是人是怎样的一种对象性存在。人所从事的劳动的自然属性是什么？他自己在直接的存在意义上也就是什么。劳动的社会化形式反应的是人的对象性活动的社会性质，它规定着这种对象性活动的包括人在内的一切具体成果的生成方式。人的劳动的社会化形式是怎样的？他的本质也就被怎样地现实地创生着。管理活动中人的劳动的自然属性及其社会化形式，是我们判定和确认管理实践活动中的现实的人及其本质的具体生成方式的基本依据。管理史上人的劳动的自然属性及其社会化形式的变化发展，记载和体现了在特定科学技术条件下，管理中人本质具体生成方式的历史演变过程。以体力劳动为主的作为自然存在物的人的状态，及其通过自然的或间接的方式（如共同劳动或劳动交换）被社会化的管理中人本质的生成方式，是与古代社会的科学技术条件相适应的；以技能劳动为主的作为理性的智慧人，及其在精密的分工协作中被直接社会化的管理中的人本质的生成方式，则和近代以来的传统科学与机器大工业技术密不可分；而以知识劳动为主的作为文明创造者的文化人，及其趋向在复杂的网络系统中实现其社会化的管理中人本质的生成方式，显然与当代复杂科学和信息技术的发展方向是一致的。由此可见，在相应的科学技术条件下，伴随着它的更新与升华，向我们展现出来的是，由管理中的人的劳动的自然属性及其社会化形式的相应变化所引发的，管理中的人本质的具体生成方式的不断升华和复杂化的历史进程。这说明管理中人本质的具体生成方式及其演变升华，是由相应的科学技术条件所引发和规定着的。

管理知识与理论的发展状况影响和制约着人们对管理和管理中人本质的具体理解，并由此决定人们对管理中人本质具体生成方式的自觉样式。管理实践活动是在人的意识支配下的有目的的活动。一方面从其产生的角度来看，管理知识和理论是在管理实践的基础上形成的主观意识状态，它标志着人们对管理和管理中人本质等的相应的认识和把握程度；另一方面从其功能的意义上说，它反过来又会成为指导人们从事相应的管理实践活动和具体对待管理中的人的自觉意识。我们把相应的不同发展程度的这种意识状态，称之为人们对管理中人本质具体生成方式的自觉样式。从古至今，任何现实的管理实践活动都是主体的人的一种有意识的创造过程，都是在人们对自己本质具体生成方式的相应的自觉样式中展开的。人们对自己的本质自觉到什么程度？相应的管理实践活动也就把人创造到什么程度。历经经验管理、科学管理和文化管理等三个历史形态所形成的那些不同发展程度的管理知识和理论，作为人们对自己本质的具体生成方式的自觉样式的主观意识状态，在指导和引领相关的管理实践活动的过程中，在依次向我们表达和展示了人们对管理是谋生的共同体、获取利益的工作平台和文明生活的创造过程等的认识的不断深化的同时，反过来这些认识又直接指导和引领了管理中的人从作为劳动者或生产工具到作为打工者或雇佣工人再到作为创造者或文明主体等的具体创造过程。这说明管理实践的深化和管理中人本质的自觉样式的发展，是在具体的管理知识和管理理论的指导和引领下现实地展开的。

总之，上述这些社会历史条件在影响和制约着具体的管理实践的现实状况的同时，也从主客观多个层面决定着管理中人本质的具体实现方式和相应的历史发展程度，而管理实践的深化和管理中人本质的历史演进则是由它们的发展变化引起的。

第三节　管理中人本质变化发展的管理系统成因

管理中人本质宏观层面的历史演进，总的说来可以看作是管理中人本质的质的历史飞跃过程。这种质的飞跃是在管理中人本质微观层面的量的变化的基础上历史地完成的。管理中人本质微观层面的量的变化与特定的管理系统直接相关。管理系统是一种复杂的社会巨系统，可以从不同的角度加以透视。我们这里所说的管理系统，指的是处在上述社会历史条件下的管理活动的具体组织方式或运行体系。这样的管理系统，大致由管理理念与价值观、管理体制与制度、管理方式与方法等层面的要素所组成。换句话说，我们这里将着重考察的就是，这些层面的要素和它们所组成的管理活动的运行体系与管理中人本质的演进变化的关系。

毫无疑问，管理活动具体组织方式或运行体系的这些层面的构成要素的具体情况，无不与上述管理中人本质历史演进的社会历史条件有关。它们往往都是那些社会历史条件在现实管理活动的具体组织方式和实际操作层面上的体现或具体化。其中，管理的理念与价值观属管理活动具体组织方式中的主观层面。它主要是对特定的管理知识和理论所表征的人们对管理和管理中人本质的认识水平或自觉样式的体现和具体化。它为管理活动的具体运行提供意识指导、目标引领和进行创造的内在动机等；管理体制与制度属管理活动具体组织方式中的客观层面。它主要是对特定的社会经济政治制度所决定的管理活动的社会性质和一定发展程度的人本质的基本性征等的体现和具体化。它为管理活动的具体运行提供组织结构、运行规范和相应的资源配置方式等；管理方式与方法属管理活动具体组织方式中的实际操作层面。它主要是对特定的科学技术条件所规定的管理中人本质基本特性具体生成方式的体现和具体化。它为管理活动的具体运行提供工作程序、控制策略和操作机制等。总之，由这些要素所承载的集创造动机、资源配置方式和操作机制为一体的现实的管理活动的运行体系或系统，也就是我们通常所说的管理模式。特定的管理模式从根本上说，则是管理史上由相应的社会生产力发展水平所决定的管理的历史形态与管理中人本质的历史发展程度的体现和具体化。它从整体上决定和限制着管理实践和管理中的人本质的总体发展状况和实现方式。一旦这种状况被超越，这种方式被突破，就意味着管理历史形态的更替和管理中人本质的质的飞跃。

换个角度说，管理中人本质历史演进的社会历史条件，说到底也只是管理中人本质实现的外因条件。管理中人本质变化发展的管理系统本身的原因，才是管理中人本质具体地历史地自我实现着的内在根据。管理运行体系中由其具体理念和价值观所表征的管理意识、目标和创造动机，实际上就是这样的管理中的人的自我意识、自我设定和对自己所具有的主体潜能的一定程度的自觉。管理运行体系中由其特定体制和制度所确定的管理的组织结构、运行规范和资源配置方式，实际上就是这样的管理中的人处理自身与对象、个人与集体、自己与伙伴等相互关系的劳动协作方式和社会组织形式。管理运行体系中由其相应的方式和方法所规定的管理的工作程序、控制策略和操作机制，实际上就是这样的管理中的人自我显现、自我生成和自我确证的现实展示过程。管理系统中的这些方面的要素，不仅分别从多个层面制约和规定着管理中的人及其本质的具体状态和发展程度，而且它们由此便从潜在性或主观愿望方面、现实性或客观组织方面以及具体性或自我展示形式方面等，形成一种具有系统性力量的完整的人本质的创生体系。在这种创生体系的系统性运行过程中，我们看到的是比之上一节所述的作为结果的管理中人本质的历史演进更加具体和丰富的、活生生的管理中的人及其本质的完整的动态变化和自我实现过程。这个过程的不断发生和发展，才是管理中人本质历史演进的内在根据和现实基础。

当然，无论是上述这些要素方面的原因，还是它们所组成的系统性的力量，只要它们还处在一定的管理形态范围内，它们的变化所能造成的还都只是管理中人本质的量的方面的变化。换句话说，这些要素及其系统在一定程度和范围内的变化，并不会直接引发管理中人本质的根本性质的飞跃。如果管理的历史形态不改变，由其决定的特定管理模式所形成的基本范式还在起作用，管理中人本质根本性质的改变就不会到来。每每随着这些要素的个别的变化，所带来的也只不过是管理系统和管理中的人本质的相应层面的量的变化和局部性的改进而已。即使这些要素在特定范式框架内发生相应的系统性的变化，也不会使管理中的人的相关命运发生实质性的改变。它所能造成的结果也只能是使管理中特定的人本质显现的更加丰富、更加全面和完善罢了。近代以来科学管理形态中由"人性假设"不断变化所引发的管理理念、组织形式和方式方法等方面的变化，虽然呈现出一片丰富多彩甚至不断完善的繁荣景象，但由于其未能跳出抽象人性论所形成的传统范式，管理中人本质被扭曲的悲惨命运始终得不到根本改变的事实，就是再好不过的具有说服力的典型。

但是，我们完全不必要气馁，没有理由绝望。事物的量变不会永恒地进行下去，它只不过是对质变的一种必要的有益的准备，其最终结果必然导致质变。当现有的管理运行体系中的这些要素及其所组成的系统的量的变化达到一定程度的时候，必然会引起管理历史形态的更替。而伴随着这种历史形态的更替，我们将看到记载着一切历史收获物的管理中人本质的质的飞跃带给我们的壮丽的历史画卷——这种必然性在人类管理史上一再显现的事实给我们的最大启示就是：对于处在重大历史转折时期的今天的我们来说，这不仅是一个美好的理想，这已经是一个需要我们亲手将它展开出来的责无旁贷的现实任务。无论从我国社会主义和谐社会的建设的要求来看，还是从当代文化管理形态已经肇始的以人为本的管理发展趋势来说，它们已经和正在给我们造就了和创造着彻底摆脱重物轻人的管理传统的现实基础和前提条件，并向我们提出了关注管理中的人本身，促进管理中的人自由全面地发展的历史任务。所以，我们应该回到现实中来，去厘清我国管理实践促进人的全面发展的具体路径，用自己的双手去打开已经摆在我们面前的、实现管理中人本质新飞跃的壮丽的历史画卷。

第七章

我国管理和管理中的人的
现状与发展要求

第一节 我国管理实践活动的基本现状

虽然我国的管理实践活动拥有悠久的灿烂的历史，从古至今，独具特色的管理思想和卓越的管理案例不胜枚举。但就我国目前的管理实践活动来看，无论是企业管理、行政管理还是其他社会组织的管理，虽然还都自觉不自觉地留有中国传统痕迹，但总体上并非是这种传统的自然延续和继承与发展。从其所信奉的管理思想和所采用的管理模式等方面来看，它表现为一种正在重新构造中的全新的状态。在这种状态中，一方面，除了留有中国传统管理文化的痕迹以外，还深受马克思主义理论的影响，也留有过去计划经济管理习惯等；另一方面，更为直接的和大量的内容则是来自对近代以来西方管理经验和理论的学习和移植。特别是改革开放以来引进的国外先进管理经验和技术，构成了这种状态的主体构架。总之，我国目前管理实践活动的基本状况可以描述为，是一种由中国传统管理文化元素、马克思主义理论元素、计划经济管理习惯元素、国外管理经验与技术元素和西方管理理论基础交织在一起的，看似多元化和繁荣的局面，实质上却是传统与现代、外植与内生、先进与落后、一致与冲突杂混于一炉的混合状态。

当然，这种局面或状态是就其现象而言的。从其实质上来看，由于这种局面或状态的主体构架是在"引进和吸收国外先进管理经验和技术"的基础上形成的，所以，一方面，我们应当充分地肯定其积极的意义：恰恰是这样的吸收和引进带来了我国管理领域的革命性变革。它使得我们正在彻底摆脱计划经济的管理模式，朝着建构新的适合于社会主义市场经济的现代管理体系迈进。我国的真正意义上的现代管理活动，正好是从这个时候开始的，并且在此基础上逐步地发展着。今后我们在该领域要想取得任何的创新与进步，也必须以此为前提和基础；另一方面，我们还要看到它存在的不足与局限性。我们今天提出对它进行创新与改进，以及这样的要求的合理性与必要性就是基于它的这种不足与局限性而言的。这就是：第一，在我们吸收和引进国外先进管理经验和技术的时候，我们更多的是基于它们对市场经济条件下社会组织管理的适应性和共性方面的考虑，或多或少忘却了它们所承载或内含着的社会性质，基本上忽略了它与我国社会主义社会性质的不一致性和它们之间相互冲突的方面。结果就造成了在我们的现实管理活动中，不断出现与我国社会主义建设的要求不相符合或背道而驰的种种不合理现象和令人无法接受的悲惨事件，等等。第二，当我们具体采用国外的这些管理经验和技术的时候，我们或者断章取义、零打碎敲、强行嫁接，甚至赶时髦似地掀起一个个使人应接不暇的管理风潮，或者不加区分、生吞活剥、拿来就用，不论其是已经陈旧的还是新近兴起的，不管其是过去的东西还是未来的趋势，似乎只要是国外的，就是先进的，一旦采用了，就是创新。结果就造成了我国现实管理活动中性质不同的各种管理理念都受到追捧，各种各样的管理思想都广泛流行，五花八门的管理方式和方法各显其能，超前的口号和滞后的行为、先进的技术和落后的操作、创新的元素和陈旧的体系混杂为一体的混乱局面。第三，更重要的是，应当说这种结果和局面的存在并非是偶然的，它既与我国社会处于急剧变动的转型时期和我国现代管理活动才刚刚兴起的历史发展阶段相关联，又与我们已经必须面对信息化社会时代和文化管理形态肇始的新趋势等内外在环境、条件和要求等存在必然的联系。它实质上是我国管理实践对时代要求的一种积极的回应或一种特殊形式的努力，它反映了我国的现实国情和我们的现代管理活动的实际发展水平和现有状态。问题在于，这种水平和状态说明我国的现代管理活动还很不成熟，这样的回应和努力标志着我国的现代管理体系还处于探索和正在建构当中，迫切需要作出重大的变革与创新。当然，这种重大的变革与创新，不仅仅是理论方面的，更重要的还是实践方面的。我们唯有在管理理论和实践方面同时取得重要的进展，才能改变目前不能令人满意的状态和局面。我们唯有沿着这个方向不断前进，才能够真正在建构促进人的全面发展的社会主义现代管理体系中迈出一个个坚实的步伐。

第二节　我国管理中的人的发展状况

　　管理中的人的发展状况是由管理实践活动的现实情况决定的。与上述管理思想的混乱局面和不成熟的现代管理状态相适应，当前我国管理中的人的发展状况，总体上是不能令人满意的，甚至是令人无法接受的。虽然我们能够从中看到人们在倡导"以人为本"的理念和关注管理中人本身的发展方面的种种努力，例如，改善工作条件以表达人文关怀，强调人力资源的重要性以示对人的尊重，实施多方面的激励以发挥人的积极性，推行参与管理、柔性化管理、分权管理以突显人的自主性，直至建构"组织人"为载体的管理文化、企业文化和组织文化以发挥人的创造性，等等。但其整体水平还处在尚未跳出人的片面发展甚至本质上一再被扭曲的境地。因为，它信奉和遵从的恰恰是西方现代物本主义的管理模式。如前所述，造成现实管理活动中的人本质的一再被扭曲的根本症结，就是这种以经济效益最大化为价值取向的物本主义的管理模式。

　　就这种管理模式在当前我国管理活动中所造成的人的现实状况来看，主要有：第一，管理中人的主体性地位尚未真正确立。我国社会主义从社会制度上解决了劳动人民当家作主的主人翁地位问题，但在管理实践中这种主人翁地位并没有得到很好地体现。特别是在诸如生产劳动等具体的管理活动中，劳动者的主体地位仍然严重缺失。如果说在管理国家这样的政治层面，我们还有诸如人民代表大会等这样的基本制度作保障，那么在各种各样的具体的管理实践层面，非但缺少类似的体制和制度保障，而且人们的劳动本质上还都是为他的，而非自为的；他们参与管理实践活动的目的是外在，不是内在的；他们处在同一个组织，集中在一起劳动是建立在一定的契约基础上的，而非出于盟约①中的自愿；② 他们的创造行为主要由外在要求决定，还无法实现自觉的自我设定；他们从中所能得到的需求的满足往往是片面的，不是也不可能是多层面的完整的……。这种状况决定和表明，在我国现实的管理实践活动中，人与物的关系仍然是颠倒的，被改造对象的他在性和对物质利益的单纯追求还在牢牢地控制和统治着人本身；个人与组织的关系仍然是对立的，实现组织的目标还必须以牺牲个人的利益为代价；人与人的关系仍然主要靠外在协调，系统性的社会创造能力还不是源自于人们的自愿合作；人与自己的劳动的关系仍然是异化性质的，劳动还远未成为人的自由本质的自觉自愿的自我展现。总之，人作为社会性创造主体地位的真正确立，在我国的管理实践中还存在诸多层面的系统性的缺陷和障碍，改变这种现状还任重道远。

第二，管理中人本质片面化和被扭曲的现象比比皆是。我们几乎可以毫不费力地一口气列数诸如"廉价劳动力""贫困人口""弱势群体"等人们耳熟能详的称谓和诸如"血汗工厂""封闭式管理""军事化管理"等广泛流行的管理模式，以及"环境污染与破坏""有毒产品""员工跳楼"与"躲猫猫""专横霸道""渎职

---

① 传统的契约关系，以一天的辛勤工作，交换一天对等而公平的报酬。这是一种工具性的工作观：工作是为了赚取收入来支付我们去做工作外真正想做的事情。新的盟约关系建立在对价值、目标、重大议题，以及管理过程的共同的誓愿上面。它内在地包含着一种新的工作观：通过工作健全的发展成就每个人的幸福。在这种盟约中人们信守着共同的誓愿，通过相互帮助和相互促进而一齐成长着，组织与其成员也在同样的相互作用中共同成长着。盟约关系和谐、优美与均衡，组织的成功与其成员个人及其对家庭、公司、社会的更大抱负同时实现。

② 王文奎：《当代新管理理论的四大核心理念》，《理论导刊》2003 年第 1 期。

腐败"等层出不穷的事件，等等。但我们没有必要把精力放在徒劳地列数这些难以尽述的事实上，我们应当关注的是隐藏在这些现象背后的原因和问题的实质。究其原因也许是多方面的，但是，其中的一个共同的原因或问题的实质恰恰在于，它们必然都与有缺陷的国家、社会、企业和其他社会组织的管理实践内在关联。因为有缺陷的管理实践活动必然造就有缺陷的人，而只有有缺陷的或片面发展的人，才应该获得上述称谓和才可能作出那些令人无法接受的行为。因此，这些现象的普遍的大量的存在和不断地发生，反过来就证明了在我国现实的管理实践活动中，人的本质总体上还处在片面化甚至被扭曲的不合理的现实当中。如果从理论角度对我国当前管理中的人本质发展的实有状态进行简单的概括，这就是在管理中的人本质的自我设定性方面还处于不自觉的状态，在管理中人本质的实践创生性方面还处于非自主的状态，在管理中人本质的历史演进性方面还处于较低级的状态，在发挥管理中人本质的无限创造性方面还处于不自由的状态。总之，距离我国社会主义社会促进人的自由全面发展的要求还相差甚远。这是我们必须面对的事实和应当尽最大努力去改变的现状。

进一步深入分析当前我国管理中的人的发展状况的成因，我们必须指出，除了正在兴起的我国现代管理活动的发展还需要一定的时间才能走向成熟，建构和推行新型的促进人的全面发展的我国社会主义管理体系还需要创造一些与其相适应的主客观条件之外，不加改造地接受西方实体人性论的管理哲学思想、不加分析地直接套用资本主义社会的管理模式、不顾条件地跟风赶潮似地采用和变换国外的管理方法等，是造成这种状况的主要的和根本的原因所在。这种现状与时代的潮流、我国社会主义的要求和管理新形态的发展趋势很不相符。我们必须审时度势、从我国的国情出发、面向未来，对现行管理的哲学基础进行变革与改造，建构适应我国社会主义社会的新的管理体系，采用相应的能够真正促进管理中的人的全面发展的方式方法，从现在开始去完成历史赋予我们的重大使命。

第三节　时代潮流与我国社会对管理
　　　　发展的基本要求

上述所谓审时度势就是要弄清楚我们所面对的时代潮流，以便使我国社会主义社会的新管理体系的建构适应时代的要求。从管理实践的角度来看，我们所面对的时代潮流及其对管理实践活动的要求主要是。

第一，当今时代人的发展问题中的主要矛盾，已经不是从社会制度层面集中解决人的解放问题，而是如何从具体的社会生活层面去实现和体现人的主体性地位的问题。特别是我国社会主义制度的建立，已经把劳动人民从被剥削被压迫的旧社会制度中解放了出来，在这样一个人民当家作主的社会的建设中，问题的关键就在于，应当尽一切可能把劳动人民的主人翁地位落实到社会生活的各个层面，将其具体地实现出来。管理实践活动是人从事社会活动和参与社会实践的最基本的社会组织方式，是人的社会性存在的最直接的和最具体的表现形式。在管理实践活动中，改变重物轻人的物本主义传统，关注人本身的发展，真正确立人的创造性主体地位，充分体现"以人为本"的理念，促进人的自由发展，是时代发展的潮流，也是当今时代赋予我国管理实践活动的重大历史使命。

第二，现代知识型信息化社会不仅充分凸显了人的创造性的核心地位，而且也为人们进行自由的创造和建构各个层面系统化的社会集成创造体系提供着不断丰富的科学技术条件。问题的关键在于，我们应当及时地适应和追随这种发展态势，充分地利用它为我们提供的先进的科学技术条件，建构具体的集知识创造和信息互动共享的体系或系统，充分释放人的创造性本质与潜能。管理实践活动，无论其种类或形式是什么，无疑都是一种以人为中心的创造体系或系统，是管理中的人进行集体劳动的社会性协作体系和系统。在管理体系和系统的构建中，突破单纯追求物质利益最大化的窠臼，适应人的不断发展着的多方面的需求，尊重人本质作为社会关系总和的完整性和个人发展的整体性，建构能够充分释放管理中的人进行不断创造和自我创造能力的知识型信息化实践系统平台，促进人的全面发展，是大势所趋，也是现代社会已经和正在为我国管理实践体系的建构开辟的新的发展方向。

第三，目前正在兴起和快速发展着的管理中的文化管理新形态，其真正的含义并非像人们所理解的那样，即只是变强制性为柔性化、由对人的行为控制到心理引导等管理方法上的转换而已。① 它的更加深刻的意义在于，它实质上意味着：我们不能再把管理活动仅仅当作是物质生产的平台和人们行为的规范方式，管理实践乃是一种创造文明的行为和文明人的自我创生过程。这是人类管理实践自身的历史发展在当前所达到的一种历史高度和未来发展趋势。我国的现代管理实践活动不能再去重复管理史上已经过时的较低级的阶段的东西，必须站在时代的高度，形成适应当前和未来发展趋势的新的管理形态。在推动管理实践走向新型管理形态的过程中，超越把管理仅仅理解为获取物质利益的手段的工具主义的旧认识，深刻把握主体的人创造文明与文明人自我生成的内在同一性，把新的文化管理形态真正推向创造人类文明和文明人的自觉发展的轨道上去。这是真正的现代管理的本质，也是管理新形态的发展要求我国管理实践必须达到的历史高度。

我国是社会主义国家，目前我们又提出贯彻落实科学发展观，建设社会主义和谐社会。保障人民劳动创造的自主自觉和自由，促进人的全面发展，是社会主义建设的内在的本质要求。"科学发展观，第一要义是发展，核心是以人为本，基本要求是全面协调可持续，根本方法是统筹兼顾。"② 建设和谐社会就是要建构民主法治、公平正义、诚信友爱、充满活力、安定有序、人与自然和谐相处的社会。毫无疑

---

① 黄小晏、颜冰：《"2009 年中国管理哲学创新论坛"综述》，《教学与研究》2010 年第 3 期。

② 胡锦涛：《高举中国特色社会主义伟大旗帜　为夺取全面建设小康社会新胜利而奋斗——在中国共产党第十七次全国代表大会上的报告》，人民出版社 2007 年版，第 15 页。

问，我国和谐社会建设的这些内容和要求，与上述时代潮流的本质是完全一致的。因为，管理实践活动是我国社会主义社会建设的有机组成部分和带有普遍性的重要层面，所以，这些内容和要求也就是对我国现代管理实践活动的指引和要求。我们必须坚信，随着我国社会主义和谐社会的建设，它已经和正在为我们构建促进人的全面发展的社会主义管理新形态，提供了和继续提供着强有力的生产力支撑和社会经济政治制度保障，创造了和继续创造着充分的科学技术和思想认识等方面的主客观条件。这是我们没有任何理由放弃的重大机遇和必须面对的挑战。如果我们在这样的机遇和挑战面前没有作为或不能努力取得富有成效的成果，我们将背离社会主义和谐社会建设的要求，愧对这样的大好时代。

第八章

我国管理实践促进人的全面发展的当前任务

第一节 管理理论基础的系统变革

关注管理中的人本身，促进人的全面发展，既是当前人类管理活动发展的主流趋势，也是我国社会主义管理实践的根本目标之所在。由这个目标派生的我国管理实践当前的主要任务就是，超越西方物本主义管理传统，根据我国社会主义和谐社会建设的本质要求，着力建构体现知识型信息化时代特点和适应文化管理新形态要求的社会主义管理新体系，将我国管理实践活动引向真正的创造文明和文明人的自我发展的轨道上来。为此，根据我国管理和管理中的人的现状，我们需要从管理理论基础的变革、管理基本理念系统的重构、管理实践体系的改造和管理人本文化的培育等多个方面或多种路径作出全面的系统的不懈努力。本节我们先来讨论管理理论基础的变革问题。

管理实践活动是在一定的管理理论的指导下进行的。管理系统的改造和新管理体系的构建，必须从作为其前提和基础的管理理论的系统变革开始。管理理论大致上可以分为管理哲学、理论管理学和应用管理学等几个层次。因此，管理理论基础的变革也就相应地应当或必须在这些层面上全面地系统地展开。

首先，管理哲学的变革问题。管理哲学是揭示管理实践活动本质及其一般发展规律的理论体系。管理哲学观念源自于人们所信奉的哲学世界观，管理哲学理论体系是对一般的所谓元哲学基础的应用性发挥或具体化。管理活动的核心是人，管理哲学的基本问题就是管理中的人的本质问题。我们前面已经指出，在这个问题上存在有两种根本对立的元哲学理论，即实体人性论和人性生成论。管理实践的历史表明，以实体人性论为哲学基础的管理"人性假设"理论必然导致对管理中的人的片面的抽象的理解和造成人本质的现实扭曲。真正的管理中的人及其本质的实现，是一个在管理实践中不断地创生和无限地自我展现与发展的过程。因此，我们在这方面要完成的具体任务就是：抛弃实体人性论观念，以马克思主义实践人性论为指导，变革现有的管理哲学，建构基于马克思主义实践人性论的，能够引领管理实践真正促进人的全面发展的新的管理哲学。

这种管理哲学的变革，需要对以"人性假设"理论为代表的旧管理哲学进行系统的清算，需要对马克思主义实践人性论的管理意义进行全面的挖掘，需要紧贴当前的实际情况进行具体的理论分析等。希望本书的努力能够抛砖引玉，推动新管理哲学的深入研究。可以预期，这样的深入研究的主要路径就是：结合管理实践和管理中人的活动特点，将马克思主义实践人性论原理具体化，以最终形成关于管理中的人的实践生成规律和人本质的动态实现方式的新的管理哲学理论，为我国社会主义新型管理实践活动提供方向指引和理念引导。

其次，理论管理学的建构问题。理论管理学是在管理哲学基础上形成的关于管理实践活动应当遵循的基本原理和运作模式的理论体系。我国现行的管理学原理体系总体上说来都是从国外引进的，特别是其整体理论构架实质上就是西方所谓的理性管理模式的移植和改版。这种理论管理学或管理学理论，由于其以实体人性论为哲学基础，信奉抽象的"人性假设"学说，遵从物本主义的管理模式等，它实质上与上述新管理哲学的基本理念旨向相冲突，与我国社会主义管理实践促进人的全面发展的本质要求相背离。[①] 因此，我们在这方面要完成的具体任务就是，从牢固确立人在管理中的创造性主体地位出发，重新审视管理系统中的各种要素之间的真实关系，科学界定围绕

---

① 阎秀敏：《管理哲学在中国的研究思路评述》，《汕头大学学报》（人文社会科学版）2009 年第 6 期。

人的发展进程这些关系的辩证运动过程及其系统结构等，重新建构全面阐述新管理原理的理论管理学体系。

这样的理论管理学体系的重新建构，无疑是一个必须经过长期努力才能完成的过程，是一个必须分层次或从多个层面同时努力才能推进的过程。这种努力的基本路径至少应该包括：以人为核心的管理活动的本质的透视；关注人本身的发展的管理实践组织方式的论证；促进人的全面发展的管理体系及其运行模式的阐述；人本质实践创生与无限发展的管理机制的分析等。通过这些路径层面的理论总结与概括，全面阐明管理与人、管理实践与环境、组织与社会以及管理中的人与物、人与人、个人与集体和人的劳动与自己的本质、人的创造与自我创造、文明的进步与人的自我发展等多层面关系，建构全面的系统的管理原理体系，为我国社会主义新型管理实践活动的具体组织实施提供直接的理论指导和实践运作模式。

再次，应用管理学的开发问题。应用管理学是按照管理活动基本原理，在具体开展管理活动中应当采用的具体管理技术和操作方法的理论体系。虽然说条条大路通罗马。具体管理活动的应用技术和操作方法往往是多种多样的。但管理技术与操作方法说到底都是为一定的管理目的服务的。这就要求它们必须在性质上与其目的相契合，在功能上能够满足实现特定目的具体要求。毋庸讳言，我国当前管理活动中深受追捧和广泛流行的从国外引进的那些管理技术和操作方法，实质上更适合于物本主义的管理模式，并且主要是为所谓的经济效益最大化服务的。能够真正促进管理中的人的全面发展的管理技术与操作方法严重缺乏。① 因此，在这方面我们要完成的主要任务就是，紧紧围绕促进管理中人本身的发展的目标，在分析甄别现行管理技术和方法的人学意义，深入研究人本质的实践生成机制及其多样性需求的满足方式等的基础上，大力开发促进人的全面发展的管理技术与操作方法，建构内容丰富的新的应用管理学体系。

① 邱耕田：《应用哲学研究与马克思主义哲学创新——全国应用哲学第十一次理论研讨会综述》，《哲学动态》2006 年第 1 期。

这种应用管理学体系的开发，应当和必将是丰富多彩的和与时俱进的，唯有如此才能够适应管理活动内容的丰富性和管理中的人的无限发展的要求。当然，它们也应当和必须是适用的和可操作的。这种开发的具体路径起码应该在这样几个不可或缺的层面上展开：凸显人的主体地位的管理实践平台的构造技术与方法；尊重人的自由创造的人本技术与方法；调动人的创造积极性的激励技术与方法；释放人们集体创造潜能的系统集成技术与方法；实现人们社会化合作与信息共享的知识管理技术与方法；满足完整的人的多方面需求的保障技术与方法；促进文化管理时代人的全面发展的组织文化培育和建构技术与方法等。这些层面的管理技术与方法的开发，每一个都应该是系列性的和动态发展的。通过这些系列的管理技术与方法的不断开发，逐步建构和完善以人为本的创造文明和文明人自由发展的管理实践技术与操作方法体系，为我国社会主义新型管理实践的健康发展提供具体应用策略和实际操作手段。

第二节　管理基本理念的变革与重构

管理理念是人们在对管理的本质和管理活动中的各种要素之间的关系等一定程度自觉的基础上形成的，用来指引人们对待管理活动和处理管理中各种关系的内在的价值观和基本信念。管理理念可以划分为多个层次，是一个由多方面和多层次的具体理念所组成的价值观或信念体系。管理的基本理念系统是这个体系中带有全局性、整体性精神引领作用的价值观和信念层面。其他层面的管理理念则是它的进一步引申和具体化。依据我们要建构的我国社会主义当代新管理体系的要求，在管理基本理念系统的重构方面，当前首要的任务就是先来厘清和建构这个层面的管理基本理念系统，然后再去将其逐步地应用到管理实践体系的各个层面加以具体化，形成指引我们构建新的管理实践体系，开展现实的具体管理活动的完整的管理理念体系。

这样的管理基本理念系统的重构，重点要从以下几个重新认识的路径中去厘清和加以确认。①

第一，管理的真正目标的重新认识。传统的认识是把企业和其他社会组织追逐自身利润和利益的最大化看作是至高无上的。然而，近些年来热度有增无减持续不断的关于包括企业在内的社会组织的利润（利益）与社会责任的关系的讨论，却对这种传统观念形成了明显的挑战。这种讨论已经逐渐地向人们表达了一种新的企业观和组织观。这种新观念认为：包括企业在内的一切社会组织都只不过是复杂的社会大系统的组成部分。作为社会系统的组元，它们的存在与发展本质上植根于社会大系统的协调运行和动态平衡。因此，比起以往的管理理论突出地强调企业利润和组织利益来，新企业观或组织观更注重这些社会组织的社会责任。显然，这是组织基本理念上的一种提升。在这种理念的统领下，企业利润或组织利益不再是什么至高无上的东西，它被看作只不过是社会组织充分履行其社会责任的自然结果。当然，这里所说的社会责任并非仅指在组织经营活动之外，社会组织所举办的一些义举之类的简单事实。它更主要地是指社会组织通过自己特定的运营活动，使社会资源得到有效整合与价值提升，从而为满足社会多方面需求、解决就业等社会问题，为人才培育与个人成长以及经济社会的健康发展等所必须和应当作出的贡献。换句话说，在社会大系统的观念下，包括企业在内的一切社会组织，作为这个系统的组元，其存在与发展必须以组元（系统要素）之间的良性互动和整个系统的优化为前提。而实现这种良性互动和系统整体优化，就必然要求组织（包括企业）必须摒弃传统的以牺牲对方为代价或以有可能损伤第三方和其他方利益的"赢—输"式思维方式，将追求自己与环境、自己与和自己有关的所有各方的"共赢"作为最高目标。可见，这种理念的提升，在对组织提出了更高的要求的同时，也为其打通了更广阔的发展空间，使其摆脱了以往那种仅仅局限于对自身利益的追逐，甚至以整个生存环境被破坏为代价的狭隘境界，将组织自身利益的获

---

① 本节第一、第二、第三、第四点所表达的内容，本书作者曾以《当代新管理理论的四大核心理念》为标题撰写论文，发表在《理论导刊》2003 年第 1 期。

取变成为社会系统良性运行的自然结果，把企业利润或组织利益的实现置于它们更好地履行社会责任的大前提之下。用乔西亚·罗伊斯在《忠的哲学》中的话说："利润不是企业的目标而是结果，真正的目标是一系列价值和原则，忠诚的顶端是对这些价值和原则的全身心奉献。"① 因为管理就是实现这种组织（企业）目标的具体方式或社会组织形式，因此，这样的目标毫无疑问地本质上也就是管理的真正目标，这样的重新认识呈现出来的事实上就是一种新的管理的基本理念。

第二，人与物在管理中的地位的重新认识。传统的认识虽然也重视管理中的人，甚至提出了"以人为本"和"人本管理"等口号，但总体上都是物本主义的。例如，以"社会人"假设为基础的行为科学和人际关系学说等管理理论，虽然比以前的管理理论更多地关照到了人，但它仍然把人仅仅看作是提高劳动生产率的手段，强调通过某种形式的激励调动人的积极性，降低成本，以形成更高的利润。与上述新组织（企业）观相一致，既然利润（利益）并非企业或组织的终极目的和至高无上的目标，既然它们是手段而非目的，是结果而非目标，那么组织（企业）的真正目标和终极目的是什么呢？新的认识认为是人而不是物。其实人从来就是管理的真正的核心和主题。我们必须变物本管理为真正的人本管理。这种真正的人本管理是一种全新的基本管理理念，它在继承以往管理理论对人的理解的合理因素的基础上，特别强调人在组织中的成长，即所谓在组织中成就和实现自我，等等。它把人与组织的关系的传统观念来了一次根本性的转变，人不再是仅仅为了组织利益及其目标的存在，不再是实现企业利润的工具，反倒是组织连同其目标都是为人而存在着的。人成为管理的核心与目的，管理以人为本。总之，尊重人、依靠人、为了人是这种新管理理念的基本要义，凝聚人的合力、塑造高素质的人成为管理的基本内容，开发人的潜能、促进人的全面发展被看作为管理的主要任务

---

① ［美］乔西亚·罗伊斯：《忠的哲学》，麦克米兰出版公司1908年版，第213页。

和终极目的。① 这种新管理理念要求，包括企业在内的所有社会组织的一切行为和努力，都必须符合这种人文关怀的要求，都要充分地体现以人为本的基本价值取向。当然，当代人本管理理论把以往管理理论一直作为管理的工具与对象的人提升到管理的核心与终极目的的地位，把对人的激励看作是基本的管理手段的传统观念变革为将人在组织中成长作为管理的主要任务和目标的时候，这同时也就必然会引起，或者说这意味着对管理中人与物的关系的一种新的理解。

第三，管理中个人与组织关系的重新认识。新的人本管理思想认为：人，尤其是被管理者并非组织的异己力量，他们在组织中工作，也绝非是践行一纸契约，用自己的劳动换取生活资料那么简单。"人们选择某个社会组织，实际上是对他们的生存方式的选择，人们从事某种职业，实际上是对他们自己所选择的个人发展模式的追求，他们由此就将自己的命运和所选择的组织的命运捆在了一起。不仅它们是这个组织的，反过来这个组织也是他们的。在这个组织中适意地成长，既是他们的要求，也是组织的责任。"② 这种个人要求与组织责任的统一是现代所谓学习型组织发展的最内在的动力。彼得·圣吉称之为"组织生命力的泉源"。不仅如此，这种统一更为深刻的意义在于，它打破了传统的契约关系，在组织成员之间以及组织与其成员之间造就了一种新型的盟约关系。传统的契约关系，以一天的辛勤工作，交换一天对等而公平的报酬。这是一种工具性的工作观：工作是为了赚取收入，来支付我们去做工作外真正想做的事情。或者说，这是典型的消费者导向的工作观：工作是产生收入的工具。新型的盟约关系"建立在对价值、目标、重大议题，以及管理过程的共同的誓愿上面。"京都陶瓷的稻森胜夫说，"我们的员工同意要生活在一个共同体之中，在其中他们不是互相利用而是互相帮助，如此每一个人的潜力

---

① 周三多：《管理学》，高等教育出版社 2005 年版，第 187 页。
② 王文奎：《在组织中成长——从被管理者的角度谈管理》，《理论导刊》2002 年第 2 期。

都能充分展现。"① 彼得·圣吉说，在这种盟约里面有一项无条件的承诺，它是一种义无反顾的勇气，坚持组织真正自我超越的承诺：我们想要如此，不因为什么，只因为我们真心想要如此。换句话说，这种新型的盟约关系内在地包含着一种新的工作观：通过工作健全的发展成就个人的幸福。用赫门米勒的总裁赛蒙的话说："为什么工作不能够是我们生命中美好的事情？为什么我们把工作看作是一件不得不做的事情，而未能珍惜和赞美它？为什么工作不能够是人们终其一生发展道德与价值观、表现人文关怀与艺术的基石？为什么人们不能从工作中去体会事物设计的美、感受过程的美，并试着欣赏可持之恒久的价值之美？我相信这些都是工作本身就具有的。"总之，在这种盟约中人们信守着共同的誓愿，通过相互帮助和互相促进而一齐成长着，组织与其成员也在同样的相互作用中共同成长着。盟约关系和谐、优美与均衡，组织的成功与其成员对家庭、公司、社会的更大抱负同时实现。

第四，管理中人的本质属性的重新认识。在传统的管理思想中，财务上一直把人力的支出算作成本的一部分，人力成本的降低意味着利润的增加。因此，各种管理手段和措施都为了这个目标而努力。新管理理念把人看作资本，要求它不断增值。拥有增值更快或增值能力更强的人力资本，被公认为是一个组织立于不败之地的真正的法宝，是一个组织不断发展的真正的动力之源。因此，组织管理的中心任务便是创设和营造适宜人的成长或人力资本增值的机制与环境。为此，现代组织除了强调要给自己的员工提供良好的个人成长与创业的硬件条件之外，组织文化的培育和建设倍受重视，甚至被公认为高层管理者的主要职责。它要求组织的管理者，尤其是高层管理者应集中自己的主要精力，精心造就和培育富有特色的组织文化，从深层的内在机制上形成某种极富个性的成长基因，以确保人力资本的有效、快速增值。同时，通过组织文化对外塑造自己的良好形象，吸引组织需要的

---

① ［美］彼得·圣吉：《第五项修炼》，王秋海等译，东方出版社 2006 年版，第 183 页。

人才加盟，提升竞争层次与品位，使自己立于不败之地。当然，人力资本具有与一般意义上的资本不同的特性，它是一种特殊的资本，是一种人格化的资本。① 这种资本存在于一个个活生生的人身上。人力资本的个人专属性决定，其价值不仅体现在它对企业或组织的效益和效率产生决定性的影响，而且，由于它的加盟会引起诸如企业或组织的产权结构、治理结构以及文化建设等多方面的变革与创新。管理界近些年来已经充分注意到了人力资本的这种开拓创新能力。这种能力不仅被理解为拥有它的单个人的个人能力，同时也被理解为由于它的加盟而引起的整个企业或组织的创新与变革的内在动力。由此，便产生了一系列更为深入与具体和范围更广的研究，提出了诸如知识管理、"懒"管理、软管理、创新管理以及企业重构、组织革新等一系列更为具体的新的管理观念和新的管理思想，使当代管理理论的研究呈现出一片繁荣景象，令人目不暇接。②

第五，管理的整体性本质的重新认识。伴随着知识型信息化时代的到来，知识以及诸如组织文化、声誉、形象等一系列无形的资源、资本、财富成为经济增长、社会进步、人类发展和组织生存与成长的关键因素，使得当代管理理论在这方面给予了特别的关注和更多的探讨，形成了大量的理论成果。然而，更为有意义的是，正是这种时代大背景催生了当代新管理理论，也只有在当今时代的基础上，才能够使上述四大核心理念有机地内在地统一起来，构成当代新管理理论共同的思想根基。这种新的发展趋势已经使我们能够清晰地体会和认识现代管理正在发生的深刻的变革：以往的管理将自身的价值取向集中于提高和增进企业利润和组织利益这个被认为是至高无上的目标，侧重于物本管理，把人理解为通过一纸契约而变为企业或组织有权利用于提高利润和增进效益的工具，即所谓人财物等基本管理要素之一。在这种管理方式下面，管理的视野也原则上被局限在个别企业或组织

---

① ［美］西奥多·W. 舒尔茨：《论人力资本投资》，北京经济学院出版社 1990 年版，第147 页。

② 李放：《懒蚂蚁与懒管理》，《企业标准化》2008 年第 19 期。

的范围之内，外界的东西只是被当作影响因子才加以一定程度的考虑。正在发展中的现代管理虽然并不一般地排斥和完全否定这种管理方式，但它显然已经不满足于此。它已经和正在改变这些旧有的传统，将管理的视野提升到一个更高、更广的层次和领域，[①] 它将企业和组织放在整个社会大系统中加以考察，强调它们的社会责任，侧重人本管理，凸显人在管理中的核心地位，甚至把人在组织中的成长看作是管理的真正目的。[②] 为此，这种新的管理将其价值取向集中于通过企业或组织内的盟约关系实现个人成长、组织利益和社会责任的高度统一与良性互动和共同发展。毫无疑问，这种新变革不仅标志着人们对管理活动的认识的深化，根源于知识经济时代背景下的当代管理活动本身的复杂化和被管理对象——即社会组织的自身的发展变化，而且它已经和正在将人们对管理的整体性本质的认识提升到一个全新的高度：管理不再被单纯地看作是进行物质生产的平台和人们集体劳动的社会组织方式，而是从整体上将它认定为创造文明的实践活动过程和文明人实现其社会性本质的自我发展方式。

第三节　管理实践体系的全面改造

　　管理实践体系是人们从事具体管理活动的现实的社会组织系统。尽管不同领域和种类的管理实践体系会表现出多种多样的不同性征与特点，但这些系统基本上都主要由管理的组织结构、管理制度和管理机制与方法等几个层面组成。这些层面都是在相应的管理理论和基本理念的指导下建构起来的。它们是管理实践中处在相互制约和相互作用过程当中的一些内容丰富的子系统。它们原则上必须与指导它们的这些管理理论基础和理念前提相符合相适应。因此，保持这种社会组织系统内在的一致性及其与相应的管理理论和理念的对应性，是构建管理实践体系的根本要求与基本原则。然而，依据我们前面的分析可

---

①　高冠新、郭启贵：《反思管理本质的新视野》，《理论月刊》2009 年第 8 期。

②　刘友金、张天平：《管理学》，中国经济出版社 2008 年版，第 76 页。

知，我国现实的管理实践体系是混杂型的，其内在是不统一的，它们所对应和信奉的管理理论和理念也是混乱的、五花八门的。这就需要我们在上述管理理论基础的系统改造和管理理念的重新构造的基础上对其进行全面的改造。

首先是管理组织结构的改造。组织结构是表现组织各部分的聚合状态和各要素之间的相互关系的一种模式构造。它是管理实践体系的基本框架和体制基础。它表面上是管理体系中的具体单位或职能机构等的设计安排，实质上是对管理中的人与人之间的相互关系以及他们在这种社会化协作劳动中各自的角色地位及其权力和职责的制度性设定。这种设定从整体上框定了管理中的每一个人的实践活动的性质、范围和具体方式等。① 由此，它也就从根本上决定着这些人的实践生成方式及其本质的自我实现程度，等等。所以，要促进管理中的人全面发展，首先就必须构造能够支持这种全面发展要求的组织结构。就我国现有的管理实践中的组织结构来看，还不能够适应这种要求。我们必须对它进行改造，以建构我国社会主义管理实践促进人的全面发展的管理体制基础。

通观人类管理实践的发展过程，传统的组织结构主要有直线型、职能型、直线参谋型、直线职能混合型、矩阵型等几种典型类型。随着管理"文治"时代的到来，近来诸如柔性化、扁平化、灵活化以及项目制、小组制和学习型、系统集成型等名称下的组织结构新类型的探索与开发趋之若鹜。② 抛开别的不说，就其整体发展趋势来看，尊重管理中的人的主体地位和自主性，分权和权力下放，充分释放每个层次中的每个人的创造潜能等，是其主导价值取向和大势所趋。③ 这种价值取向和发展趋势正好与我国社会主义管理实践的本质要求相一致。因此，改造传统的组织结构事实上乃是我国社会主义管理实践体系构建中必须有所作为的、应当顺势而为的、面向未来的、开创性的

---

① 张剑、陈晖：《管理学》，中国工商出版社 2008 年版，第 167 页。
② 芮明杰：《管理学》，上海财经大学出版社 2005 年版，第 133 页。
③ 唐伟杜、秀娟等：《现代管理与人》，北京师范大学出版社 1998 年版，第167 页。

探索过程。这种探索既然是过程，就不能够一蹴而就。它需要我们经过不懈努力，不断地加以深化和适时地去构造。这意味着在新的组织结构的建构问题上，"不存在一劳永逸的绝对的单一模式"①，我们的努力和构造的具体结果应当是丰富多彩的和必须是与时俱进的。唯有如此，才能够适应管理实践不断深化发展的事实，才能够满足管理中的人本质的无限发展的要求。此其一。其二，这种探索既然是开创性的，就不应该墨守成规。那些钟情于传统组织结构模式，试图对其进行修修补补或者意欲将新的变革性元素直接嫁接到旧框架中去的做法，非但无法胜任这种根本性变革任务，而且必然造成管理体制的内在的混乱。我国社会主义管理实践活动的体制基础或组织结构形式，必须是具"有自身特色的独创性的和自成一体的"②。其三，这种探索既然是面向未来的，就不可以拘泥于现状。在立足现状的基础上，前瞻性地设计与安排我们的管理的组织结构，打造为管理中的人预留自我发展空间，能够引领他们积极创造、大展才华的基础性平台，是我国社会主义新管理体制建设的基本要求之一。其四，这种探索既然是应当顺势而为的，就不再仅仅是一种可能性或理想。这种趋势已经是一种由管理的"文治"时代的到来所引发的完全现实的运动。如果我们不能够跟进这种历史潮流，无法在其中有所作为，我国管理实践形态的落后局面就将长期延续下去。如是，我们就会有愧于时代，就是对管理促进人的全面发展的重大历史际遇的漠视。其五，这种探索既然是必须有所作为的，就不允许我们有丝毫的怠慢。这种必要性和紧迫性，来自于我国社会主义制度的内在要求，来自于我们的管理现状与这种要求的严重的不适应和不相符。事实上我国社会主义制度不仅提出了管理促进人的全面发展的要求，同时也为我国管理实践做到这一点奠定了社会基础，提供了良好的条件。建构促进人的全面发展

---

① ［美］理查德·L. 达夫特：《管理学》，清华大学出版社 2009 年版，第 276 页。

② Li Zhi, Li Jianling, Zhao Nan, Luo Zhangli, "Empirical Study on the Human-nature View of Chinese Enterprise Managers: Its Structure and Characteristics", *Chinese Management Studies*, 2011（5），p. 405.

的新的组织结构体系，是我们责无旁贷的、应该率先作出垂范的历史责任和紧迫的现实任务。

其次是管理制度的改造。管理制度是在管理体制基础上建构起来的管理实践活动的基本规则和行为规范。它的基本功能就是确保组织结构或管理体制所预设的目标或理想能够变为现实。它在促进管理中的人的全面发展中发挥的是人本质实践生成的直接范式作用和对人们的社会关系的现实调控作用。管理中的人本质的具体性征就是由相应的管理制度所决定的。管理制度的现实状况决定和体现着管理中的人的发展状态和其本质的具体实现格式。因此，我们对传统的管理制度的改造，实质上就是要建构一套与上述组织结构或新的管理体制基础所预设的目标或理想相适应的，能够充分体现我国社会主义管理促进人的全面发展的本质要求，全面展示现代管理中人本质的自我实现应该达到的历史高度的新的行为格式体系，或者说管理中人本质实践生成的科学范成系统。

管理制度往往是一个包含根本制度、基本制度和具体制度等层次和关涉到管理的方方面面的制度体系。它作为人们进行管理实践活动的基本活动规则和行为规范，一直以来都被认为是一种不可或缺的外在的约束力量。[①] 这使得以往的管理活动中管理制度与管理中的人一直处在对立当中，处在自由与控制、约束与反约束的矛盾当中。由此造成了管理史上乃至今天还不断发生的有失人文关怀或违反人性的种种不合理现象。管理"文治"时代的到来，管理"文治"时代发展起来的当代文化管理正在从根本上改变着这种局面。文化管理强调，通过组织文化的培育和建设，将这些外在的约束转变为人们文化认同基础上的内在信念和自觉行为。剖开当前人们对文化管理的种种表面性的解读所造成的迷雾，呈现在我们面前的是，这其中实际上蕴涵着一种对管理与人、管理中的人与人的关系和管理制度与人的行为之间的关系的全新的认识。这就是：管理乃是人性的产物，是人的生命创

---

① 张守连、胡克明：《哲学智慧与企业管理的相互提升——"中国管理哲学创新论坛·2009"综述》，《哲学动态》2010年第1期。

造，是人的存在方式。"管理既是人的生命存在的方式，又是人形成发展社会历史的方式。管理是人的生成方式，管理是人的成长方式，管理是人的活动方式，管理是社会关系构成的方式，管理是历史形成发展的方式。"① 管理制度本质上应当是管理中的人对自己参与社会化协作劳动的合理行为的自觉，是管理中的人的社会性本质在其行为格式上的现实体现。一句话，管理制度并非什么外在于人的东西，它就是管理中人本质的社会性的现实展现形式。如果这种本质还不能够被充分地自觉，这种展现形式还不被人们所认同，管理制度就是外在的，管理制度与管理中的人就处在对立当中，管理中的人的自由自觉的自我创造就无法真正实现。因此，我国社会主义的当代管理制度的建构，必须尊重管理中的人对自己的社会性本质自觉自由展现的内在要求，力争使其成为充分体现管理中的人的自由创造的自觉行为模式。唯有如此，才能够真正满足促进管理中的人的全面发展的现实要求。因此，我们对现有管理制度的改造的主要任务就是：全面审视现有管理制度，找出它们与促进管理中的人的全面发展相抵触和不相适应的地方，坚决剔除那些单纯强化外在控制所形成的诸如令人发指的所谓"军事化管理""封闭式管理"，违反人的自由本质的所谓"压力传递管理""前拉后推边打式全方位管理"，以及广泛流行的似乎完全客观的、事实上却是建立在片面性的技术极化基础上的种种见物不见人和扭曲人性的管理制度。在前述以人为本的管理体制或新的组织结构的基础上，建构与其相匹配的能够真正促进管理中的人全面发展的新的管理制度体系。这是我国社会主义管理实践，走出人性被一再扭曲的历史困境，摆脱管理中一直以来长期存在的人的悲惨境遇的根本出路之所在。

最后是管理机制与方法的改造。管理机制即管理实践体系的具体活动机理，它通常由包括组织职能的活动方式和其系统功能的实现方式等在内的管理系统的运行机制；包括利益推动和组织行政推动与社

---

① 傅长吉：《管理与人的存在方式》，《安徽大学学报》（哲学社会科学版）2006 年第 5 期。

会心理推动等在内的管理活动的动力机制；以及包括权力、责任、利益和社会心理等在内的管理实践的激励和约束机制等组成。管理方法则是指人们从事具体的管理实践活动所采用的各种各样的手段、策略、技巧等，人们通常从组织管理角度把它归纳为行政手段、经济手段、法规手段和思想教育手段等几个基本类型。其实这是一个非常具体的领域。如果从管理中的群体和个人的自我管理的角度看，管理实践活动的方法乃是一个植根于组织显性知识系统和团队精神与个体经验等隐性知识基础上的无限丰富的、不断创新着的个性化开放系统。总之，与组织结构的相对稳定性和管理制度的刚性相比，管理机制与方法是管理实践体系中变化最丰富、最具灵活性的一个领域。这使得它成为影响和决定管理中的人的具体生成方式和其实际具有的现实状态或发展程度的最直接、最具体的层面。

当然，管理机制和方法无论怎么变化，它都必须建立在相应的组织结构的基础上，必然受到管理制度的制约或约束。它本质上只能是实现管理体制预设目标和体现管理制度价值取向的实践应景性形式和具体操作方式。因此，管理机制与方法的改造，就是要按照前述管理体制的预设目标和管理制度的价值取向，建构与其相适应的能够满足完整的人的多方面需求、有利于展现其创造无限潜能来应对形势的变化和人们面临的具体问题的管理机制与方法。这种改造的核心在于，必须将管理机制转化为管理中的人的自我创造的具体路径，使管理方法真正成为作为创造主体的人对自我内在丰富性的灵活机动的展示方式。换句话说，只有当管理的具体机制与方法与人在进行具体的对象性活动的时候所具有的完整而又灵活的创造本质达到直接的统一，管理中的人才能够得到自由的全面的发展。像"人性假设"理论那样把人的某种属性片面地绝对化，或者如那些单纯追捧和遵从某种固定的管理模式和要求每个人每时每刻都必须表现出整齐划一的刻板的行为方式的做法，注定是无法适应这种发展要求的。这种直接的统一在其现实性上将表现为：能够适应人的社会性本质的管理运行机制构造上的有效性；能够释放人的创造潜能的管理动力机制开发上的多源性；

能够激发人的积极性的管理激励机制选择上的多样性完整性；以及管理方式方法和策略技巧等的具体运用上的灵活性、动态变化性与个性化。

　　总之，管理实践体系的全面改造，不仅是我们面对的一个长期的战略性的任务，由于它涉及从管理组织结构到管理制度再到管理机制与方法等管理实践体系的方方面面，所以，这种改造本质上就是在建构一种先进管理文化。这种管理文化将是真正有别于西方物本主义管理文化的全新的我国社会主义以人为本、促进管理中人的全面发展的新管理文化。

第九章

我国管理人本文化的构建培育

第一节　管理文化发展的人本新趋势

管理文化泛指企业文化、行政文化以及机关、学校、社会团体等各种社会组织文化。它属于社会文化体系中的亚文化层，是一种实践文化，是相应的社会文化在人们有组织的集体生产、劳动和工作中的具体体现。管理文化虽然从来就有，但对它的理论研究却是从企业文化概念的提出开始的。

20 世纪 80 年代美国学者在探讨日本经济奇迹，将日美企业管理进行对比后提出了"企业文化"[①] 概念，掀起了企业文化研究和建设的热潮。后来又迅速拓展为更广泛的组织文化的研究和探索，并形成了管理史上继"人治"为特点的经验管理和"法治"为特点的科学管理之后的当代"文治"为特点的文化管理新形态。与以往过分突出个人经验或单纯遵从理性规则与强调技术要素不同，文化管理形态更加注重管理中的人的要素，强调文化认同和共有价值观念等的重要性。[②] 文化管理表征和呼唤的是一种新的管理文化。它事实上已经触及到了要求对管理的人学本质及其基本价值取向进行革命性变革的深层次问题，它蕴涵着和肇始了将管理看作是创造文明与文明人自我创

[①] ［美］迪尔·肯尼迪：《企业文化——企业生活中的礼仪与仪式》，中国人民大学出版社 2008 年版。

[②] Church, A. T., "Culture and Personality: Toward an Integrated Culture Trait Psychology", *Journal of Personality*, 2000 (68), p. 667.

造的人本文化的新路向。但是，由于受传统实体人性论思想和追求经济效益最大化价值取向的影响和制约，这种新路向至今还没有转变为真正关注和促进管理中人本身的发展的新管理文化。仍然遵从重物轻人的思维范式，把文化管理仅仅看作一种新的管理手段，侧重对这种手段的系统建构及其实践操作方式方法等的研究开发。特别是热衷于从抽象的片面的"人性假设"理论出发，解读和建构形形色色的企业文化、行政文化或组织文化，以求从人的文化属性或内心世界管控管理中的人，形成组织效益最大化和所谓的竞争软实力，是当前所谓的文化管理发展的基本现状。这显然与文化管理形态倡导的"以人为本"的口号是不相符的。事实上，变革管理文化的人学理论基础，真正体现以人为本的价值取向，建构促进管理中的人全面发展的新管理文化，乃是当代管理文化发展本应该达到的新高度。

我国在经历了引进吸收国外先进管理经验和技术，形成大量的介绍和探讨国外管理模式与思想的理论成果和推进我国管理实践走向现代化的应用性成果之后，面对我国管理实践发展中的特殊要求和新问题，特别是在诸如假劣有毒产品的生产、黑砖窑和员工跳楼等恶性事件的不断发生、环境污染与生态破坏现象的屡禁不止等有违社会主义本质和不符合时代发展潮流的事实的催生下，人们开始了如何建设社会主义先进管理文化的深入反思和多角度探索。人是管理的核心和永恒主题。管理中的人的问题自然就成为这种反思和探索的焦点。认为"人性假设"理论对人本质的理解是抽象的片面的，以此为基础的西方管理文化必然造成现实中人的失落和人性的扭曲，已经成为我国学界的共识。要求从人的存在方式把握管理实践活动的本质，将管理看作是人性的产物、人的生命创造，人的生成方式、成长方式、活动方式以及社会关系构成的方式和历史形成发展的方式（傅长吉、丛大川等）；主张探索人性的发展和管理的发展之间的动态平衡规律，将管理推向既能充分体现人性，又能顺应人性和促进人的发展的新境界（宋惠昌、苏健等），逐渐成为时代的最强音。最近出台的《中共中央关于深化文化体制改革推动社会主义文化大发展大繁荣若干重大问题的决定》，明确了实现"坚持中国特色社会主义文化发展道路，努力建设社会主义文化强国"奋斗目标，必须遵循坚持以马克思主义为指导、坚持社会主义先进文化前进方向、坚持以人为本、坚持把社会效益放在首位、坚持改革开放和体制机制创新的重要方针。① 按照这个要求，全面揭露和清算以抽象人性论为基础的西方管理文化的不合理性和消极影响，以马克思主义实践人性论为指导，变革管理的人学理论基础，厘清我国管理文化建设的核心价值取向，就是我们构建社会主义先进管理文化必须首先完成的迫切的现实任务。

第二节　管理文化形成发展的内在机制②

管理文化的形成发展是一个复杂的动态过程。这个过程从特定文化体内部的微观层面来看，一般由文化元素的创生、文化信念与规范的保存拓展、文化内容的衍生丰富和文化体系的变革升华等几个阶段组成。相应地这些阶段各自都有其形成发展的一些具体的基本的机制。

首先是管理文化的创造机制。第一，在管理文化的创生过程中，对关键人物价值观的认同和围绕关键性文化事件形成规范是两个基本的、重要的机制。③ 关键人物首先是领袖人物或组织的创建人、领导人等，他们的信念、价值观和秉持的基本假设往往会给人们提供一种范式，并对全体员工发生实际引导和影响；第二，关键人物还包括模范人物和典型人物。其中典型人物也包括那些对组织文化有着特殊意义的所谓反面人物。他们的价值观和追求、行为，以及在其影响下的

---

① 《中共中央关于深化文化体制改革推动社会主义文化大发展大繁荣若干重大问题的决定》，2011 年 10 月 18 日。

② 本节的内容，本书作者曾以《企业文化的形成机制与建设方法》为题发表在《生产力研究》2003 年第 5 期，本书作了一些修改。

③ ［美］德博拉夫·安科拉等著：《组织行为与过程》，孙非译，东北财经大学出版社 2000 年版，第 491 页。

组织和员工们对它们的态度常常会发生明显的示范效应并形成一定的文化氛围；第三，对于新成员来讲，那些与他们最贴近的老员工、师傅和同事们，一般地说来对他们的价值观也有着重要的影响作用。管理文化的基本要素就是在人们的这些相互作用着的社会关系中逐渐生发和沉淀下来的。关键事件可区分为重大事件和典型事件两种。重大事件主要是组织运营过程中所遇到和经历的对其发展全局或员工根本利益有着重要影响的大事件。典型事件则可大可小，关键是要看其所意味的文化意义是否具有典型性。社会组织及其领导人和员工如何认识、对待、处理这些关键事件是管理文化规范产生的最重要的发端。总之，具体的管理文化是在关键人物的主观努力的引领下，经由全体员工的社会化习得认同，于围绕人们处理关键事件的客观行为过程中被逐步地创造出来的、积累起来的。

其次是管理文化的社会化保存拓展机制。管理文化的元素和最初规范被创造出来之后，要经过组织内部的社会化保存与拓展才能够使其不断丰满和逐渐固定化，从而形成一定的文化传统和发生深刻的文化动力作用。[①] 否则这些最初的元素和规范不仅可能是模糊的，而且也是缺乏广泛心理基础支撑的暂时的东西。在管理文化的社会化保存与拓展过程中，主观刻意保存拓展和自然进化是两类主要的机制。关于自然进化下面另行说明，这里先讨论刻意保存与拓展。这种机制一般又分为两种情况：一种是组织成员上岗时的精心选拔与招聘。社会组织往往招聘那些与其文化有着相同或相近基本假设和价值观的人员进入自己的组织成为新成员。同样，社会组织也精心选拔那些已经认同了其基本价值观和假设的成员占据重要岗位，尤其是各种领导岗位。通过这样的努力，不仅可以缓减和一定程度消除内部文化冲突引起的紧张与压力，还可以指望通过这些被选择的成员的努力、影响与示范，使相应的组织文化在社会化延续过程中得到较好的保存、弘扬与拓展；另一种是成员在岗过程中的多种形式的培训。管理文化形成

---

① 王文奎：《企业文化的形成机制与建设方法》，《生产力研究》2003 年第 5 期。

的初期，真正深刻领会和彻底认同其基本假设与价值观的成员并不是很多。这需要对广大的员工进行有目的培训，以使组织的管理文化被更多的成员所接受和认同，并真正转变为成员共同体的共同心理与行为准则，从而使其通过这种成员中的传承与普及得到保存与拓展。至于培训的形式可以并且应该不拘一格。例如：正式的与非正式的，群体的与个体的，系列的与随机的，顺序性的与非顺序性的，固定的与可变的，锦标赛式的与达标赛式的，等等。当然，从别的角度还可以列出一系列有意义的其他的培训形式，譬如，从对现有组织文化的态度角度就可以举出诸如保管性的、创造性的和反叛性的等更多的培训形式。总之，这是一个需要多方面努力的、从上到下大家精心呵护与自觉而为的文化保存与拓展过程。

再次是管理文化的自然进化机制。管理文化是经由人的心理为基础而不断延续与发展的。在管理文化的形成演化过程中，除了上述管理文化信念与规范的刻意保存与拓展之外，还存在着明显的管理文化内容的自然进化机制。[①] 这种机制主要表现为如下两种情况：第一种是被迫学习与适应。社会组织在其运营过程中，内外在的情境会不断发生变化，由这种情境变化形成的压力和紧张，对其现有价值观和假设造成不同程度的影响，从而迫使社会组织及其成员学习与适应，造成其文化内容自然地演变或成长。尤其是情境的重大变化，非但会加强和加快这种自然进化，而且会同时产生一系列新的文化要素。这些新元素作为自然进化的结果，它们无疑都会成为成长中的社会组织文化的有机组成部分；第二种是社会获得性遗传与变异。这里存在着两种力量，首先是遗传。管理文化的社会获得性遗传，是通过其成员之间和在成员的新老交替中形成的群体暗示、感染、模仿等心理机制来实现的（为了强化这些机制，现代社会组织常常会专门设计制造一些相应的符号、象征、神话、仪式或营造类似的场景与情境等）；其次是变异。在管理文化的社会化延续的过程中，由于组织内部的不同部

---

① 王文奎：《企业文化的形成机制与建设方法》，《生产力研究》2003年第5期。

门、单位的性质不同，所处地域不同，人员构成不同以及新成员的不断加入等，会产生一些更小的亚文化群体，形成组织内部的文化差异甚至冲突。特定社会组织的管理文化本质上是这些亚文化要素谈判的结果，或者说是它们相互作用、逐渐整合的结果。这种结果有可能使其文化发生变异，严重时还会发生根本性的变革。遗传和变异这两种力量在管理文化的自然进化中同时起作用，才使得特定管理文化的内容不至于成为一成不变的死的东西，而是一种有着旺盛生命力的活生生的、日渐丰富与多彩化的成长过程。

最后是受指导和经过管理的文化体系的变革与发展机制。管理文化自然进化会面临两种重大的风险：一种是自然进化过程极其不稳定，忽快忽慢，可能不适应社会组织发展的要求；另一种是自然进化的方向不受控制，可能把组织引向错误的文化发展方向①。社会组织的领导者和管理者在感到时不我待或有风险的时候，他们就需要开始自觉地指导和管理本组织文化的建设与发展（当然，当代的一般做法是，在这种时候他们也可能和应该借助外脑的帮助）。为此，他们一般会在如下一些方面作出相应的持续的努力：针对特定的情势公开反复地宣讲变革或保持现有文化的重要性与紧迫性，并营造氛围求得认同；必要时提出新的方向和新的假设借以进行导向；对人员进行相应的调整并起用新人到重要岗位，确保新理念的贯彻与实现；设立并启动相应的各种奖励与惩罚机制以规范人们的行为；进行必要的战略重点的调整，为文化工程的建设加固基础；对象征、符号、仪式等各种文化象征物与承载物进行废与立，并适当地加以渲染以引起普遍地关注、深入地反思和造成长久地暗示与感染。当然，领导者和管理者在以这种方式发动与推进管理文化体系的变革与发展的同时，还会采取一系列更为具体的措施对其进行精心地呵护与培育，以保证这个过程健康顺利地进行。

管理文化的形成发展作为一个极其现实的具体的复杂性的演生变

---

① 王文奎：《企业文化的形成机制与建设方法》，《生产力研究》2003 年第 5 期。

化过程，其内在机制可能远不止上述四种。例如学者们已经关注到的诸如企业兼并中的文化移植、整合机制以及不合适文化体系的摧毁机制，等等。并且，在不同的社会组织以及不同发展阶段的文化的形成过程还会有一些更为特殊的地方值得注意。但是，通过对上述四种具有普遍性的基本机制的讨论，我们事实上已经从文化的创生、延续、拓展、变革、演化和发展等方面对管理文化的整体过程作出了最为基本的和较为全面的讨论。这种讨论表明，表面上管理文化的建设似乎是社会组织所举办或进行的一种活动，一种对管理有意义的策略性活动。正是这样的表面现象误导了人们，使得当前的企业文化、行政文化和各种各样的社会组织文化被人们理解为一种新的管理策略或手段。其实，其真正的意义远不止于此。因为，管理本身就是一种文化。管理文化的建设不只是一种活动，它实际上就是对作为文化现象的管理本身的创造。管理文化不仅仅是一种对管理有意义的策略，它本质上与管理的全部内容乃是同一个东西。管理文化之外没有管理，管理与管理文化是同一个社会实践活动的两个视角的说法或名称。这种社会实践活动是以一定的方式组织起来的人们上下一心、同心同德创造文明的一种共同的事业。这就是文化管理形态作为一种新管理文化的内在本质之所在。因此，当代新管理文化的假设，必须立足于管理实践的整体性改造与提升，全面创造和成就使创造文明与文明人的自我创造达到高度统一的管理中的人的共同事业。唯有如此，我们才能够真正拥有以人为本的新管理文化。

第三节　我国管理人本文化构建的核心问题

管理文化本质上是特定社会文化的具体表现和实践形式，人学理论基础及其核心价值取向是管理文化构建的前提和方向导引。从我国管理文化发展的现状来看，正本清源，变革管理文化的人学理论基础，深入研究建构我国先进管理文化的马克思主义人学理论的具体应用形式，厘清社会主义管理文化建设的核心价值取向，仍然是我们建构我国管理人本文化当前所面临的具有战略性意义的核心问题。

为此，我们必须首先在理论上作出如下的努力，以便为其实践构造提供基础和方向指引。

第一，管理文化形成发展的社会历史条件和人学理论根源分析。通过管理实践活动与人的文化创造的本质联系、管理文化内容的形成与特定社会历史条件的历史关联性、管理文化体系的建构与人的对象性活动本质和社会性存在方式的内在统一性、管理文化形态的更替与管理中人本质的历史演进的对应性、管理文化发展变化背后的人学理论基础的历史演变等的深入研究，揭示管理文化历史形态更替的必然性和规律，根据其演进变化的历史进程，明确当代发展新趋势和应达到的新境界。

第二，西方现代管理文化的人学理论基础反思与批判。结合西方现代管理模式国内外实践运行的基本现状，通过对"人性假设"的实体人性论哲学基础及其与资本主义生产方式的本质联系的揭示、"人性假设"理论的逻辑抽象性和片面性分析、"人性假设"理论的历史局限性及其消极影响反思和"人性假设"理论从人本质的理论抽象到现实扭曲的实践困境批判等，充分认识"人性假设"理论的历史局限性，全面清算西方管理文化的危害性，提出具体的变革方向与路径。

第三，社会主义管理文化的实践人性论基础及其先进性分析。透过对哲学实体人性论、人性生成论和马克思主义实践人性论的科学性及实践意义的比较、实践人性论在社会主义管理文化建构中的基础地位分析、实践人性论的现实指导价值及其在管理实践中的应用形式探讨、实践人性论基础上社会主义管理文化的创新变革性质与先进性论证，等等。进一步明确实践人性论在我国管理文化建设中的基础地位和现实指导价值，阐明将其应用到构建社会主义管理人本文化中的基本原理和操作形式。

第四，我国管理人本文化建设的核心价值取向梳理。按照实践人性论的内在要求、社会主义的本质要求和时代发展的先进性要求"三位一体"的原则,在梳理论证尊重人的主体地位,充分释放人的创造性本质与潜能的管理价值取向;践行以人为本理念,促进人的全面发展的社会主义价值取向;追求文明和谐,实现创造文明与文明人的自我创造相统一的时代价值取向;不断变革创新,与时俱进的先进性价值取向等的基础上,结合管理文化的具体内容和体系结构,明确我国管理人本文化建构的当前任务与努力方向。

总之,管理文化是主体的人实践创造的产物并体现着管理中人本质的现实发展程度。管理文化作为社会文化的实践形式,随时代和社会制度的变迁而变化。管理文化形态的历史更替根源和集中表现为其人学理论基础及其核心价值取向的变化。

西方现代管理文化建立在"人性假设"为具体形式的抽象的实体人性论基础之上。这种形而上学的人学理论基础及其重物轻人的核心价值取向,是导致管理中人的失落和人性的一再被扭曲的根源所在。它也是我国当前管理实践中追捧这种管理模式造成种种有违社会主义本质和不符合时代潮流的现象的症结所在。

马克思主义实践人性论与社会主义的本质要求和当代管理发展新趋势高度协调一致。社会主义管理文化建设必须以实践人性论为指导。但是,只有将这种一般性的哲学理论转化为管理文化建构的基本原理或具体应用形式,才具有实践可操作性。

社会主义管理文化的核心价值取向,应当立足于促进人的全面发展,按照体现实践人性论内在要求、社会主义本质和时代精神"三位一体"的原则来确定。我国先进管理文化的建设是一个需要从管理理论与理念、体制与制度、方式与方法等进行全面变革和付出长期努力的战略性系统工程。

我们必须在这些具有规律性的问题上达到高度地自觉,以实践人性论为基础,按照其核心价值取向,来建构我国的管理人本文化,才能真正促进管理中的人的全面发展。

第四节 我国管理人本文化培育的原则与方法①

如果说前面第三节我们关于管理文化的形成发展机制的讨论，侧重于把管理文化看作是一种客观的现象和过程，通过其内在机制来探究其发生发展的规律性的话，那么，这里所说的管理文化的培育原则和方法问题的实质就是，把管理文化看作是一个主观的自觉作为过程，来指明人们应当如何适应这种规律的要求，按规律办事建设具体的管理文化的问题。鉴于这个问题在具体的企业文化、行政文化和其他各种各样的社会组织文化建构中的丰富性和应该具有的灵活性等，我们这里想就几个真正实质性的方面谈点看法。

一是管理文化建设必须遵循的四个基本原则。第一，遵循管理文化自身形成发展机制的原则。管理文化的建设必须遵循其自身形成发展机制所蕴涵的规律性的要求，按规律办事。前述管理文化的形成发展机制，从客观上说是机制，从主观上说就是非常具体的行之有效的建设方法；第二，完整构建文化体系的原则。管理文化一般是由假设、价值和文物（具有特定文化内涵的事物）三个层次所构成的内容丰富的厚重的精神体系。其中，假设是前提和基点，价值是核心和内容，文物是表现和形式。三个层次缺一不可，必须加以完整地建构；第三，凸显独特性的原则。管理文化作为一种社会亚文化和特定的群体文化，其存在的理由和生命力就在于它的独特性。这种独特性是一定的社会组织内外在实际状况或情境的真实反映。管理文化只有充分体现自身的独特性，才是有生命的文化；第四，秉持实在性的原则。管理文化的建设说到底是一个群体心理工程的建构过程，这个过程是一个漫长的生成过程，要切忌追求时尚，摆花架子，急功近利等当前的一些流行的做法。它需要从远处大处着眼，从近处小处做起，细致

---

① 本节的内容，本书作者曾以《企业文化的形成机制与建设方法》为题发表在《生产力研究》2003 年第 5 期，本书作了一些修改。

入微、可行有效、实实在在地不懈努力，通过逐渐积累来完成。①

二是领导者的文化领袖作用的发挥问题。管理文化的建设是社会组织整体的精神底蕴和价值体系的自觉塑造过程，是其作为一个整体存在与发展的全局性的战略问题。组织的领导者必须把管理文化的建设作为自己的神圣使命和组织整体必需的精神支柱，担负起精神领袖、文化领袖的重任。他们既应该是自己组织的管理文化建设的设计者、组织者、引领者，又必须是其文化基本理念和价值观念的倡导者和最忠实的身体力行的垂范者。领导者的模范带头作用和组织引导作用是具体的管理文化建设的真正航标和根本保障。那种只是流于形式的泛泛的号召和把文化建设交于某个专门的部门单独实施，或者将管理文化仅仅作为对其他员工的要求或做给别人看的做法，注定是不会有任何实际成效的。

三是组织群体文化心理氛围的营造。管理文化的活生生的存在形态就是社会组织全体成员有着共同的信念（假设）和价值追求的群体心理氛围。② 这种群体心理氛围才是社会组织真正需要的和真正能够对其生存与发展起到文化动力作用的东西。然而，组织群体文化心理氛围的形成，一方面，要通过倡导、宣传、规范等主观努力去精心培育；另一方面，要靠组织的文化系统所营造的特定情境使其自然生成和演进。组织群体文化心理氛围正是由这两方面的力量的共同作用，在社会组织内部产生的群体暗示、感染、模仿等心理活动过程来实现的。所以，组织群体文化心理氛围的营造要把上述两个方面有机地结合在一起。否则，不仅这两方面的任何矛盾或冲突都会造成文化导向的混乱，而且这两方面的任何偏废都会使这种努力成为泡影。因为，偏废第二方面会使这种努力仅仅成为一种美好的愿望，无法实现；偏废第一个方面则会使人们所建构的管理文化成为一种无生命的僵死的东西，或仅仅是外在的形式主义的摆设而已。

---

① 王文奎：《企业文化的形成机制与建设方法》，《生产力研究》2003年第5期。

② Church, A. T., "Culture and Personality: Toward an Integrated Culture Trait Psychology", *Journal of Personality*, 2000（68），p. 688.

　　四是文化理念与制度相结合的问题。管理文化的建设是特定的文化理念在社会组织内部逐渐社会化的过程。这个过程从客观上说，它表现为组织文化的社会化习得过程；从主观上说，便是受指导和经过管理的自觉培育过程。在这种过程的自觉培育方面，我国海尔文化的建构模式是很有指导意义的。这个模式就是：提出理念与价值观；推出代表这种理念与价值观的典型人物与事件；在理念与价值观的指导下，围绕典型制订保证这种人物与事件不断涌现的制度与机制，以促成员工对理念与价值观的广泛接受和认同。我国有学者将这种模式称为"海尔管理三部曲"。海尔运用这种模式于企业文化建设的各个方面，取得了举世公认的成就。实践证明，这是一种行之有效的符合企业文化社会化习得过程规律要求的方法，值得借鉴和仿效。

　　五是管理文化体系的全面建构。管理文化体系是一个在基本假设的统领下，围绕其核心价值观而形成的由一系列具体文化价值观念及其外在表现形式所组成的从抽象到具体的系统。单个的文化要素是无法存在的，文化本质上是一种体系性系统性的存在。管理文化的功能和作用只有在其完整的体系中才能显示出来，它本质上是这种体系所具有的系统性能量。所以，管理文化的建设必须全面建构这样的文化体系。我国学者往往喜欢把它理解为，包括精神文化层、制度文化层、行为文化层和物质文化层等多层次所组成的系统。其实，这个系统中的每一个层次也都是一些具有同样的多层次结构的子系统。例如，海尔就通过自己的长期努力成功地构筑了这样的系统。海尔的核心价值观有：①海尔精神：敬业报国，追求卓越；②海尔理念：只有创业，没有守业；③海尔作风：迅速反映，马上行动；④海尔人才观：人人是人才，赛马不相马等。进而，由这些核心价值观又衍生出其他更具体的，关乎海尔经营活动的方方面面的价值观。如海尔市场观：只有淡季的思想，没有淡季的市场；海尔质量观：高标准，精细化，零缺陷，优秀的产品是优秀的人干出来的；以及海尔服务理念：用户永远是对的；海尔资本运营理念：东方亮了再亮西方；海尔名牌战略：要么不干，要干就要争第一，国门之内无名牌；海尔发展方向：创中国的世界名牌，等等。

需要强调指出的是，管理文化体系不是事先设计好的供人们实施的一张图纸，它实际上是一种在社会组织的长期发展过程中不断创造、提升、强化、演进和发展的现实形成过程，是这种过程的结果。另外，在管理文化体系的建设过程中，还要注意这种过程的演化中出现的组织内部更小的亚文化之间的协调与整合，以使管理文化健康顺利地发展。

第五节　管理中人本问题研究的未来展望

管理是有组织的人类社会实践活动。作为人的对象性实践活动，管理在创造财富的同时也创造着人本身。管理活动是创造文明与文明人自我创造相统一的社会历史过程。作为有组织的社会活动，管理的具体社会组织形式随着社会历史的发展而发展。管理组织形式的历史发展表面上表现为管理历史形态的更替，实质上却体现着和记载了管理中的人的历史发展状态及其本质的自我展现过程。

管理中的人从来都是具体的现实的。管理中的人的历史发展及其本质的具体规定性，一般表现为：在特定的社会历史条件下，于相应的管理体系中所形成的自我设定性、实践生成性、历史演进性和无限创造性等。因此，不存在既成的、永恒不变的所谓管理中的共同的抽象的人性。管理中的人的本质随着社会历史条件的变化和管理形态的更替，遵循着由低级到高级、由简单到复杂、从片面到全面的历史演进和自我实现规律。

"人性假设"理论虽然反映和记载了机器大工业时代资本主义生产方式下管理中的人的历史发展状况，但总体上说它对管理中的人本质的理解是抽象的片面的。应当立足于马克思主义实践人性论，对"人性假设"理论的逻辑局限性、"人性假设"实体人性论哲学基础的危害性和其一再造成现实中人的失落与人性的被扭曲的实践困境等进行全面的清算。唯有如此，管理中的人才能够真正走出从"摩登时代"到"富士康跳楼事件"的历史"宿命"或梦魇。

马克思主义实践人性论为我国建构促进管理中的人的全面发展的社会主义管理体系提供了科学的哲学理论基础。但是，必须把这种一般的哲学观念进一步具体化或转化为适合管理实践活动的基本原理或系统的应用理论形式，才具有实践可操作性。本书的全部内容都是为此所做的尝试和努力，希望能够抛砖引玉。

制约和影响管理中的人的现实本质及其具体实现过程的因素主要有社会历史条件和管理系统本身的原因。其中，社会历史条件主要包括社会生产力发展水平、社会经济政治制度以及科学技术条件和管理知识与理论的发展状况等，它们从宏观层面决定管理中人本质的具体实现方式和相应的历史发展程度。它们的变化将引起管理历史形态的更替并造成管理中人本质的质的飞跃；管理系统本身的原因主要包括管理理念与价值观、管理体制与制度、管理方式与方法等，它们是管理中人本质具体地历史地自我实现着的微观层面的内在根据。它们的变化意味着管理的具体组织形式的改变并造成管理中人本质的持续的量变过程。

我国社会主义现代和谐社会的建设、当代信息化知识型社会的发展、管理"文治"时代的到来等，为我们超越资本主义管理文化，建构促进人的全面发展的社会主义先进管理文化，提供了良好的社会历史条件。但我国现实的管理实践活动和管理中人本质的发展状况，与我国社会主义的本质要求和当今的社会与管理发展的时代潮流很不相适应。我国现实的管理实践活动系统的基本构架（特别是具体社会组织的管理活动体系）本质上是在吸收引进国外（主要是资本主义现代管理文化）管理经验和技术的基础上形成的。为此，我们所面对的主要任务和努力方向就是，立足马克思主义实践人性论，以真正实现以人为本、促进管理中的人的全面发展为终极目标，系统地变革管理理论基础、重新构造相应的新的管理基本理念系统、全面改造管理实践体系、努力培育和建构社会主义管理人本文化等，力争通过这些方面的不懈的努力，将我国管理实践活动推向创造文明与文明人的自我创造相统一的健康发展轨道上来。

当然，本书所做的还是非常基础性的工作。我们把注意力主要集中在管理中的人的本质及其实现的管理哲学层面的论证上面，对上述我们所面对的主要任务和努力方向，我们只就其基本内涵作了原则性的分析。要具体完成这些任务，还需要今后大家一起来努力，对它们分别进行深入的理论研究和长期不懈的实践探索。

另外，我国管理文化的发展无疑还要植根于我国民族文化的土壤之中。我国的管理实践活动拥有悠久灿烂的历史。从古至今，独具特色的管理思想和卓越的管理案例不胜枚举。本书未能顾及这个方面是一大缺陷，有待今后另作补充探索。

下　篇

第十章

马克思主义辩证唯物主义
人学思想探源

第一节　简单性世界观的困惑与超越①

我们所在的这个世界是怎样的？这是有理性的、能动的人类始终拥有的和不能不拥有的兴趣指向。因为，对这个问题的探究、认识和把握，或者说正是围绕这个问题形成的观点和看法构成了我们的世界观，进而从根本上决定着我们的活动方式和创造行为。

一　漫长的探索——简单性世界观的延续与困惑

古代人类在惊异、敬畏和享受身在其中的这个世界的简单活动、直接观察和实际体验中，逐渐注意和认识到这个世界呈现给理性的奇妙性状：异质的东西可以转化，一能够变多，多中有一，等等。世界对理性的这种直接呈现，激发了人类探求究竟的志向，同时也奠定了古代人类找寻和论证世界之"始基""根源""元素"和"原因"的理论取向与信念。人们由此发现并深信这个世界是由一些简单的构件所组成的，世界万物的丰富性和多样性有共同的原始的根据，这种原始的东西的分解、组合及其以某种方式演化便构成了整个世界。至于这种原始的东西是什么的问题，则贯穿于理性漫长的探索过程，并且一直是有争议的。例如古希腊讲"水、火、土、气"以及"四根、

---

① 本节的内容，本书作者曾以《辩证法和复杂性：简单性世界观的困惑与超越》为题发表在《齐鲁学刊》2011年第1期，本书作了一些删改。

种子、原子和虚空、数、理念";古印度有"风、火、水、土"说;中国古代主张阴阳五行(金、木、水、火、土)以及气一元论等。但无论如何我们所在的这个世界是简单性的,可以而且必须采用还原论的方法解释事物把握其本质的思想便由此逐渐形成,并成为我们深信不疑的共同信念。随着历史进程的推移,简单性信念所拥有的越来越多的人类逐渐把握到的事实依据,使其不断得到强化,乃至于成为我们进行一切活动,包括理论研究和科学探索等在内的根本的世界观。

然而,在人们据此来解释整个世界并指导自己的行为的漫长过程中,却总是伴随着更多的问题,它们一再地给我们的理性出难题,似乎在提醒着我们这个世界并非仅仅是简单的,它可能要比我们理解和想象得更为复杂。在简单性世界观的坚守和挑战的漫长进程中,记载了人类成长及其理性、情感和意志活动的全部丰富内容。

古希腊的哲人们用那些所谓的终极元素描述和解释世界的时候,就曾遇到了"有"怎么能变"无","无"怎么会生"有"的本质性的理论难题。为了克服这种困难,维护我们的信念,古希腊哲人们或者借助神秘的力量,如毕达哥拉斯神圣的"数、和谐"和苏格拉底与柏拉图的"阴影王国和理念的分有"等;或者找寻更多的原因加以解释,如米利都派、恩培多克勒等的"浓稀、爱恨"等;或者设想和假定这些元素本身具有某种特性,如赫拉克利特的火的"活性";阿娜克萨格拉的种子预成说中的"潜在性";德谟克利特原子重量造成的"运动性"等。作为古希腊哲学的集大成者亚里士多德认为,这种类似于为了计算却嫌数目太少,再附加更多数目的做法,既不符合逻辑,又使得问题更加混乱了。他在总结前人观点的基础上认为,构成事物的基本原因有"形式因、质料因、动力因和目的因"四种,一个完整的事物是由这四种原因造成的[①]。但同样的简单性信念和世界观,使他最终把四因归为形式一因并回到了神秘的"第一推动"。问题依旧没有解决,挑战依然存在。但应该说这不仅仅是亚里士多德的个人

---

① [古希腊]亚里士多德:《形而上学》,吴寿彭译,商务印书馆1959年版,第18页。

问题，而是成长中的人类理性的不完善的记载，是简单性世界观本身的局限（这当然是后话了）。

欧洲中世纪基督教神学世界观在延续着简单性信念的同时，依然保留着和摆脱不了这种理性的困惑。神秘的基督教将这种信念变成了一种虔诚的信仰，从而将从来就有的上述理性的困惑消弭在对上帝的虔敬之中。但理性似乎是不死的，在上帝从无中创造有，将一变为多的创世说的前提下，唯名论和实在论关于一般与个别的关系的持续不断地讨论和争议，最终还是动摇了以简单性信念的信仰为基础的神学世界观。

近代欧洲人在反对神性提倡理性的"文艺复兴"的涤荡中，将自己从神学信仰中解放了出来，获得解放的自由理性，开始了对包括理性自身在内的我们所在的这个世界的全面的理性审视和探索。这种审视和探索沿着简单性世界观的路向在哲学和科学两个层面上都取得了巨大进展。科学方面，以牛顿力学为代表，再一次确证和奠定了整个近代科学的简单性信念基础和还原论研究范式。在这种基础上和范式中，科学领域不断涌现的成果和理论，构筑起了迄今为止我们所拥有的内容最丰富、体系最庞大的所谓近代分析科学的大厦。在反对神性弘扬理性的思想大解放中成功实现转型的哲学研究，受到科学成就的鼓舞，以科学认识为基础，在以理性为主题穷究理性之能力与限度的讨论中，将简单性世界观和还原论方法分别以唯理论和经验论的形式推到了极致。例如笛卡儿开创的唯理论传统，从简单明了清楚的观念基点推论整个世界的结构、抽绎理性和知识的全部内容；而培根开山的经验论传统，则将复杂的事物解构还原为简单性的存在，唯有达到所谓事物的某种起始性的原点和知识组元的简单观念，方可得到理性的最终确认、理解与满足。于是，从科学实验研究到哲学理论研究，简单性世界观牢固地确立了它的全面统治地位，成为理性探索的一种标准的取向和固定的传统。

二 理性的思辨——辩证法对简单性世界观的超越

上述传统虽然也毫无例外地在德国古典哲学中得到了延续，但在德国古典哲学延续传统的特殊的形式中，明显地包含了与简单性世界观完全不同的辩证法思想，这种思想本质上已经超越了简单性世界观，只是由于这种思想在当时还得不到与之相应的更高形态的科学基础的支持，所以它被保存在了纯粹的思辨之中，并在此后较长时期无法得到以简单性世界观为基础的主流观念的认同和真正理解。

德国古典哲学一开始就在拷问我们的认识能力到底有多大，康德所谓的批判哲学得出结论说，我们能够认识的世界是那个属于我们的世界，即打上人的烙印、经由人的认识形式规范了的世界。我们把握到的世界（现象）与世界本身（物自体）是不同的，因此有限理性达不到无限彼岸。① 康德显然还不能够理解已知与未知、有限与无限、部分与整体、现象与本质等的关系，并且将它们完全割裂了开来，得出了物自体不可知的结论。康德哲学是对欧洲近代哲学的总结，康德所揭示的这种两极的对立，事实上一直就是简单性世界观内在困惑的症结所在，康德哲学的局限是简单性世界观本身的有限性的自觉显示。康德揭露了问题的本质，但他局限于简单性世界观的传统，不能够且也没有解决问题。

黑格尔作为德国古典哲学乃至整个西方哲学的集大成者，在其特有的形式（指其唯心主义体系）中，用纯粹思辨的方式对这个问题的解决作出了超越时代的贡献（指其辩证法思想）。这种贡献突出地表现在三个方面。

第一，黑格尔指出，两极对立并非什么谬误，它恰恰是事物、认识和整个世界的内在的辩证本性或本质之所在。有限中包含着无限，无限展开为有限，整体包含着部分，部分之外无整体，现象是本质的，本质显示为现象，未知的对象以有限的形式被认知，有限的已知中包含着无限的对象本身，等等，一切都是辩证的。② 所以事物、认识和整个世界并非仅仅是简单的，同时更是复杂的。康德的错误在于把理智认识对象的有限形式误认为理性本身的有限性，进而将有

① ［德］康德：《纯粹理性批判》，蓝公武译，商务印书馆1987年版。
② ［德］黑格尔：《哲学史讲演录》，贺麟等译，商务印书馆1983年版。

限的已知（现象）和它已经部分地达到的对无限对象（物自体）的本质的把握割裂开来，误以为理性和对象处在无法逾越的彼此两岸。康德不懂得比之简单性世界观已经掌握到的这个世界的简单性更为深入、内在的对立面辩证地统一的复杂性本质。

第二，黑格尔认为，无限的世界将自身演化并展现为多样性的有限的存在形式，理性通过有限的方式逐步逼近和把握对象的丰富性及其本质。① 记载着人类理性成长过程的整个哲学史，从古希腊以来所有的哲学思想和体系，无一不是理性以这种方式逼近和逐次把握对象所形成的不同程度的认识或一定方式的把握，犹如盲人摸象一样。诸如水、火、土、气、种子、原子以及存在、理念、数、上帝、实体、绝对精神，等等。这些主张每一个都是成长着的理性所曾经拥有的特定的世界观。譬如，以量的世界观观之，世界就是一个数量的世界；以质的世界观观之，世界万物便都是有着自身质的规定的存在物；以实体的世界观观之，则世界是由实体构成的，等，此其一。其二，这些历史性发生的世界观存在着内在的逻辑演进性，它们记载着理性成长过程中的一切收获物，是理性的逻辑在历史中的展开，即所谓的历史与逻辑的统一。② 在黑格尔哲学中有序排列和逐次推演的百十多个有固定位置的逻辑概念，分别对应着哲学史上依次出现的不同的世界观及其哲学体系或理论。他用这种辩证的逻辑总结和表达了理性把握世界的历史发展进程，阐述了自己的世界观。这种世界观主张将世界看作是一种演化和发展的过程，而不是某种由原始的基元所组成的可还原的集合体。在他看来，问题的本质不在于先有鸡还是先有蛋，鸡和蛋都是从演化和发展中生发或涌现出来的具体存在物。这种思想实质上类似于今天的复杂性思想。但在当时和后来的较长时期内，受简单性世界观的统驭，这种思想较少或者未曾得到人们的认同和真正理解。

第三，黑格尔用正、反、合"三位一体"的逻辑结构形式系统地

---

① ［德］黑格尔：《逻辑学》，杨一之译，商务印书馆1981年版。
② 同上。

阐述了这种辩证的世界观。全部黑格尔哲学就是由不同层次的、逻辑上逐次递进又层层相属的众多的"三位一体"所构成的一个庞大的体系，十分类似于当代系统理论中的子系统、母系统一直到复杂的巨系统的思想。在《逻辑学》大大小小的"三位一体"的纯粹思辨演绎中，黑格尔将它们分成存在、本质和概念三个层次，并于这三个层次的逻辑推演中分别阐述了质量互变、对立统一和否定之否定等辩证法的三大规律。他认为，在存在领域或者说从存在的意义上观之，世界表现为万事万物由量变到质变所形成的前后相继的无限的序列。从客观上讲，它造成的结果是处在相互联系中的一个个具体的有限的存在物的交替出现和生生灭灭；从主观上讲，我们由此所达到的还仅仅是对世界直接呈现出来的现象的一种表层认识和把握；在本质领域或者说从本质的意义上观之，世界到处都是两两相互映射的对立面的统一；从客观上讲世界及其万事万物都内在地包涵着不同的和对立的东西，都是一种矛盾体，并且由此便造成了他们的运动变化。从主观上讲我们由此便深入到了对世界及其万事万物的内在的本质的认识和把握；在概念领域或者说从概念的意义上观之，世界整体上是一种由低级到高级不断地自我扬弃的发展过程。从客观上讲世界及其万事万物并非是固定不变的，而是以否定之否定的形式螺旋式上升或曲折性前进的过程，表面上似乎一直有回复，但实质上是不可还原的；从主观上讲我们由此才能够实现对世界及其万事万物的整体性的认识和把握。总之，变化中的多样性的存在形式，相互依存互相作用中的矛盾本质，不断演化发展更新中的整体性过程，这一切都表明，世界并非像有限理智所理解的那样仅仅是简单性的。由此可见，黑格尔的辩证的世界观事实上是一种已经超越了简单性世界观的复杂性思想。毫无疑问，诸如他所说的多样性、变化性、矛盾性、过程性、整体性、发展性，等等，都是世界复杂性的具体规定或表现。可惜的是，这些思想直到新近才被复杂科学所确证，才得到复杂性理论研究的重新确认与重视。

三　科学的确证——复杂科学催生的复杂性世界观

20 世纪中叶，特别是 20 世纪七八十年代以来，从牛顿到爱因斯坦，乃至整个近现代分析科学传统所秉持的简单性原则，科学体系演绎构筑中的简单性原理，即钟爱线性系统、追求线性规律、通过线性方程对事实做最简单经济和完全的描述，使系统只可能在允许的情况下选择最直接的路径的科学追求等，一句话，即牛顿开创的把简单性作为一种科学信念和指导原则置于众法则之首的科学传统，在大量涌现的一系列非线性科学的研究和对复杂性的普遍大量的探索与确证中，逐渐暴露了其世界观上的局限性和对事实解释能力的不足与指导我们行为的有限性。在大量的被科学越来越多地揭示出来的和我们不得不面对的复杂性事实面前，人们开始了重树世界观、探索复杂性的浪潮。

复杂性问题首先是作为科学研究对象历史地发生的，并在诸多领域的众多科学家的努力下得到科学揭示的。现代系统研究开创的系统运动提出了探索复杂性的科学任务，并奠定了诸如系统、信息、反馈、组织、自组织和对还原论方法的质疑与超越等一系列概念和方法论基础，成为通向复杂性研究的阶梯。到 20 世纪末，科学主战场物理、化学、生物、经济、生态、地理、环境、气象、神经等科学前沿和基础性领域对复杂性的明确关注与探讨，表明在世纪之交复杂性研究作为一种科学主流已经初成气候并处在迅速的发展中。目前，复杂性研究已不只是某个学科层次的现象，从工程技术到技术科学、基础科学再到科学通向哲学的桥梁等，每个层次上都已经和正在做着大量的工作，呈现出一种繁荣的局面，成为现代科学一种全新的动向和潮流。复杂性研究不仅已经超越科学范畴，遍及与我们的生活相关的各个领域和理论研究的所有层次，而且学派林立、观点纷呈、新见迭出，著作大量问世、文献加速增长，乃至于有人称之为"复杂性丛林"①。

---

① 刘劲杨：《穿越复杂性丛林——复杂性研究的四种理论基点及其哲学反思》，《中国人民大学学报》2004 年第 5 期。

　　探索复杂性的浪潮快速成为当前的一种具有世界规模的科学思潮和文化运动的事实表明，伴随着人类科学从以往四百多年所呈现的以简单性世界观为基础的所谓传统科学的历史形态，跃升为复杂科学的新的历史形态，一直以来支撑科学研究和引导我们行为的简单性的理性信念也随之动摇或者说被超越了。复杂科学已经和正在催生着一种不同于长期统驭我们的简单性世界观的新的复杂性世界观。正像简单性世界观曾经指引着我们从野蛮走向文明，发育了传统科学，支撑起了工业社会和机械文明一样，复杂性世界观已经和正在引导着我们探索复杂性，建构复杂科学大厦，支撑我们进一步走向新的更高的信息社会和生态文明。总而言之，确认世界并非仅仅是简单的而是复杂的，通过探索复杂性来更新和跃升我们对世界本质属性的认识和把握，确证和建构新的复杂性世界观，已经和必将成为科学研究和理论探讨的主流。

　　至于复杂性世界观指引下的科学和哲学的具体成果与形式，则还是一个值得期待有辉煌成就和灿烂睿智的令人兴奋的正在开拓的领域。就复杂性研究的科学层面来说，目前基本上正在围绕着作为科学研究对象的复杂性的三个来源进行探索。这些来源分别是：其一，客观世界本来存在的不能用还原论方法解决的复杂问题，如微观和超微观复杂性宏观和宇观复杂性以及生命起源和意识本质的复杂性等问题；其二，社会进步和科技发展必须面对的不断涌现出来的诸如环境保护、信息网络，以及更多的客观对象不断打上人的印记日趋复杂化，而现有科学又无法解决的问题等；其三，科学以及科学研究方法本身的复杂性和复杂化问题。这些研究遍及包括自然科学、工程技术和社会、经济与人文科学在内的众多领域和各个层次，已经取得了一系列成果和奠基性的突破。然而总体上来说，复杂性研究的科学进展除了已经令人信服地表明它是一个极其活跃的学科群，是一种新的成长中的科学形态之外，应当说目前所呈现出来的令人耳目一新的丰硕成果，还仅仅是一种起步。它的未来将随着复杂科学理论的急速涌现，再次从根本上改变我们的生活方式和整个世界。

从复杂性研究的哲学探讨来看，虽然哲学探讨还无疑落后于复杂科学的进展，但也已经至少在以下几个方面，为我们建构新的复杂性世界观理论体系奠定了基础。

第一，复杂科学催生和引发的复杂性理论的普遍探索，已经和正在深刻地改变着我们的世界观。超越循环论、线性方法和简单性信念，树立新的复杂性世界观，不仅得到复杂科学的不断确证，也较为普遍地被哲学家们所认同。哲学的新任务在于将这种世界观系统化和理论化。

第二，复杂性研究从一开始就一反传统科学严守科学界限的品格，早已打通和架起了从科学到哲学的通路与桥梁。或者说，出于复杂性问题的本性和复杂性研究自身的需要，复杂性研究中的科学与哲学的融合早已经是一个不争的事实。许多复杂性科学理论本身就具有浓重的哲学研究属性，几乎所有的复杂科学的研究都具有一定的哲学意味。例如圣菲研究所就被公认为代表着一种新的态度、一种看问题的新角度和一种全新的世界观。换句话说，复杂性的科学研究已经和必将继续为我们建构新的复杂性世界观基础上的哲学理论，奠定了和提供着坚实而又丰富的理论基础与思想元素。这需要哲学作出系统化理论化的概括与总结。

第三，从人类理性成长的历史，即人类在与身在其中的这个世界打交道中的认识的演化发展过程来看，如前所述，面对简单性世界观下的理性的困惑，德国古典哲学特别是黑格尔哲学，曾经以思辨的方式发展出了所谓理性的辩证法，较为系统地讨论和论述了世界的复杂性问题。但关于世界复杂性研究的这种思辨哲学形式，除了其还明显地留有循环论的整体痕迹及其神秘的唯心主义局限性之外，它只不过是对我们今天探讨复杂性有启发借鉴意义的一种已经过去的特殊的历史形式。面对新的科学思潮必须有新的哲学思考和理论。在今天和未来的复杂科学的基础上，构建新的复杂性世界观哲学理论，需要有能够深刻反映和全面体现复杂科学成果的创造性、创新性的哲学理论形式。

第四，复杂性研究的兴起不仅给科学哲学以及诸如文化哲学等更多层面的哲学研究带来了转折点和机遇，对我们关心辩证唯物主义命运的人来说，它同样是辩证唯物主义哲学发展的新机遇。普利高津在探索复杂性中就曾得出结论说：我们需要一个更加辩证的自然观，①这对我们极有启发。我们的宇宙观、物质观、时空观、社会历史观，以及我们对运动、规律、意识、科学等的理解和本体论、认识论、价值论、方法论等，都必然会随之发生重大变化，都应该有新的发展和创新。

第五，复杂性世界观基础上的哲学理论本身，必然和应该具有复杂性的品格。最起码它的形式将会是多种多样的。近年来国内外信息哲学的研究，让我们已经看到了这种努力令人鼓舞的前途。在这方面相对于国外的研究还仅仅是提出了这样的任务，阐述了一些研究纲领等来说，国内的研究特别是邬焜教授的研究已经走在了前面。邬焜教授在通过对自己多年潜心研究成果的总结所形成的著作《信息哲学——理论、体系、方法》中，已经建构起了一个较为系统的信息哲学体系。在其中邬焜教授以当代复杂科学为依据，对辩证唯物主义作出了独到的解析和积极的创新。当然，不仅信息哲学不会只有邬焜教授呈献给我们的这一种理论形式，而且复杂性世界观基础上的哲学理论也不会仅仅表现为信息哲学这一种形式。复杂性问题的本性和当代理论研究的复杂性特点，使我们完全有理由相信并且期待有更多的新的哲学理论的涌现。

四　不会终结的总结——理性成长史给我们的启示

人的认识能力是随着人类的实践活动逐步提高的，人类理性在我们与世界打交道的过程中表现为一种不断地无限的成长过程。过去我们将世界认为是简单性的，现在看来那仅仅是理性对世界的一定程度的有限认识和把握。这种标志着理性成长的特定历史阶段所拥有的简

---

① ［比利时］伊·普利高津：《确定性的终结》，湛敏译，上海科技教育出版社1998年版，第145页。

单性世界观，曾经指引我们创造了辉煌的历史。今天发展起来的复杂性世界观，表明我们的理性已经超越了过去的局限，步入了一个更高的发展阶段。复杂性世界观将指引我们创造新的辉煌和文明。然而，理性的成长史给我们的启示是：这种发展不会有终结。与从前一样，发现世界是复杂性的，同样也是一种对世界的特定程度的认识和把握。复杂性探索浪潮、复杂性理论"丛林"、复杂科学，等等。这一切无非是表征着我们拥有了一种新的世界观，即复杂性世界观。这应该是对复杂性浪潮究竟是什么的最好的回答。

第二节　管理学"人性假设"理论实践困境批判①

一　管理学"人性假设"理论的实践困境

管理学"人性假设"理论，"怀着关注人性、人的自我理解的雄心"，从探索管理中的人的特殊性、寻找所谓永恒的人性开始，但由于它们漠视人的主体创造性，否认人本质发展变化的事实，看不到人不同于物的价值所在，最终却走向了对管理中的人的本质的抽象的片面的理解，并由此陷入了各种"假设"相互否定所形成的无法停止的不断改头换面的"魔咒"之中。然而，这一切还仅仅是现象，还仅仅是理论方面的问题而已。深藏在这些现象背后的问题的实质和更为严重的现实后果是，这些"假设"在管理实践中，非但没有使人成为真正的自由自觉的创造主体，使人的尊严受到真正尊重，使人的潜能和价值得到充分释放与体现，使人自身得到全面的发展，反而造成了现实的人的工具化、人的悲惨境遇的无休止地延续和人本质的一再被扭曲。我们把管理学"人性假设"理论所导致的对管理中的人本质由理论抽象到现实扭曲的事实，称之为管理学"人性假设"理论的实践困境。

---

① 本节的内容，本书作者曾以《管理学"人性假设"理论实践困境批判——基于马克思主义"实践人性论"对应的角度》为题发表在《东南大学学报》（哲学社会科学版）2012 年第 5 期，本节作了少量文字删减。

二 管理学"人性假设"实践困境的历史延续

人类管理的历史,特别是从泰勒开始的所谓现代管理的历史,就是在不断地陷入这种困境,又在试图超越这种困境的矛盾运动中演绎到今天的。管理学中第一个"人性假设"就是"经济人"假设。按照泰勒的说法,管理中的人只不过是一种追求自身利益最大化的经济动物。因此,只要能够简单地满足人的物质利益,就可以使其潜能充分地释放出来,实现管理效率的提高和效益的最大化。然而,管理实践的事实表明,这种"假设"所描述的自私自利的所谓人性,与活生生的富有情感的作为整体参与到管理活动中来的现实的人相去甚远。把人所具有的经济特性看作是永恒不变的人的本性,以单纯的经济原则来对待管理中的人,非但不能够充分释放人的潜能,一劳永逸地实现管理效率的提高与效益的最大化,反而会严重地扭曲人性,不断地造就唯利是图的"经济魔鬼"。著名的霍桑试验不仅证明了这一点,而且使得梅奥另外提出了所谓的"社会人"假设。梅奥认为,人是一种群体性的情感动物。即使社会组织没有意识到这种群体性情感,人们也会在所谓的"非正式组织"中培育和维系这种关系。因此,必须高度重视隐藏在社会组织中的"非正式组织",重视在"非正式组织"基础上所形成的工作"士气"的决定性作用,唯有如此,才能真正提高管理效率和实现管理效益最大化。然而,当"社会人假设"把人的"社会依赖性放在人的本质属性的首位,甚至几乎排除了人的其他特性"① 的时候,它却与"经济人"假设一样陷入了片面性。尽管它比"经济人"假设更多地看到了人的心理、情感等属性,但又走向了另一个极端。把建立在人们心理情感基础上的诸如安全感、归宿感等狭隘的人群心理关系,绝对化为人的永恒不变的全部本性,以单纯的情感原则来对待管理中的人,非但与构成社会的基本单位不是非正式组织,而是正式组织、在追求经济效益最大化的管理模式中起主

---

① 袁闯:《管理哲学》,复旦大学出版社 2004 年版,第 66 页。

导作用的只是理性逻辑，而不是感性因素等现实不相符，反而使得它和"经济人"假设一起组成了管理中的所谓 X 理论。这种理论把人描述为天生就是被动的、懒惰的、必须加以管制的，等等。因此，这种企图最大限度地提高生产效率的主观努力所获得的直接实践后果就是，管理活动中客观上的人的失落。因为，它把人变成了一种处在强行管制和严格监督下运行的"活的机器"或机器系统的附属物、附件。

　　"社会人"假设与"经济人"假设的不同之处，仅仅在于它开创了管理学中"行为科学"的研究热潮罢了。由此开始的"行为科学"研究，以马斯洛需求层次理论等为代表，发展了管理学中所谓的 Y 理论。与 X 理论不同，Y 理论强调人的勤奋和责任心，等等。但由于它把人的这些品质看作是人性中的既定的、永恒的、不变的东西，所以它照旧没有跳出抽象人性论的传统。例如马斯洛的"自我实现的人"假设，虽然"似乎比'经济人假设'和'社会人假设'更加关注人，强调人的自我实现"。但是，它"把自我实现看作是一个自然进行的过程并将其内涵绝对化、既定化，没有看到自我实现是一个相对的概念，其本身也是在不断提升的。"① 它不懂得人的需求的不同层次在现实中相互交融的动态复杂性及其辩证统一关系，反倒把人分为三六九等，以为自我实现只是少数人才能达到的目标。其实自我实现乃是人所共有的普遍追求，只不过其具体内涵会有所不同罢了。所以，这种理论所造成的实践后果就是，比之此前那些"人性假设"单纯地造就某一种片面发展的人有所不同，它分层次同时造就多种等级的畸形的人。人的本质的被扭曲和管理中的人的悲惨命运，不但没有改变，反而变本加厉、更加严重了。其他的和后来不断出现的"理性人""决策人"以及"复杂人""权变人""文化人"等各种各样的"人性假设"，虽然强调的方面各有侧重，理论上各有所长，并且互相对立、相互否定，乃至于形成表面上一片繁荣的所谓管理理论的"丛

_____

① 乔东：《管理思想哲学基础反思》，博士学位论文，清华大学，2005 年。

林"。但是，由于它们都以"实体人性论"为哲学基础，都奉行抽象性片面性的思维逻辑，都恪守重物轻人的基本理念和以经济效益最大化为唯一价值目标，这使得时至今日，管理中的人本质的被扭曲还在延续，人在管理中的悲惨境遇还在继续。

总之，"自从'管理'与'科学理性'相遇以来，整个 20 世纪人类管理的命运似已成定局，即在一定的人性假设前提下，寻求管理活动中的共性与规律，使其日趋规范化与科学化就成了统御一切的所谓模式管理不变的追求。""在模式管理中，理性主义方法论以及由此形成的'管理规律'无疑在管理中占据了核心与主宰的地位，然而，'人的存在'则处于从属与被动的地位。"这种"盲目推崇理性主义方法论的模式管理，在给人类带来巨大物质文明的同时，却割裂了管理与人内在同一的关系，也导致了人在管理中主体地位的丧失。""使管理变成了约束人、支配人的一种强制力量。"① 这种所谓的现代管理模式片面追求经济利益最大化的实质，只不过是"把贱买贵卖'这样一句老话讲得复杂一些罢了。"② 由它所导致的"单纯的物质追求让人堕落，让人变成无情无义的'狼'。"③ "它们给最大多数人造成了最大的伤害。"④ 因此，"我们不得不驱逐"这种"经济魔鬼，哪怕不得不放弃其他一切。大众无法忍受一个被魔鬼的力量支配的世界。"⑤

三 走出管理学"人性假设"的实践困境

要彻底改变这种状况，走出管理学"人性假设"的实践困境，就必须对传统的模式管理进行系统的变革与改造，建构能够真正体现

---

① 乔东：《管理思想哲学基础反思》，博士学位论文，清华大学，2005 年。

② ［美］彼得·德鲁克：《管理的实践》，齐若兰译，机械工业出版社 2009 年版，第41 页。

③ 齐善鸿：《先进企业文化的基点是尊重人性——企业竞争力的不竭源泉》，《中外企业文化》2003 年第 2 期。

④ ［英］苏·纽厄尔：《构建健康组织》，周祖城等译，机械工业出版社 2004 年版，第96 页。

⑤ ［美］彼得·德鲁克：《社会的管理》，徐大建译，上海财经大学出版社 2003 年版，第30 页。

"以人为本"理念、促进管理中的人全面发展的管理实践新格局。完成这个任务或实现这个目标，需要从实践提升和理论更新等两个方面去努力。就实践提升方面而言，我们除了必须强调这将是一个非常现实的动态的历史过程，它最终只能在管理形态合规律的变化发展过程中，通过艰苦的实践创造逐步地来完成、来实现之外，应当说，当代知识经济和信息化社会的发展，特别是我国社会主义制度的建立和和谐社会的建设，以及文化管理新形态或管理"文治"时代的到来，等等，已经为这种变革与改造奠定了适合的时代基础，创造了良好的社会历史条件，提出了迫切的现实需求。目前阻碍这种变革的，或者说对这种变革的顺利进行和有效展开形成妨碍的主要阻力，还是来自于认识和理论方面。即来自于管理学至今还没有摆脱"人性假设"理论的传统范式，缺乏能够直接指导构建管理新格局的相应的管理哲学理论；为此，在理论更新方面，我们首先必须完成的基本任务就是，紧紧抓住管理哲学的核心问题，即管理中的人及其本质的实现问题，探索和揭示管理中人本质的生成演化规律，了解和掌握管理中人本质实现的基本条件和现实途径，通过管理人性论的更新和改变，为清除变革的认识和理论障碍，建构新的管理哲学理论体系奠定基础。

关于管理中人本质的生成演化规律与管理中人本质实现的基本条件和现实途径，笔者将在后续的研究中进行论述，这里先讨论如何改变和更新管理人性论的问题。

改变和更新管理人性论的关键所在，就是转换管理人性论的哲学基础。我们关于传统管理学"人性假设"理论哲学基础的反思，在揭露和指出其"实体人性论"哲学基础的局限性及其在管理实践中所造成的消极后果的同时，也已经概要地叙述了与之对立的"人性生成论"，特别是马克思主义"实践人性论"的基本主张和主要观点。毋庸赘言，"实践人性论"毫无疑问地就是指导我们改造传统管理人性论，走出"人性假设"实践困境的可靠的哲学基础。现在的问题是，如何进一步将这种一般意义上的哲学理论具体运用到对管理实践中的人本质的透视当中去，构建新的管理人性论和管理哲学体系，为实现管理学和管理实践的重大变革提供直接的理论支持。为此，本书认为我们至少要在以下几个方面作出努力。

首先，必须以马克思主义"实践人性论"为思想原则。摈弃抽象地探寻作为直接存在物的人与物的比较特性来认定所谓共同人性的思维方式。通过对管理实践中的人的实际存在方式和具体表现形式等的现实考察，来透视作为创造主体的社会人及其本质的自我设定性、实践生成性、历史演进性和无限创造性等具体规定性，以便使我们的思想注意力回到对具体的现实的人本身的科学认识上来，使我们对管理中的人本质的理论探索，建立在对真正现实的人本质的具体性的思考基点之上。

其次，应当以马克思主义"实践人性论"为逻辑依据。跳出仅仅把人的某种或某些特性简单地、直接地当作人的绝对本性的片面性逻辑窠臼。通过对管理实践中的人在人与物、人与人、个人与组织等各种现实关系中所形成的感性存在与感性活动或对象性存在与对象性活动的统一；自然存在、社会存在和意识存在的统一；建立在劳动需要基础上的自然需要、社会需要和精神需要的统一；处在不断发展变化中的现实性与历史性的统一等多样性的辩证统一的全方位透视，来论证处在管理活动核心地位的完整的人及其本质的复杂性，以便使我们的逻辑思考拓展到对作为"一切社会关系的总和"的人本质的丰富性的科学理解上来，使我们对管理中的人本质的理论分析，成为对真正现实的人本质的全面性的逻辑再现。

再次，要以马克思主义"实践人性论"为理论指导。超越用既成的、永恒不变的形而上学观点看待人本质的旧观念。通过对管理实践中人本质生成变化的社会历史条件、管理制度原因和具体历史形态等的系统分析，来揭示作为全部管理实践之主题的人及其本质的历史发展规律，以便使我们的理论研究深入到对实践基础上人本质的辩证运动过程的科学阐明上来，使我们对管理中的人本质的理论阐述，升华为对真正现实的人本质的历史演进规律的把握。

最后，要以马克思主义"实践人性论"为价值取向。走出以经济效益为终极目标的物本主义管理模式。通过对管理实践中的人的活动目的、劳动本质以及对对象世界的改造和自我生成发展等事实的内在价值判定，来建构促进人的全面发展的辩证唯物主义的管理人性论，以便使我们的理论体系的建构转到真正关注管理中的人本身的发展的价值取向上来，使我们关于管理中的人本质的理论体系，能够承担起彻底扭转"见物不见人"的管理思想，摆脱"人性假设"理论的实践困境的历史使命，引导和推动人类管理实践走上真正贯彻"以人为本"理念，促进管理中的人的全面发展的轨道。

第三节　《巴黎手稿》蕴涵和承载的
马克思主义人学思想①

一　值得商榷的两种说法

《巴黎手稿》（即《1844 年经济学哲学手稿》，以下简称《手稿》）公开发表以来，围绕它的争论就一直没有停歇过。争论的焦点集中在对《手稿》，特别是其中的异化劳动理论的性质及其在马克思主义理论体系中的具体地位的理解和认识上。争论本身证明了弄清楚《手稿》和异化劳动理论的性质与地位的重要性。

抛开争论的历史不说，就我国学术界新近发表的一些观点来看，有一种几乎已经是当前较为普遍的、主要的倾向，是必须加以澄清的或至少是值得商榷的。这种倾向表面上似乎是一种新的观点或新的研究进展，实际上却是自觉不自觉地将历史争论中和起来的倾向，它造成了不同程度的自相矛盾和对《手稿》与异化劳动理论的曲解。在这种倾向的众多观点或说法当中，以下两种说法虽不见得权威，但具有足够的代表性。

第一种说法。认为《手稿》时期的马克思还没有从黑格尔、费尔

---

① 本节的内容，本书作者曾以《马克思主义理论整体性的创生大纲——论〈巴黎手稿〉和异化劳动理论的性质与地位》为题发表在《伦理学研究》2012 年第 3 期，本节作了一些删改。

巴哈等人那里走出来，他甚至还没有一套表达自己观点与思想的话语和概念体系，他在用黑格尔、费尔巴哈等人的话语和概念表达自己的多少还有些模糊不清的世界观或还未成型的思想。这种不成熟突出地表现在异化劳动理论对人的本质的理解上面。异化劳动理论对人的本质的理解与后来的成熟的马克思主义理论存在诸多差别，等等。例如，郑冬芳撰文说：马克思"人的本质"思想的形成和发展，经历了一个从信奉黑格尔、用黑格尔的范畴表达自己人的本质思想到信奉费尔巴哈、用费尔巴哈的范畴表达自己"人"的本质思想，再到形成自己唯物史观思想、用唯物史观范畴——"现实的人"表达自己人的本质思想的过程。《手稿》时期的马克思"人的本质"思想的特点是在继续借用费尔巴哈旧范畴表达自己的同时，努力寻找新范畴。《手稿》后，随着研究的深入，马克思思想开始逐渐步入唯物史观阶段。马克思也开始了用新的范畴表达自己"人的本质"思想的尝试，并最终找到了"现实的人"这一唯物史观的新范畴。①

虽然作者是力图在更大的范围讨论和考察马克思"人的本质"思想的形成过程，但他针对《手稿》和异化劳动理论所作出的这种结论却关涉到了争论中的几个根本性的问题，即马克思主义的诞生地究竟是不是《手稿》？《手稿》所表达的思想是不是真正的马克思主义的观点？异化劳动理论是历史唯物主义的吗？很显然，作者事实上否定了《手稿》是马克思主义诞生地，并且认为《手稿》中的异化劳动理论对人本质的理解还是费尔巴哈式的思想，这种思想还不是唯物史观的。这时的马克思还在"努力寻找"中，此后"随着研究的深入"，马克思才开始"尝试"表达自己的观点，其思想才"开始逐渐步入"唯物史观。

第二种说法比之第一种似乎还要深入一些。它认为《手稿》时期马克思思想的不成熟非但表现在与后来的成熟的马克思主义的比较方面，更来自《手稿》所阐述的思想本身的内在差异，或者说《手稿》

---

① 郑冬芳：《论马克思"人的本质"思想的形成过程和发展脉络》，《教学与研究》2009 年第 2 期。

所表达的思想观点前后是不一致的，甚至存在"重大"的区别，等等。例如，韩立新撰文认为："第一手稿"中的"异化劳动"和《穆勒评注》中的"交往异化"是两种不同的思想。在这里马克思的思想前后发生过"一次根本性转变"：到异化劳动片断的结尾，马克思终于意识到了异化劳动理论的缺陷，并开始尝试引入与他人的关系。总之，到异化劳动片段的最后关头，马克思终于发现，他需要从人的"自我异化"转向人的"相互异化"，从对劳动异化的分析转向了对人与人关系异化的分析。

韩立新的文章把《手稿》中马克思所指出的"异化劳动……的直接结果就是人同人相异化，人同他人相对立"这个异化劳动的第四个规定，说成是与"前三个异化规定相比完全是另类"的。他费尽九牛二虎之力告诉我们说，"异化劳动"和"交往异化"是《手稿》时期马克思的经济学研究存在着的"两个异质的阶段"。并且从前者到后者的"根本性的转变"，马克思本人起先并不是很自觉的，直到异化劳动片段的"结尾"，马克思才"终于意识到"自己的这个"缺陷"，才开始"尝试""转向""相互异化"的分析。正是通过对交往异化理论的建构，马克思才进入到了对市民社会的深层分析，从而为他获得"社会"概念以及创立唯物史观奠定了基础。总之，在韩立新看来异化劳动理论存在着"在对人的理解上……呈现出人本主义的先验逻辑"等重大缺陷。这时的马克思在矛盾和"尝试""转向"中才仅仅获得了一个所谓的"社会"概念和创立唯物史观的基础。[1] 因此，虽然他本人没有明确地说出来，但按照这个逻辑，他是不会承认也不应该把《手稿》看作是马克思主义的真正诞生地的。因为，这里不仅存在着重大缺陷，并且唯物史观还未创立呢。

以上两种说法，给我们描述了一个思想上多么自相矛盾的马克思，一部理论上多么不成熟和混乱的《手稿》啊！不言而喻，如此矛盾、不成熟和混乱的《手稿》，特别是这些矛盾、不成熟和混乱最为

---

① 韩立新：《穆勒评注中的交往异化：马克思的转折点——马克思〈詹姆斯·穆勒〈政治经济学原理〉一书摘要〉研究》，《现代哲学》2007 年第 5 期。

集中的异化劳动理论，由此便不可能也不应该在马克思主义体系中占有什么重要地位，甚至就其被理解为还是一种马克思主义诞生之前的不成熟的思想而言，它当然不应该被看作是马克思主义的理论内容或历史唯物主义的观点。事实果真如此吗？自相矛盾和不成熟与混乱的是《手稿》本身呢？还是这些研究者把自己的矛盾和认识的不成熟与思考的混乱转嫁给《手稿》的呢？我们究竟应当如何看待《手稿》和异化劳动理论的性质与地位呢？这当然还要从《手稿》和异化劳动理论本身说起。

二 确认《手稿》性质和地位的两个角度

《手稿》的理论性质和历史地位，只能由《手稿》本身所完成的理论任务和它的内容及其逻辑结构与马克思主义理论体系的具体关系来确定。

首先，就《手稿》所完成的理论任务而言，这可以从《手稿》写作的思想背景和意图及其实际发生的重大理论突破中得到说明和加以确认。

毋庸赘言，马克思主义是欧洲思想史发展的产物。因此，理解马克思主义，从而理解《手稿》，首先就应当将其置于这样的大背景中进行历史性地考察。具体而言，《手稿》写作时期的马克思，面对的是由德国古典哲学、英国古典政治经济学、英法空想社会主义等构成的思想背景。下面就让我们依次来看看《手稿》对这些方面的具体论述。

1. 关于哲学对构成上述思想背景的种种理论与迅速成长为一种统治世界的资本主义悲惨现实之间的巨大反差的深入探索，使得先前处在"苦恼的疑问"中的马克思，通过深入的研究后在《手稿》中写道：黑格尔哲学的伟大成果就在于它在阐述异化的各种形式时提供了"推动原则和创造原则的否定性的辩证法""黑格尔把人的自我产生看作一个过程，把对象化看作失去对象，看作外化和这种外化的扬弃；因而，他抓住了劳动的本质，把对象性的人、现实的因而是真正

的人理解为他自己的劳动的结果"。但黑格尔讲的异化的不同形式，
无非是意识和自我意识的不同形式。黑格尔虽然"站在现代政治经济
学家的立场上"，"把劳动看作人的本质"，但"他只看到劳动的积极
的方面，而没有看到它的消极的方面"①。因此，黑格尔不能运用他的
辩证法揭示资本主义社会的矛盾并预见到资本主义灭亡的必然性。对
于费尔巴哈，马克思指出他的伟大功绩在于：（1）证明了哲学不过是
变成思想的并且经过思考加以阐述的宗教，不过是人的本质的异化的
另一种形式和存在方式；从而，哲学同样应当受到谴责；（2）创立了
真正的唯物主义和现实的科学，因为费尔巴哈使"人与人之间的"社
会关系成了理论的基本原则；（3）他把基于自身并且积极地以自身为
基础的肯定的东西同自称是绝对的肯定的东西的那个否定的否定对立
起来。②

　　基于对欧洲哲学思想发展到黑格尔和费尔巴哈的这种认识，马克
思批评"现代德国的批判……对于我们如何对待黑格尔辩证法这一表
面上看来是形式的问题，而实际上是本质的问题"，"完全缺乏认
识"③。指出"费尔巴哈是唯一对黑格尔辩证法采取严肃的、批判的
态度的人；只有他在这个领域内作出了真正的发现，总之他真正克服
了旧哲学"④，"从费尔巴哈才开始了实证的人道主义的和自然主义的
批判"，"整个实证的批判……全靠费尔巴哈的发现给它打下真正的基
础"。⑤ 因此，马克思认为必须从费尔巴哈出发，通过"对黑格尔的
辩证法和整个哲学的剖析"来建构和阐述自己的新的哲学世界观。至
于"费尔巴哈的关于哲学的本质的发现，究竟在什么程度上仍然……
使得对哲学辩证法的批判分析成为必要，读者从我的论述本身就可以
看清楚"。⑥ 这表明马克思已经通过费尔巴哈从青年黑格尔派中走了出

---

① 《马克思恩格斯全集》第 42 卷，人民出版社 1979 年版，第 163 页。
② 同上书，第 158 页。
③ 同上书，第 156 页。
④ 同上书，第 157—158 页。
⑤ 同上书，第 46 页。
⑥ 同上书，第 48 页。

来，实现了自己世界观上的重大转变。因为，《手稿》中"我的论述本身"给"读者"呈现出来的是实现了这种重大转变的马克思的辩证唯物主义的世界观，即基于对现实事物的辩证运动的考察，也就是对"实践的人的活动即劳动的异化"过程及其现实表现形式即社会辩证运动的历史过程进行具体分析的新的历史唯物主义世界观。

2. 关于政治经济学以这样的新世界观为基础，针对当时的国民经济学理论和思想，马克思"从国民经济学的各个前提出发……把私有财产，把劳动、资本、土地的互相分离，工资、资本利润、地租的互相分离以及分工、竞争、交换价值概念等等当作前提"，"从国民经济学本身"的分析中逐一描述了"工人降低为商品"，"竞争的必然结果……就是垄断的更可怕的复归"和"整个社会必然分化为两个阶级，即有产者阶级和没有财产的工人阶级"后指出："国民经济学从私有财产的事实出发，但是，它没有给我们说明这个事实。它把私有财产在现实中所经历的物质过程，放进一般的、抽象的公式，然后又把这些公式当作规律。它不理解这些规律，也就是说，它没有指明这些规律是怎样从私有财产的本质中产生出来的。国民经济学没有给我们提供一把理解劳动和资本分离以及资本和土地分离的根源的钥匙。"① 马克思认为，国民经济学家就像神学家一样，"把他应当加以说明的东西假定为一种历史事实"，使自己处于一种"什么问题也说明不了"的"虚构的原始状态"。原因在于"国民经济学不理解运动的相互联系"，"因此，我们现在必须弄清楚私有制，贪欲同劳动、资本、地产三者的分离之间的本质联系，以及交换和竞争之间、人的价值和人的贬值之间、垄断和竞争等等之间这全部异化和货币制度之间的本质联系"。② 马克思认为，这种本质联系就深藏在"实践的人的活动"的辩证运动中。为此，马克思便开始了对异化劳动的专门分析，系统地阐述了他的著名的异化劳动理论。

在关于异化劳动的论述中，马克思通过对"实践的人的活动即劳

---

① 《马克思恩格斯全集》第 42 卷，人民出版社 1979 年版，第 89 页。
② 同上书，第 90 页。

动的异化行为”的考察，对异化劳动的各个规定性及其在“现实中怎样表达和表现”，即人与人、资本家与工人关系等的分析，从“异化的人得到私有财产”概念，然后对“作为私有财产运动之结果的外化劳动（外化的生命）这一概念……的分析表明，与其说私有财产表现为外化劳动的根据和原因，还不如说它是外化劳动的结果”。从劳动的整个辩证运动的历史来看，“私有财产只有发展到最后的、最高的阶段，它的这个秘密才重新暴露出来，私有财产一方面是外化劳动的产物，另一方面又是劳动借以外化的手段，是这一外化的实现。”马克思总结他对这种现实的物质世界即经济社会现象的辩证运动本性的揭示说，“这些论述使至今没有解决的各种矛盾立刻得到阐明”：所有现实的矛盾都“是异化劳动同自身的矛盾，而国民经济学只不过表述了异化劳动的规律罢了”，“工资和私有财产是同一的”，“工资是异化劳动的直接结果，而异化劳动是私有财产的直接原因。因此，随着一方衰亡，另一方也必然衰亡”。因此，必然的结论就是：“社会从私有财产等等的解放、从奴役制的解放，是通过工人解放这种政治形式表现出来的，而且这里不仅涉及工人的解放，因为工人的解放包含全人类的解放；其所以如此，是因为整个人类奴役制就包含在工人同生产的关系中，而一切奴役关系只不过是这种关系的变形和后果罢了。”所以，“无产和有产的对立，只要还没有把它理解为劳动和资本的对立，它还是一种无关紧要的对立，一种没有从它的能动关系上、它的内在关系上来理解的对立，还没有作为矛盾来理解的对立”。

这表明马克思所理解的辩证法不同于黑格尔的仅仅是意识的或精神的辩证法，而是现实的即劳动实践的辩证法。现实的人的本质运动，即劳动的辩证运动将其表现为上述种种经济和社会中的对立。国民经济学家们只看到了这些现象或事实，但“不理解运动的相互联系”，未能揭示深藏在“实践的人的活动”的辩证运动中的这种本质联系。这种本质联系的现实运动过程及其发展结果，只有通过异化劳动的辩证法才能“立刻得到阐明”。所以，应当顺便指出：马克思对私有制和资本主义经济社会现象的分析，不仅仅表述的是他的政治经济学思想，其实质是对他的新世界观的现实内容的具体展开，即现实生活中作为人本质的劳动辩证法的历史的展开。马克思正是在这种展开中寻找、论证和推演出新世界观的科学结论和必然结果即共产主义的。

3. 关于共产主义。马克思依据对作为异化劳动之现实表现的私有制的本质的上述理解，通过对他之前的一些"从私有财产的普遍性来看私有财产关系"，即作为"扬弃私有财产的积极表现"的共产主义思想的种种理论形式的分析指出：它们虽然"都已经把自己理解为人向自身的还原或复归，理解为人的自我异化的扬弃；但是它还没有弄清楚私有财产的积极的本质，也还不理解需要的人的本性，所以它还受私有财产的束缚和感染。它虽然已经理解私有财产这一概念，但是还不理解它的本质"。马克思阐述自己的观点说："共产主义是私有财产即人的自我异化的积极的扬弃，因而是通过人并且为了人而对人的本质的真正占有；因此，它是人向自身、向社会的（即人的）人的复归，这种复归是完全的、自觉的而且保存了以往发展的全部财富的。这种共产主义，作为完成了的自然主义，等于人道主义，而作为完成了的人道主义，等于自然主义，它是人和自然界之间、人和人之间的矛盾的真正解决，是存在和本质、对象化和自我确证、自由和必然、个体和类之间的斗争的真正解决。它是历史之谜的解答，而且知道自己就是这种解答。""因此，历史的全部运动，既是这种共产主义的现实的产生活动即它的经验存在的诞生活动，同时，对它的能思维的意识说来，又是它的被理解到和被认识到的生成运动"。① 接着，《手稿》就对这种自觉的、建立在新世界观基础上的和作为对现实的资本主义批判结论的共产主义理论，进行了众所周知的概要性阐述。其核心思想就是建立在公有制基础上的，作为异化的人的复归并真正占有了人的自由劳动本质的、得到全面发展的自由的人和自由的王国。

这表明马克思已经从欧洲旧世界观的思想体系中全面地走了出来，并且在实现了对欧洲思想史彻底变革的基础上，创造性地构建起

---

① 《马克思恩格斯全集》第42卷，人民出版社1979年版，第120页。

了辩证唯物主义或历史唯物主义新世界观的基本逻辑构架和完整的理论体系雏形，即由所谓的马克思主义三大组成部分高度融合为一个整体的理论体系的雏形。

由此可见，《手稿》明显地是在批判旧世界观及其相关理论中宣告新世界观诞生的思想背景和写作意图下，对包括马克思主义哲学、政治经济学和科学社会主义等基本观点与核心理论内容的综合阐述。从这种阐述概要性地表达出来的思想来看，《手稿》已经初步地，但是全面地建构起了马克思主义理论体系的逻辑构架或雏形，它事实上宣告了马克思主义的诞生。因此，《手稿》理应被看作是作为欧洲思想史发展结果的，作为对现实世界彻底批判结论的，新的马克思主义理论的诞生地。

那些认为《手稿》的思想还不成熟、还存在着混乱与矛盾，还不是真正的马克思主义的观点，特别是说异化劳动理论还不是科学的马克思主义的观点，甚至根本就不是马克思主义性质的思想，同时却又说马克思依据异化劳动原则所阐述的政治经济学内容和共产主义结论是真正的马克思主义的观点，实在是奇怪的和无法让人理解的！至于《手稿》中马克思为什么大量地使用黑格尔和费尔巴哈等人的术语或概念，并非马克思这时还思想不成熟、还没有自己的表述话语与概念。正如《手稿》中同样大量使用了国民经济学的术语和概念一样，事实上那是马克思以此来表明，他的新世界观要解决的正是采用这些概念和术语的旧理论"至今没有解决的"和无法"真正解决"的"历史之谜"！这种表述方式难道不是使马克思主义作为欧洲思想史发展的创造性新成果的理论品质更加彰显了吗?！相反，如果在这样一部说明新世界观如何从旧世界观中发展出来、建立起来的著作中，直接采用一套全新的话语体系或概念系统（这是对《手稿》这个逻辑大纲的内容的以后逐步展开来加以具体阐述的任务）的话，那将使马克思主义新世界观与欧洲思想史之间的历史关联变得模糊不清，进而会使失掉了思想史支撑的马克思主义成为无根据的、不可理解的东西。另外，单纯就形式而言，看一种理论是否是新的，不能仅仅从其使用的术语来判定，而要看其所阐发的真正的思想内容，正如马克思恩格斯曾经对狄慈根的评价那样。

其次，就《手稿》的内容及其逻辑结构与马克思主义理论体系的具体关系来看，这可以从《手稿》宽广的理论视野及其具体内容所展示的完整的理论的整体性与清晰的体系的层次性得到说明和加以确认。

《手稿》所表现出来的理论视野与整个马克思主义体系的理论视野是同一的。这种视野要比许多研究马克思主义和《手稿》的学者们所关注的那些具体领域或问题宽广得多！它虽然毫不奇怪地依次涉及哲学、经济学和社会发展理论等，但它既不停止于单纯的哲学，也不局限于经济学，亦不纯粹是一种狭隘的社会发展理论。在马克思看来，理论的目的不仅是解释世界，更重要的是改造世界。因此，采用新的唯物辩证的世界观分析现实的私有制和资本等政治经济事实得出人类解放的共产主义结论，这乃是同一个真正"现实的科学"的任务。必须将这些内容作为同一个真正彻底的"实证的批判"系统依次展开的环节。所以，与后来的将这些内容分别开来作出正面的具体阐述的所谓马克思主义三大组成部分相比，《手稿》是一种将这些领域从抽象到具体、从理论到实践、从现实到理想一以贯之地进行集中的、一体化或整体性说明的全新的系统的世界观体系。用《手稿》中的语言来表述，它是一种揭示和论证"人的自我异化的积极的扬弃"过程，即"保存了以往发展的全部财富的""通过人并且为了人而对人的本质的真正占有"的"人向自身、向社会的（即人的）人的""完全的、自觉的复归"的历史规律，从而解答"人和自然界之间、人和人之间的矛盾的真正解决""存在和本质、对象化和自我确证、自由和必然、个体和类之间的斗争的真正解决"之"历史之谜"，在对现实"经济事实"深入批判的基础上，指导人类解放，实现共产主义的庞大的展示全部历史运动和人类劳动实践活动的"一门科学"。①

---

① 《马克思恩格斯全集》第42卷，人民出版社1979年版，第102、128页。

（1）这样的"一门科学"或新的世界观，唯有将其看作是整个欧洲思想体系历史发展中的一次重大的、全面的、系统的变革与创新，才能破解其理论内容构成的原因，才能真正把握它的思维范式、概念体系与话语表达方式的特定历史关联和真正意涵。譬如，《手稿》所关注的理论焦点为什么首先是"异化"？并且是"劳动的异化"？为什么马克思要揭示和论证劳动异化的运动机理和异化劳动的历史发展过程的辩证本性？为什么新世界观要推论和描述异化劳动在其内在的推动和创造性的辩证法中实现人的本质的积极的、自觉的回归？总之，为什么构成整部《手稿》的基本的整体的逻辑框架是：从对作为现实的辩证法的异化劳动的分析——即"前提"，到对表现为私有制和资本的劳动异化的展开与发展过程的揭示——即"论证"，再到对实现人类解放与共产主义的人本质的复归的展望———即"结论"等？所有这些对欧洲思想史中一直争论的核心议题和概念的关注与应用，这种明显的是基于"西方思想"的思维格式和话语体系之传统的表述方式，恰恰充分展示了马克思新世界观的历史地位和它以追求人类解放为目标，以实现全部欧洲思想史的创造性变革为己任，以完成对现有理论和现实世界的真正彻底的批判为内容，以系统表述人的本质活动即劳动的辩证运动的全部历史为"一门科学"的宏大的理论视野及其理论的系统性与整体性。

（2）由上述前提、论证与结论构成的作为一个整体的新世界观内含的清晰的体系的层次性，为我们理解马克思主义理论体系两大组成部分及其内在联系提供了完整的逻辑基础。

据此来理解，第一，虽然可以直接地说马克思主义是关于无产阶级解放运动的学说。但须知，那是因为无产阶级只有解放全人类才能最后解放自己。这就是说，马克思并没有使自己限于单单只钟情于无产阶级一个阶级的狭隘的政治领域。他当时就曾严厉批评过有人只关心阶级的政治解放，而漠视人类解放的政治狭隘性。在马克思看来，彻底消灭人的异化及其社会存在形式即私有制，实现人本质的积极的回归和人的真正的解放与自由即共产主义，才是他的理论的总目标。

之所以关注无产阶级的解放，那是因为这种解放是对人的异化和私有制发展的最高形式的消灭。这将是人的现实的实践活动，即劳动本身的那个推动和创造原则辩证地历史运动的必然结果。因此，异化的复归和消灭私有制，以及消灭资本和消灭工人、消灭无产阶级和消灭资本家等在概念上是同一个意思，在实质上是同一个辩证运动即劳动的辩证运动的必然的总结果。

第二，由此我们便可以说，马克思主义是揭示资本主义必然灭亡的规律的科学。但须知，那是因为资本主义恰恰是遵循着那个异化劳动固有的推动和创造原则，并且是作为这个原则运动的结果或最高、最后与最为当前现实的形式。这就是说，马克思主义并非只是单单和资本主义过不去的一种意识形态或如此偏狭的一种理论。在马克思看来，人本质的异化、劳动的异化是一个在现实的实践活动中，并且在作为这种活动的感性形态即经济社会现象中由异化走向复归的过程。对这个过程需要在对其以往的历史进程总结描述的基础上，通过对其走向完结和开始复归的形式即资本主义的必然灭亡的内在规律的揭示中加以具体阐明。

第三，从最根本和最终的意义上，即从马克思主义全部理论探索的源头、起点和基础上来说，我们就当然可以说，马克思主义是辩证唯物主义的世界观即唯物史观。但须知，那是因为费尔巴哈已经奠定了"真正的唯物主义和现实的科学"的基础，使"人与人之间的"社会关系成了理论的基本原则。因此，在马克思看来，新世界观必须从作为现实的人的本质即劳动的辩证运动的历史展开中，通过对其在"现实中怎样表达和表现"及其发展结果的具体分析、推演和论证来构建整个科学理论体系。换句话说，马克思主义辩证唯物主义世界观的理论形态就是它的唯物史观，而唯物史观的展开来的理论内容就是马克思主义政治经济学和科学社会主义理论。因此，马克思主义理论是一个包括其两大组成部分有机融通为一体的完整的新世界观体系。这个世界观体系是对"人和自然界之间、人和人之间的矛盾的真正解决""存在和本质、对象化和自我确证、自由和必然、个体和类之间的斗争的真正解决"之"历史之谜"作出创造性解答的全新的理论体系。

很显然，我们这里完全按照《手稿》的逻辑倒叙了它的内容。这些内容表明《手稿》是综合阐述马克思主义理论逻辑构架和主要内容的一部著作，是对包括马克思主义哲学、政治经济学和科学社会主义融为一体的新世界观体系的基本逻辑构架的综合阐述。《手稿》所阐述的理论内容，不仅在思想上是一以贯之的、统一的，在理论内容上是完整的、创造性的，而且它实质上就是马克思主义理论体系的完整的逻辑大纲。

那些认为《手稿》时期马克思还处在矛盾和混乱中，还在苦苦的"努力寻找"中，艰难地为此后"随着研究的深入"才开始"尝试"表达自己的观点，才"开始逐渐步入"唯物史观，并最终找到了"现实的人"这个"新范畴"的观点；或者认为《手稿》中的马克思在自身"异质"思想的矛盾的纠缠中，直到异化劳动片段的"结尾"才"终于意识到"自己的"缺陷"，才开始"尝试""转向""相互异化"的分析并为自己获得"社会"概念以及创立唯物史观奠定了基础的观点，如果不是忽略了上述《手稿》所完整阐明的新世界观体系，就是故意无视这些论述和内容而形成的片面的杜撰。至于他们无视这样的系统性的重大变革与成就，而将自己经过艰难地矫揉造作才得到的那可怜的所谓"现实的人"和"社会"范畴或概念当作是《手稿》的标志性成果说法，我们只需指出这样一点就足够了：这些范畴或概念并不是什么马克思最终才找到的"新范畴"或经过重大转变才获得的"概念"。"社会"是马克思对一个普通词汇的运用，"现实的人"是马克思对欧洲思想史上常常出现的范畴的沿用。问题的关键是对"社会"和"现实的人"怎么理解。如黑格尔把"社会"理解为意识的外化形式，费尔巴哈把"现实的人"理解为直观的存在，而马克思则将"社会"理解为以劳动为本质的"现实的人"的辩证运动过程或历史展开过程。因此，无论"现实的人"还是"社会"范畴与概念，既不是"步入唯物史观"的标志，也不会为"创立唯物史观奠定基础"。

总之,《手稿》的性质和它在马克思主义理论体系中的地位,相当于《精神现象学》在黑格尔体系中的地位,它是马克思主义的真正诞生地和秘密。《手稿》中的异化劳动理论非但是历史唯物主义的,而且是《手稿》和整个马克思主义理论体系的逻辑起点和立论基础,是打开马克思主义理论宝藏的钥匙。我们今天所看到的构成马克思主义宏大体系及其丰富内容的一系列重要著作和思想,都是在这样的逻辑基础上对这个逻辑起点的进一步展开、具体论述和丰富与发展。

三 "异化劳动理论"解密

毫无疑问,异化劳动理论是理解整部《手稿》,从而最终确认其理论性质和历史地位的关键所在。然而,基于以上的论述,我们已经用不着和那些对异化劳动理论说三道四的具体说法作无聊的纠缠了。我们应当直接对异化劳动理论进行解密。

(一)劳动是现实的人的本质

人是有理智的、人是有意志的、人是有情感的。在这种由人的理智、意志和情感构成的所谓人格三重性中,哪一个才是人的本质?哪一个才能够统御其他两个形成统一的现实的人?这是破解欧洲全部思想史,特别是欧洲近代哲学的秘密所在。黑格尔之前的欧洲哲学,总的说来都在抽象和孤立的形式中对待这种三重性或者说统一的人的各个环节。它们由于未曾找到这种统一的真正基础和不懂的辩证法,处在或此或彼的跳跃与争议的纠缠中,无法揭示和说明这些环节的辩证统一性。直到黑格尔,由于他把"一般说来构成哲学的本质的那个东西"即主体自身"外化"的辩证运动"看成劳动的本质",即"抽象的精神的劳动"的本质,才在"纯粹思辨的"的形式中,能够做到"同以往的哲学相反,他能把哲学的各个环节总括起来"①。或者说"把它们描绘成抽象过程的各个环节,把它们联贯起来了",但黑格尔

---

① 《马克思恩格斯全集》第 42 卷,人民出版社 1979 年版,第 163—164 页。

所说的辩证统一还只是意识或精神的虚幻的统一。作为对黑格尔抽象的虚幻哲学作出真正批判的费尔巴哈把感性的人理解为主体，并确立了"真正的唯物主义和现实的科学"探索"人与人之间的社会关系"的"理论的基本原则"。但由于费尔巴哈把人仅仅理解为情感性的直接的、抽象的存在，即并非在劳动中生成和处在辩证运动与发展中的主体。所以，他无法真正地说明人的丰富性的统一，仅仅使所谓的"现实的人"处在抽象的直观当中。新的科学的世界观必须从对德国古典哲学和关涉到一系列"现实的事实"的国民经济学的实证批判中，来寻找和说明真正现实的人的本质及其统一性。作为这种寻找的结果，就是最终确认了劳动创造了人！劳动才是现实的人的真正本质。人是在自己的劳动中历史地创生着自己的那些丰富性并使它们动态地历史地统一起来的。人的本质的运动即劳动的辩证运动，将自己现实地表现为属人的整个世界及其变化和发展的全过程，这就是人通过劳动在与自然界的关系中所建构起来的、不断从外化、对象化和异化及其复归和走向人的全面发展的全部人类社会的历史发展过程。这个发展过程也就是现实的人从必然走向自由的人本质的生成和实现过程或人类的解放过程。

所以，新世界观必须依据真正现实的人的这种本质活动即劳动的辩证运动，来理解和论证全部人与自然的关系、人与人的关系；发现和揭示创造与蕴涵着全部人的丰富性之辩证地统一、历史地展开之规律；建构和阐述包括所有这些环节及其总结果在内的全部理论内容或世界观体系。

（二）异化是辩证运动的一个环节

所谓正、反、合的逻辑格式是欧洲思想史中表述辩证法原则的一般话语模式。这种逻辑格式和话语模式所表达的具体思想内容就是主体—异化—复归的辩证运动过程。在这里异化是辩证运动的一个必经阶段和重要环节，事物（主体）的辩证运动只有通过异化的复归才能够完整地实现出来。因此，承认辩证法就必须承认异化。只不过作为辩证思想的集大成的黑格尔哲学，还仅仅把辩证运动的主体理解为精神性的自我意识或绝对知识。费尔巴哈揭露和批判了黑格尔的这种唯心主义，他把感性的人看作是主体。但是费尔巴哈抛弃了辩证原则，仅仅把人理解为抽象的（即并非处在生成或创造性运动中的人）情感的人。马克思通过费尔巴哈找到了处在创造性运动中的真正的现实的主体，即以劳动为本质的人。这是马克思新世界观赖以建立的理论基石和逻辑起点。在马克思看来，人通过自己的劳动生产着人本身和属人的整个世界及其全部社会关系。人只能在自己的这种本质运动中，即在劳动的辩证运动中通过外化或异化及其克服或回归才会走向自由。这就是马克思理解的现实的辩证法，即辩证唯物主义或历史唯物主义所说的人的劳动实践的辩证法。

（三）异化劳动是私有制和资本主义悲惨现实的内在根据

国民经济学看到了资本主义现实中的异化的事实："工人生产得越多，他能够消费的越少；他创造价值越多，他自己越没有价值、越低贱；工人的产品越完美，工人自己越畸形；工人创造的对象越文明，工人自己越野蛮；劳动越有力量，工人越无力；劳动越机巧，工人越愚钝，越成为自然界的奴隶。"但是，国民经济学"不理解运动的相互联系"或不知道深藏于各种现实经济社会"事实"内部的本质联系。它"以不考察工人（即劳动）同产品的直接关系来掩盖劳动本质的异化"①。其实，这些异化事实的内在根据就深藏在异化劳动的规定性当中。即"人同自己的劳动产品、自己的生命活动、自己的类本质相异化"以及由此"所造成的直接结果就是人同人相异化"等依次发生的四个规定性中。这样的"异化的、外化的劳动""在现实中必须怎样表达和表现"呢？马克思指出："如果我自己的活动不属于我，而是一种异己的活动、一种被迫的活动，那么它到底属于谁呢？""起初主要的生产活动……是属于神的。但是，神从来不单独是劳动的主人。自然界也不是。""那个异己的存在物……只能是人本身"，"只能是……工人之外的他人"。② 因为，"只有人本身才能成为

① 《马克思恩格斯全集》第42卷，人民出版社1979年版，第92—93页。
② 《马克思恩格斯选集》第1卷，人民出版社1995年版，第48—49页。

统治人的异己力量"，"总之，通过异化的、外化的劳动，工人生产出一个跟劳动格格不入的、站在劳动之外的人同这个劳动的关系。工人同劳动的关系，生产出资本家（或者不管人们给雇主起个什么别的名字）同这个劳动的关系"。① 人类社会的私有制或者说"私有财产是外化劳动即工人同自然界和自身的外在关系的产物、结果和必然后果"。从劳动的整个辩证运动的历史来看，"私有财产只有发展到最后的、最高的阶段（即资本主义社会——引者注），它的这个秘密才重新暴露出来，私有财产一方面是外化劳动的产物，另一方面又是劳动借以外化的手段，是这一外化的实现"。这就是马克思对所谓的"历史之谜"的解答，这就是国民经济学还不理解的"事实"背后的根据和本质。

（四）异化劳动的积极扬弃是人类走向自由的一个历史过程

人类解放运动，或者说共产主义，作为异化劳动的积极扬弃，既是人类从异化的人与自然的关系、异化的人与人的关系、异化的社会现实中获得解放和走向自由的标志与结果，同时也是人的本质在劳动中创生、展开与最终实现的历史过程。这个过程的内在逻辑就深藏在作为人本质的劳动实践的辩证法中，亦即劳动—异化—异化劳动的积极扬弃的历史运动中。因此，新世界观要完成的全部理论任务和拟实现的最终目标就是破解异化劳动之谜，揭示劳动的辩证运动规律，从而为理论上全面系统地阐明这种辩证运动在现实生活中的历史展开过程奠定逻辑基础，并通过以此为基础对资本主义社会现实的批判和共产主义理想的论述，为无产阶级积极完成人类解放运动提供实践指导。这是我们理解马克思主义，从而理解整部《手稿》和异化劳动理论的最基本的立足点。只要站在这个基点上，《手稿》中的异化劳动理论的秘密就不再是什么秘密了，它的理论性质和在马克思主义体系中的重要地位就直接地呈现在了我们的而前。

（五）劳动的辩证法是新世界观的逻辑起点和基础

《手稿》中作为对国民经济学"不理解运动的相互联系"或不知

---

① 《马克思恩格斯全集》第42卷，人民出版社1979年版，第99—100页。

道深藏于各种现实经济社会"事实"内部的本质联系的揭示，作为对整个欧洲思想史的"历史之谜"的解答的异化劳动理论即劳动的辩证本质的专门论述，就是对新世界观的这个逻辑起点和基础的系统阐述。因为，贯彻与浓缩在异化劳动理论中的由异化劳动辩证运动或历史性展开中的主要环节，即人、劳动、生产、社会、历史和人的解放等所形成的基本逻辑线索和逻辑结构，完整地包含着或构筑起了整个马克思主义理论体系的逻辑构架。正是基于这个逻辑构架，才形成了整部《手稿》概要地阐述出来的这样的基本思想：人的解放是人类历史运动的必然结果；历史是人类社会运动的现实展开过程；社会是生产实践构筑起来的人的现实存在形态；生产是人类劳动的社会形式；劳动是人的本质活动，人的本质存在于由劳动引发或创造并以劳动为基础的人与自然、人与人的关系中。在这种关系中，在人自己的劳动本质的辩证运动中，即劳动的历史性展开中，作为现实的真正的主体的人创造着人本身及其属人的全部世界——人在自己的本质运动中辩证地从异化走向解放，人类社会在劳动的创造性活动中历史地从必然走向自由。这就是异化劳动的秘密，这就是我们打开马克思主义宝藏的钥匙。理解了这个秘密，理解了异化劳动理论的这种性质与地位，围绕它的争论由此便都成为多余的东西了。

唯一不多余的是，正如人们所看到的那样，《手稿》和异化劳动理论用来阐述其思想内容的逻辑格式和概念或话语形式是非常灵活与丰富的。这使得人们可以从其中的任何一个层面或角度去理解它的丰富内涵和体会它的博大精深。诸如，现实的人—社会的人—自由的人、人—奴役—解放、劳动—异化—复归、社会—私有制—共产主义、唯物史观—政治经济学—科学社会主义，等等。但必须指出的是，不仅这些逻辑格式所要表达的实质上是同一个思想内容，就连在表述这些逻辑时，马克思所大量使用的几乎表征着整个欧洲思想史上值得批判继承的重要思想理论的那些概念或话语形式，也无不是为全面系统阐明这同一个思想内容服务的。它们表征的只不过是借用这些概念和话语形式，从众多的历史关联角度宣告马克思主义新世界观及其理论体系的诞生罢了。在这些逻辑格式和表述它们的丰富的概念或话语形式之间，既不存在什么"本质性的区别"，也没有"从不成熟逐渐走向成熟"的过程，更没有发生任何"根本性的转变"。一切前述所谓的自相矛盾和不成熟与混乱，都是这些观点的持有者们把同一个内容的不同逻辑表达格式，甚至把表述这种逻辑格式之不同环节的那些极具历史关联性的概念与话语等误解为不同的思想后所造成的，都是他们转嫁给《手稿》和异化劳动理论的。

《手稿》是马克思主义的真正诞生地和秘密，《手稿》和异化劳动理论是马克思主义理论体系的逻辑大纲，是全面系统地建构和深入具体地阐述马克思主义理论体系的逻辑起点和基础。如果我们否认这一点，或者在这些方面有任何的动摇与曲解，就将无法真正理解博大精深的马克思主义理论宝藏。

第十一章

当代重视与关照人本身的新管理思想

第一节　当代新管理理论的四大核心理念①

本节所说的当代新管理理论，是指大概从 20 世纪 80 年代以来的一二十年中，管理理论界产生的一大批新理论（尽管其中一些新思想的萌芽可以追溯到更早一些时候），诸如人本管理、知识管理、学习型组织的管理、声誉管理以及管理复杂系统、管理柔性化、整合管理、一体化管理、忠诚管理，等等。与管理思想史上的以往各个阶段不同，这些理论在管理的一些基本问题上提出并阐发了一系列新的管理观念，这些新观念对以往相应的传统观念形成了尖锐的挑战，它们以及由它们引发的新管理思想，实际上正在动摇着或者说已经超越了传统管理思想的理论基础，实现着管理理论上的一次新的革命性变革。如果我们把这些新观念联系起来思考，就不难发现它们不仅是相互有关联的，而且有着更为深刻的共同的核心理念。实际上这些新观念和新理论都是对几个共同的核心理念的延伸和拓展，所有当代新管理理论都是在这几个共同的核心理念的统领下的更为具体的阐述。

一　利润（利益）——社会责任

通观当代新管理理论，从理论的适用范围来看，它们与以往的管理理论的明显的差异就在于：以往的管理理论主要是以企业管理为内

---

① 本节的内容，本书作者曾以同样的标题发表在《理论导刊》2003 年第 1 期，本书作了一些删改。

容，特别强调"企业特性"，更多关照的是企业如何盈利或自身利益最大化的问题。新管理理论大多淡化或超越了这种"企业特性"，把包括企业在内的所有管理对象或单位，都提升到一般社会组织的共性上加以思考。这种变化背后所包含的是一种全新的组织观（和企业观）。这种组织观认为，包括企业在内的一切社会组织都只不过是复杂的社会大系统的组成部分。作为社会系统的组元，它们的存在与发展本质上植根于社会大系统的协调运行和动态平衡。因此，比起以往的管理理论突出地强调企业利润和组织利益来，新企业观或组织观更注重这些社会组织的社会责任。显然，这是组织经营理念上的一种提升。在这种理念的统领下，企业利润或组织利益不再是什么至高无上的东西，它被看作只不过是社会组织充分履行其社会责任的自然结果。当然，这里所说的社会责任并非仅指在组织经营活动之外，社会组织所举办的一些义举之类的简单事实；它更主要地是指社会组织通过自己特定的经营活动，使社会资源得到有效整合与价值提升，从而为满足社会多方面需求、解决就业等社会问题，为人才培育与个人成长以及经济社会的健康发展等所必须和应当作出的贡献。换句话说，即在社会大系统的观念下，包括企业在内的一切社会组织，作为这个系统的组元，其存在与发展必须以组元（系统要素）之间的良性互动和整个系统的优化为前提。而实现这种良性互动和系统整体优化，就必然要求组织（包括企业）必须摒弃传统的以牺牲对方为代价的"赢—输"式或以有可能损伤第三方和其他方利益的"双赢"式等思维方式，将追求自己与环境、自己与和自己有关的所有各方的"共赢"作为最高目标。可见，这种经营理念的提升，在对组织提出了更高的要求的同时，也为其打通了更广阔的发展空间，使其摆脱了以往那种仅仅局限于对自身利益的追逐，甚至以整个生存环境被破坏为代价的狭隘境界，将组织自身利益的获取变成为社会系统良性运行的自然结果，把企业利润或组织利益的实现置于它们更好地履行社会责任的大前提之下。用乔西亚·罗伊斯在《忠的哲学》中的话说，利润不是企业的目标而是结果，真正的目标是一系列价值和原则，忠诚的顶端是对这些价值和原则的全身心奉献。

二 物本——人本

新组织（企业）观认定，利润（利益）并非企业或组织的终极目的和至高无上的目标。它们是手段而非目的，是结果而非目标。组织（企业）的真正目的和目标是人，不是物。所以，新组织（企业）观的一种自然延伸就是在管理理念上变以往的物本管理为人本管理。当然，人本管理的思想渊源已有较长的历史了。当管理理论发展史上由"社会人"取代了"经济人"的假设的时候起，就有了人本管理的思想萌芽。但是，那时的"人本"思想仍然停留在旧的思想理论范式之中。例如，以"社会人"假设为基础的行为科学和人际关系学说等管理理论，虽然比以前的管理理论更多地关照到了人，但它仍然把人仅仅看作是提高劳动生产率的手段，强调通过某种形式的激励调动人的积极性，降低成本，以形成更高的利润。新的人本管理理念在继承以往管理理论对人的理解的合理因素的基础上，特别强调人在组织中的成长，即所谓在组织中成就和实现自我，等等。它把人与组织的关系的传统观念来了一次根本性的转变，人不再是仅仅为了组织利益及其目标的存在，不再是实现企业利润的工具，反倒是组织连同其目标都是为人而存在着的。人成为管理的核心与目的，管理以人为本。总之，尊重人、依靠人、为了人是这种新管理理念的基本要义，凝聚人的合力、塑造高素质的人成为管理的基本内容，开发人的潜能、促进人的全面发展被看作为管理的主要任务和终极目的。这里需要指出的是，当代人本管理所强调的人并非仅指一个企业或一个组织内部的员工。在上述社会大系统的理念下，它表现为对全社会或全人类的强烈的人文关怀。它要求包括企业在内的所有社会组织的一切行为和努力，都必须符合这种人文关怀的要求，都要充分地体现以人为本的基本价值取向。当然，就一个组织或企业内部而言，把当代人本管理理论从以往管理理论一直作为管理的工具与对象的人提升到管理的核心与终极目的的地位，把对人的激励看作是基本的管理手段的传统观念变革为将人在组织中成长作为管理的主要任务和目标的时候，这同时也就意味着，或者说这必然会引起对人与组织的关系的重新理解。

三　契约——盟约

新的人本管理思想认为，人尤其是被管理者并非组织的异己力量，他们在组织中工作，也绝非是践行一纸契约，用自己的劳动换取生活资料那么简单。"人们选择某个社会组织，实际上是对他们的生存方式的选择，人们从事某种职业，实际上是对他们自己所选择的个人发展模式的追求，他们由此就将自己的命运和所选择的组织的命运捆在了一起。不仅它们是这个组织的，反过来这个组织也是他们的。在这个组织中适意地成长，既是他们的要求，也是组织的责任。"（见拙文《在组织中成长——从被管理者的角度谈管理》，《理论导刊》2002 年第 2 期）这种个人要求与组织责任的统一是现代所谓学习型组织发展的最内在的动力。彼得·圣吉称之为"组织生命力的泉源"。不仅如此，这种统一更为深刻的意义在于，它打破了传统的契约关系，在组织成员之间以及组织与其成员之间造就了一种新型的盟约关系。传统的契约关系，以一天的辛勤工作，交换一天对等而公平的报酬。这是一种工具性的工作观：工作是为了赚取收入，来支付我们去做工作外真正想做的事情；或者说，这是典型的消费者导向的工作观：工作是产生收入的工具。新型的盟约关系"建立在对价值、目标、重大议题，以及管理过程的共同的誓愿上面。"（彼得·圣吉语）。京都陶瓷的稻森胜夫说，"我们的员工同意要生活在一个共同体之中，在其中他们不是互相利用而是互相帮助，如此每一个人的潜力都能充分展现"。彼得·圣吉说，在这种盟约里面有一项无条件的承诺，它是一种义无反顾的勇气，坚持组织真正自我超越的承诺：我们想要如此，不因为什么，只因为我们真心想要如此。换句话说，这种新型的盟约关系内在地包含着一种新的工作观：通过工作健全的发展成就个人的幸福。用赫门米勒的总裁赛蒙的话说："为什么工作不能够是我们生命中美好的事情？为什么我们把工作看作是一件不得不做的事情，而未能珍惜和赞美它？为什么工作不能够是人们终其一生发展道德与价值观、表现人文关怀与艺术的基石？为什么人们不能从工作中去体会事物设计的美、感受过程的美，并试着欣赏可持之恒久的价值之美？我相信这些都是工作本身就具有的。"总之，在这种盟约中人们信守着共同的誓愿，通过相互帮助和互相促进而共同成长着，组织与其成员也在同样的相互作用中共同成长着。盟约关系和谐、优美与均衡，组织的成功与其成员对家庭、公司、社会的更大抱负同时实现。

四 成本——资本

在传统的管理思想中，财务上一直把人力的支出算作成本的一部分，人力成本的降低意味着利润的增加。因此，各种管理手段和措施都为了这个目标而努力。新管理理念把人看作资本，要求它不断增值。拥有增值更快或增值能力更强的人力资本，被公认为是一个组织立于不败之地的真正的法宝，是一个组织不断发展的真正的动力之源。因此，组织管理的中心任务便是创设和营造适宜人成长或人力资本增值的机制与环境。为此，现代组织除了强调要给自己的员工提供良好的个人成长与创业的硬件条件之外，组织文化的培育和建设倍受重视，甚至被公认为高层管理者的主要职责。它要求组织的管理者，尤其是高层管理者应集中自己的主要精力，精心造就和培育富有特色的组织文化，从深层的内在机制上形成某种极富个性的成长基因，以确保人力资本的有效、快速增值。同时，通过组织文化对外塑造自己的良好形象，吸引组织需要的人才加盟，提升竞争层次与品位，使自己立于不败之地。当然，人力资本具有与一般意义上的资本不同的特性，它是一种特殊的资本，是一种人格化的资本。这种资本存在于一个个活生生的人身上。人力资本的个人专属性决定，其价值不仅体现在它对企业或组织的效益和效率产生决定性的影响，而且，由于它的加盟会引起诸如企业或组织的产权结构、治理结构以及文化建设等多方面的变革与创新。管理界近些年来已经充分注意到了人力资本的这种开拓创新能力。这种能力不仅被理解为拥有它的单个人的个人能力，同时也被理解为由于它的加盟而引起的整个企业或组织的创新与变革的内在动力。由此，便产生了一系列更为深入具体和范围更广的研究，提出了诸如知识管理、"懒"管理、软管理、创新管理以及企业重构、组织革新等一系列更为具体的新的管理观念和新的管理思想，使当代管理理论的研究呈现出一片繁荣景象，令人目不暇接。

尤其是伴随着知识经济时代的到来，知识以及诸如组织文化、声誉、形象等一系列无形的资源、资本、财富成为经济增长、社会进步、人类发展和组织生存与成长的关键因素，使得当代管理理论在这方面给予了特别的关注和更多的探讨，形成了大量的理论成果。然而，更为有意义的是，正是这种知识经济的时代大背景催生了当代新管理理论，也只有在这种知识经济时代的基础上，才能够使上述四大核心理念有机地内在地统一起来，构成当代新管理理论共同的思想根基。

以上的分析已经使我们能够清晰地体会和认识到管理理论正在发生的深刻的变革：以往的管理理论将自身的价值取向集中于提高和增进企业利润和组织利益这个被认为是至高无上的目标，侧重于物本管理，把人理解为通过一纸契约而变为企业或组织有权利用于提高利润和增进效益的工具，即所谓人财物等基本管理要素之一。在这种管理方式下面，管理的视野也原则上被局限在个别企业或组织的范围之内，外界的东西只是被当作影响因子才加以一定程度的考虑。新的管理思想虽然并不一般地排斥和完全否定这种管理方式，但它显然不满足于此。它已经和正在改变这些旧有的传统管理观念，将管理的视野提升到一个更高、更广的层次和领域，它将企业和组织放在整个社会大系统中加以考察，强调它们的社会责任，侧重人本管理，凸显人在管理中的核心地位，甚至把人在组织中的成长看作是管理的真正目的。为此，这种新的管理思想将其价值取向集中于通过企业或组织内的盟约关系实现个人成长、组织利益和社会责任的高度统一与良性互动和共同发展。毫无疑问，正像管理理论发展史上的其他各次变革一样，这种变革的原因也一方面来自于人们对管理活动的认识的深化；另一方面更主要的是导源于知识经济时代背景下的当代管理活动本身的复杂化和被管理对象——即社会组织的自身的发展变化。换句话说，这种变革是客观的，其意义是非常重大和深远的，应当引起我们的高度重视，值得我们深入研究。

第二节　管理沟通理论的变革性质和意义①

管理沟通是目前管理者关注的重点问题和管理学界研究的热点问题。MBA 教育和其他管理专业的教学也都已经把管理沟通作为一门必修的专业技能课程。然而实事求是地说，管理沟通作为一门学科还处在探索当中。

一　管理沟通的含义——职务沟通活动

沟通是人类社会当中的一般现象，管理沟通是一种特殊的沟通现象，有其区别于其他形式的沟通的特定的内涵与外延。尤其是作为一门新兴学科的管理沟通，其概念和内容必须加以专门的界定。换句话说，管理沟通虽然并不绝对地排斥一般沟通的内容，甚至我们还必须以一般沟通理论内容的阐述作为对其进行讨论的基础，但把管理沟通作为一种独特的专门的沟通现象来认识和把握才是问题的关键所在。具体地说来，管理沟通的特殊性主要表现在如下几个方面：

首先，从管理沟通的性质来看。诚然，管理沟通是一种沟通，并且也一定是管理活动中的沟通。但正如沟通发生在任何其他情况下都会形成相应的沟通类型或形式一样，发生在管理活动中的沟通，也必然是一种独特类型或形式的沟通。这种类型的沟通是管理者在履行管理职责的过程中，为了有效地实现管理职能而进行的一种职务沟通活

①　本节的内容，本书作者曾以同样的标题发表在《理论导刊》2005 年第 2 期，本书有少许删改。

动。因此，管理沟通不仅是与管理有联系，其实它本身就是管理的内容。

其次，从管理沟通的内容来说。作为管理活动之内容的沟通有别于任何随意的、私人的、无计划的、非规范的沟通。尽管管理沟通也可能是信息、思想、观点、感情、意见等任何内容的交流，但这些交流却与组织目标、任务和要求等密切相关。管理沟通的任何内容的实施和展开都是受组织目标导引的一种有计划的自觉的规范性的活动和过程。

再次，就管理沟通的形式来看。管理沟通非但会表现为诸如人际沟通、组织沟通抑或正式沟通、非正式沟通，等等。它更应该包括现代组织信息活动与交流的一般管理要求和现代管理方式在内。这意味着管理沟通不仅是一种活动，同时也是一种制度或体制。具体说来，就是组织结构的选择和组织制度、体制的建设要成为为了有效沟通和有利于组织特定管理沟通要求的形式或模式。

最后，就其必要性来说，毫无疑问，管理沟通是管理活动的本质要求。管理最一般地讲，就是组织大家共同完成某个任务，实现某种目标的活动过程。这个过程以持续的、复杂的、大量的沟通活动为基础。据统计，沟通占据了管理者的大部分时间和精力。所以，管理沟通是管理者的基本职责之一，是管理行为的基本构成要素。不仅如此，管理沟通作为一新兴的现代管理理念，在当代文化管理、软管理以及学习型组织、团队合作、忠诚、共赢、共同成长和复杂系统建构与运作等一系列新兴的管理理论与理念的支撑下，已经凸显为整个管理的核心内容。这应该引起我们的高度重视和深入思考。

经过以上讨论，我们可以对管理沟通的含义进行界定。作为一个特定概念，管理沟通就是指社会组织及其管理者为了实现组织目标，在履行管理职责，实现管理职能过程中的有计划的、规范性的职务沟通活动和过程。换言之，管理沟通是管理者履行管理职责，实现管理职能的基本活动方式，它以组织目标为主导，以管理职责、管理职能为基础，以计划性、规范性、职务活动性为基本特征。所谓"有计划的"，就是指管理沟通不是随心所欲的、零碎的、被动的沟通。管理沟通有别于非职务性活动的私人交流和谈心，等等，尽管在具体的沟通活动中它也可能采取这些形式，但它是围绕组织目标，为了完成某个任务和解决某个问题，在自觉设计好的计划的基础上所进行的一种沟通活动。也就是说，无论具体沟通中人们采取什么形式，它们都是更大的完整的管理计划的组成部分或环节。所谓"规范性的"有两方面的含义：一方面是指受管理沟通的职务沟通性质所决定，沟通者的具体沟通活动必须在组织计划规范、制度规范、文化规范等的前提下并按其要求来进行；另一方面是指通过这样的沟通，要使得沟通参与者共同认同沟通所确立的努力方向和所明确的要求等，从而使沟通成为一种对人们未来行为的规范性的力量。总之，组织目标导引下的计划性和规范性，表征了管理沟通的职务活动特性，使其和其他的人类沟通活动明显地区别了开来。

二 管理沟通的性质——新的管理理念和管理方式

管理沟通是人类管理活动的基础。纵观人类管理的历史，大致经历了从经验管理到科学管理再到今天所谓的文化管理等三个大的阶段或基本的管理形态。在经验管理阶段，管理沟通占据了绝对重要的地位，几乎一切管理问题都通过直接的沟通来解决；在科学管理阶段，虽然管理的焦点集中于组织结构、规章制度和各职能关系的建构等所谓的管理模式上，但管理沟通却一如既往，始终是一切管理活动的主要内容和基础。它甚至占据了管理者的主要精力和绝大部分时间。然而从总体上说，经验管理和科学管理时期的管理沟通都还处在自发的状态当中；在今天所谓的文化管理形态下，人们更加认识到：没有沟通就没有管理。管理沟通被凸显为整个管理的主要工作和核心内容。尤其是当代管理沟通理论的产生，不仅彻底改变了管理沟通工作此前长期所处的自发状态，而且从一开始就显示了其深刻的管理变革的意义。可以说，它为现代管理导入了一种新的理念：管理除了管制与命令以外，更主要的是协调与合作。这种协调与合作是全方位的，不仅包括组织内部各部门、各层次和各职能间的协调与合作，还包括组织与其环境之间、组织与其成员之间以及组织成员之间的协调与合作，等等。这些协调与合作不仅对组织结构和制度的设计与安排提出了新的要求，更表现为一种相当软性的组织文化和组织行为过程。换个角度说，新的管理沟通理念认为，管理沟通不只是管理中的沟通。它强调，在现代文化管理形态下，管理的核心内容就是沟通。因为在它看来，现代管理中的各种管理职能必须在相应的管理沟通的基础上并且通过一定形式的管理沟通才能够真正地实现出来。所以，当代管理沟通理念下的管理沟通已经不再是管理的一种伴随现象，而是被提升为一种新的管理方式了。

经由管理沟通理论所引发的这种管理方式的变革，我们至少可以从以下两个方面得到进一步的理解和确证。

首先，就这种变革的背景来看。毫无疑问，当前信息化、知识型社会和民主化的时代潮流，当代有别于过去分析科学、综合科学的所谓复杂科学的思想观念、民主与可持续发展观念、利益相关者共赢的观念和管理学中新兴的学习型组织理论、软管理理论、团队理论、组织与其成员共同成长理论，等等，都不仅形成了管理中新的变革的社会历史条件并且为其奠定了思想理论基础。这是当代管理沟通理论形成的社会和思想背景。与此同时，当代社会组织，无论其规模、性质和复杂程度，还是其组织方式和管理手段，都发生了极大的变化，都是过去任何时代所无法比拟的。这种变化将管理沟通的重要地位和基础性质明显地凸显了出来。当代新兴的管理沟通理论正是在这种背景下发展起来的。

其次，就这种变革的内容来看。当代新兴的管理沟通理论所说的管理沟通，已经不再仅仅是过去惯常所理解的，作为管理任务确定之后具体落实过程中的补充性活动的沟通概念了。新的管理沟通概念，至少包括三个层次的内容和要求：其一，组织结构与管理制度及其相应的体制等的设计和安排，必须以为了和有利于组织特定管理沟通为考虑的基点，使其成为便于组织有效沟通的形式和保障；其二，人们往往只强调没有有效的沟通，即使是世界上最伟大的思想也会付之流水。新管理沟通理念又进一步使我们认识到，其实管理中的伟大思想也往往是从沟通中获得和得到完善的。因此，管理的目标和具体任务的确定等也应当和必须是管理沟通的产物或结果。正如管理专家明兹伯格所说的那样：管理者必须尽早有效地进行沟通。他们必须对组织的未来发展方向产生共识。如果他们不能在这些"计划"上统一步调，那么他们就会向不同方向用力，团队（或组织）就会垮台；其三，才是作为管理任务确定之后具体落实过程中的补充性的大量的各种形式的沟通活动。由此可见，新管理沟通理念已经不再简单地把管理沟通仅仅看作是大量的管理工作中的一个具体环节，而是把它理解为贯穿于全部管理内容和整个管理过程中的一种新管理方式，即通过沟通来管理或沟通式管理方式。

三　管理沟通的意义——当代管理的新阶段

新的沟通式管理方式是当代民主观念在管理中的应用和体现。它认为社会组织的管理与运行应当摒弃过去那种官僚性的命令式的体制或组织结构，采用更能发挥各职能、各层次甚至每个人的积极性和创造性，更有利于组织全方位的快速有效沟通与各方面合作共事、协同作战的诸如扁平化的网络矩阵式、事业部式、项目组及团队式等民主化的组织结构和体制；它要求组织目标和管理任务的确定，不仅要考虑组织自身的要求，征得组织上下的一致认同，而且要考虑组织对社会和环境所负有的责任和使命，在经由与外界各利益相关者广泛沟通的基础上，促成共赢的局面，树立良好形象，确保组织行为的正当性和经济利益与社会利益等多重价值的同时实现；它主张任何管理任务的圆满完成和管理问题的顺利解决，都不仅是参与者们在充分沟通基础上的合作的结果，而且由此便能够并且应当给组织与所有参与者都带来相应的价值或利益上的满足。

新的沟通式管理方式以当代管理的新阶段——柔性化的文化管理为主要特征。文化管理要求改变过去以硬性管制为主的管理传统，把管理的重点转移到更为柔性化的文化范畴上来。管理者应当扮演的是愿景设计者、激励者和促进者的角色。管理的主要任务是培养组织及其员工对组织基本理念和价值观的忠诚，培育组织成员的共同的心智模式，造就极富组织文化特色的所谓"组织人"（例如人们所说的"海尔人""北大人""温州人"，等等），打造善于团结合作、富有活力和创造、创新精神的战斗团队，以应对各种挑战，确保组织持续健康地发展。

本书不认同有的学者把上述的管理任务仅仅看作是高层管理者的职责的观点。本书以为它是一个社会组织各层次的管理者甚至当然包括组织普通员工在内的组织全体成员的共同职责。这恰恰是当代管理的民主化和文化管理的柔性化的深刻内涵之所在，因为民主和文化本质上都是集体的事业，绝非个人或少数人的东西。唯有从这个角度，我们才能够真正理解和把握管理沟通理论的变革性质和深远意义。

第三节　管理"文治"时代的企业文化①

一　管理的"文治"时代及其基本特征

人类的管理活动迄今经历了经验管理、科学管理和当代文化管理等三个大的阶段或基本形态。俗称管理的"人治""法治"和"文治"三个时代。"文治"时代的文化管理更凸显"软实力"的重要地位。着眼于管理系统的深层治理和长期效用，强调企业文化对企业生存与发展的基础地位和动力功能，以"人本""智本"等全新的理念，大力推行企业文化内驱力基础上的"软管理""自我管理"等现代管理方式。文化管理是对过去的经验管理和科学管理的内在的超越，它不仅在管理的各主要方面与过去的两个形态相比，发生了重大的变化，而且使人类的管理活动跃上了一个新的更高的形态。

---

① 本节的内容，本书作者曾以同样的标题发表在《当代财经》2005 年第 5 期，本书有少许文字删改。

管理三个基本形态的主要特征对比简表

特征	模式（形态）		
	经验管理	科学管理	文化管理
年限	1910 年以前	1911—1980 年	1981 年以来
特点	人治	法治	文治
组织	直线式	职能式	学习型
控制	外部控制	外部控制	自我控制
领导	师傅型	指挥型	育人型
管理中心	物	物	人
人性假设	经济人（工具人）	经济人	复杂人（自动人、观念人）
激励方式	外激励为主	外激励为主	内激励为主
管理重点	行为	行为	思想
管理性质	非理性	纯理性	非理性与理性相结合
行为基础	经验	规则	文化

二 "文治"时代管理战略构架的新变化

管理为什么会发生自身形态的改变？为什么会来到"文治"时代？这其中不仅蕴涵着人们对管理的本质及其规律认识的空前深化，更反映出与管理系统密切相关的，甚至对这个系统具有决定性意义的一系列战略要素和基本理念的深刻变化。这些变化最终导致了管理整体战略构架的彻底改变，从而将管理推进或带入了"文治"时代。

第一，管理环境的改变。管理作为一种特殊的社会活动形式只能在特定的时代背景和社会环境中展开。管理方式的任何改变都与其赖以存在的特定的社会环境相关联。管理的具体特征必须与时代精神的基本要求相一致。经验管理和科学管理都与过去物质资源为主的经济形态相关联，严格说来，它们是工业时代不同阶段的产物。而文化管理则与当代知识经济或信息化时代的要求相吻合。知识经济以知识的创造、拥有、使用、传播等为价值生产的基础和主要方式，创造和拥有知识的人力资源凸显为第一资源，管理面对的是知识劳动者，管理的主要任务是帮助和促进知识劳动者的成长及其创造能力的培养，信息化改变了旧有的空间、时间观念，打破了企业的围墙界限，企业处在一个完全开放和瞬息万变的环境之中。及时、准确、充分地获取和掌握相关的信息，随时以创新的精神和变革的姿态应对不确定性，成为企业谋求生存与发展的基本能力。全球化基础上科技的飞速发展，不同文化的交流碰撞，以及环境与生态保护、人权与民主、社会的可持续发展等观念层出不穷，深入人心。管理必须面对所有这些前所未有的深刻的变化并作出积极的反映。

第二，企业观念的改变　管理环境的改变要求人们扬弃纯粹以营利为目的的企业观念，代之以更注重企业的社会责任的新企业观。新企业观认为，企业作为复杂的社会大系统的组元，其存在与发展本质上植根于社会大系统的协调运行和动态平衡。企业不应当仅仅局限于对自身利益的追逐，甚至使自己陷于以整个生存环境被破坏为代价的狭隘境界，而应该把企业利润或组织利益的实现置于它们更好地履行社会责任的大前提之下。因为企业利润或组织利益并非什么至高无上的东西，它只不过是企业充分履行其社会责任的自然结果。当然，这里所说的社会责任并非仅指在企业经营活动之外举办一些义举之类的简单事实。它更主要地是指企业通过自己特定的经营活动，使社会资源得到有效整合与价值提升，从而为满足社会多方面需求、解决就业等社会问题，为人才培养与个人成长以及经济社会的健康发展等所必须和应当作出的贡献。

第三，企业与员工关系的改变　新企业观认为，员工并非企业的异己力量，他们在组织中工作，也绝非是践行一纸契约，用自己的劳动换取生活资料那么简单。人们选择某个企业并从事其中的某种职业，实际上是对他们的生存方式和个人发展模式的选择与追求。他们由此就将自己的命运和所选择的企业的命运捆在了一起。不仅它们是这个组织的，反过来这个组织也是他们的。在这个组织中适意地成长，既是他们的要求，也是组织的责任。这种个人追求与组织责任的统一是现代所谓学习型组织发展的最内在的动力。彼得·圣吉称之为"组织生命力的泉源"。不仅如此，这种统一更为深刻的意义在于，它打破了传统的契约关系，在组织与其成员之间以及组织成员之间造就了一种新型的盟约关系。与传统的契约关系用一天的辛勤工作交换一天对等而公平的报酬不同，新型的盟约关系"建立在对价值、目标、重大议题，以及管理过程的共同的誓愿上面"（彼得·圣吉）。总之，在这种盟约中人们信守着共同的誓愿，通过相互帮助和互相促进而一齐成长，组织与其成员也在同样的相互作用中共同成长。盟约关系和谐、优美与均衡，组织的成功与其成员对家庭、公司、社会的更大抱负同时实现。

第四，企业竞争态势与观念的改变企业竞争是企业发展的根本动力之一。企业之间的竞争随着时代的变迁历经自然资源竞争、产品竞争、资本竞争、技术竞争等多种形态和多方面的"硬碰撞"等态势。"文治"时代的到来，将企业竞争的态势转移或者说提升到以企业文化为核心的"软实力"的角逐上来了。诸如人才竞争、知识竞争、品牌竞争、形象竞争，等等。伴随着企业竞争态势从有形的"硬碰撞"到无形的"软角逐"的变化，企业竞争的观念也发生了重大的改变。你死我活的"输赢"观念被合作联盟的"共赢"理念所取代，我有你无的差别策略转变为优势互补战略，对有限资源的争夺升华到资源共享的境界，加之系统整合、集群发展以及企业生态链、效益溢出等有关企业竞争的新理念的推动，竞争不再是单纯的战争，而被看作是资源有效配置的平台，企业携手发展的纽带。

第五，企业生存与发展基础的改变依靠某种现成的资源或既得优势，例如原材料、机器设备、资金或者技术与市场，等等，作为企业生存与发展之基础的时代已经成为过去。善于变革，勇于创新，打破企业围墙界限，融入一体化的市场中用智力整合资源，靠知识凸显优势，在变革中求稳定，在创新中谋发展，在纵横交错的网络中拓展空间等已成为现代企业生存与发展的基本方式和根本保障。

总之，当信息化和知识经济将创造和拥有知识的人力资源凸显为第一资源，当人们充分地认识到人的复杂性和文化属性，以及知识员工成长和创造力培育等规律的客观要求的时候，管理必然地要转向以人为中心，并自然地推崇育人为目的的人本理念；当新企业观突出了企业的社会责任，当企业意识到自己与员工之间盟约关系的本质的时候，管理当然侧重于精神理念和共同的价值观对企业发展和"盟约"关系的统领功能与作用，并实施文化管理；当以企业文化为核心的"软实力"的竞争成为现代深度竞争的战略制高点，当创新被认定为企业生存的保障和永续发展的基础的时候，管理的"文治"时代便自然地到来了。简言之，"文治"时代的文化管理形态正是因应上述管理战略构架的变化应运而生的。

三　管理"文治"时代的企业文化

1. "文治"时代企业文化在管理中的灵魂地位

回溯人类经营管理的历史，人们不难发现，企业文化概念的提出比之企业文化的事实存在要晚的多，可以说企业文化古已有之。然而，早期的企业文化总体上还处在一种自发和非系统的状态。随着企业文化概念的提出及其相关研究的推动，自觉地建构企业文化体系成为管理的重要内容或不可缺少的组成部分。但是，在"文治"时代到来以前，企业文化被当作众多管理要素之一，并不具有统领全局的核心或枢纽地位。"文治"时代的文化管理不仅突出了企业文化在整个管理系统中的核心与枢纽地位，更将企业文化看作是统领管理全局的，贯穿于管理全过程各层次和各方面的活的灵魂。在"文治"时代的文化管理形态中，没有文化便没有管理。每个管理环节都是系统的企业文化的组成部分，文化既蕴涵在它们内部，又表现为它们各自特有的样式。管理通体都是文化，或者说管理本质上就是在培育和造就企业文化。

2. "文治"时代企业文化的基本理念和发展趋势

管理战略构架的深刻变化和文化管理形态的基本特征决定，"文治"时代处在管理灵魂地位的企业文化，必须能够全面地反映这些变化和满足其多方面的要求，才是真正符合时代要求和企业文化发展规律的有生命力的优秀企业文化。为此，"文治"时代的企业文化将着重凸显如下一些基本理念：

（1）以人为本的理念。人不仅被认为是企业经营管理的中心，而且促进人的全面发展将成为企业经营管理的最终目的；

（2）智力本源的理念。有智才有财，智力（或知识）将被尊崇为企业最有价值的财富和一切财富的源泉；

（3）生态文化理念。在凸显生态环境保护意识，倡导绿色生产的基础上，进一步把生态概念扩大到包括社会、经济、文化等在内的企业整体生存环境上来，优化甚至创造这样的企业生态系统，将作为企业可持续发展的基础；

（4）合作结盟理念。企业之间、企业与社会之间的合作结盟，企业与其员工之间和员工相互之间在"共同誓愿"基础上的盟约关系等，被认定为维系和促进企业系统有机体生存与发展的实质性纽带；

（5）创新变革理念。以变革应对挑战，用创新推动企业发展，将被认同为企业长盛不衰的根本保障。

无论各个企业以什么样的具体文化面貌出现，这些理念都将成为他们构筑"文治"时代新企业文化的核心理念。也就是说，遵从这些理念将成为"文治"时代新企业文化的显著的共同特征。

依循上述基本理念所建构的"文治"时代的新企业文化，必然会表现出下列基本发展趋势。

第一，以企业同其员工之间的新型盟约关系为基础的企业文化共同体的培育和构筑，将成为企业文化建设的重中之重；

第二，在这种企业文化共同体中，以人本思想为基础，知识管理为核心，大力倡导软管理、自我管理等方式，精心营造普遍、持久和浓厚的学习氛围，努力培育企业的变革创新能力，将成为新企业文化建设的主要内容；

第三，企业之间合作、结盟拓展自身发展空间，合力营造以企业群或企业链为载体的企业文化圈的战略，将倍受青睐；

第四，建立在新企业观，凸显企业的社会责任和"共赢"价值取向基础上，以促进整个社会生态环境的优化和塑造良好企业形象的努力，将成为对企业进行评价的基本标尺；

第五，适应全球化和信息化的要求，一方面从民族和地域文化中寻根；另一方面在不同文化的交流和碰撞中蜕变与升华，最终建构起极具开放性、包容性、适应性和应变能力极强的企业文化，将会是"文治"时代企业文化的主要特征；

第六，做到主要用文化力来经营管理企业，通过文化"软实力"形成竞争优势，在不断变革创新中谋生存、求发展，将成为"文治"时代优秀企业文化的根本标志。

3. "文治"时代建构企业文化体系应注意的问题

以上我们集中讨论了"文治"时代企业文化共性方面的问题。对于一个特定的企业来说，其作为一个具体的文化有机体必然是共性与个性的统一体。

第一，如果说失却了时代共性的企业文化是不合时宜的、没有生命力的；那么，缺乏个性和特色的企业文化就不仅是僵死的、空洞的，甚至干脆就没有其独立存在的理由。因此，既注重融汇、承载时代共性，又着力突出自身特点，精心建构富于时代感和极具个性特色的企业文化，是"文治"时代建构企业文化体系应注意的首要问题。

第二，虽然"文治"时代企业文化将呈现出不断创新变革的总体态势，但是，由于企业文化本质上是以企业员工之群体心智模式为其活的载体的，而且这种群体心智模式的养成和存在又是长期的和极其稳定的，因此，在稳定中求变革，于变革中保持稳定，处理好稳定与变革的关系就成为"文治"时代建构企业文化体系应注意的又一重大问题。

第三，如前所述，"文治"时代是以"软"性化为其突出特征的，然而，根据人的心理活动和行为规律，以诸如精神理念等为其样式的"软"性的东西，必须伴之以诸如制度、规则等"硬"性的东西作为规制手段，才能够做到牢固化和规范化。因此，将软约束与硬规制有机地结合起来，尤其是建构一整套规范化的企业文化建设的规章制度，是克服随意性和短期行为，通过长期努力系统建构"文治"时代企业文化体系的根本保障。

第十二章

从被管理者的角度谈管理

第一节　管理者在组织中成长的新视角①

被管理者并非是社会组织的异己的力量，他们在社会组织中工作，也绝非是用自己的劳动换取生活资料那么简单。他们选择某个社会组织中的某种职业，实际上是对他们的生存方式的选择，他们由此就将自己的命运和所选择的组织的命运捆在了一起。不仅他们是这个组织的，反过来这个组织也是他们的。在这个组织中适意地成长，既是他们的要求，也是组织的责任。这种个人要求与组织责任的统一是现代所谓学习型组织发展的最内在的动力，对这种统一性及其在组织管理中的核心地位的自觉认识和把握，是当代新管理理论的贡献。弄清楚这种贡献的来历及其合理性和重大意义，对我国管理理论的研究和管理实践的发展都是十分必要的。

人们对管理活动的理论研究已将近一个世纪了。作为这种研究的成果，是产生和形成了众多的管理理论和学派。管理学界通常把它们划归为古典管理理论、行为科学理论、管理科学理论和以复杂管理系统的研究与人本管理思想为主要特征的当代管理理论等几个阶段。这种划分的一个十分重要的根据，就是作为管理理论之基础与核心的关于管理中的人的本质及其地位的认识或理念的不同和变化。古典管理理论建立在"经济人"的假设之上，认为人本质上是一种经济动物，

---

① 本节的内容，本书作者曾以《在组织中成长——从被管理者的角度谈管理》为题发表在《理论导刊》2002 年第 2 期，本书有删改。

被管理者作为管理的对象是可供管理者支配和用来提高劳动生产率的工具或要素。行为科学理论进一步提出了复杂的"社会人"的假设，主张管理理论应致力于对复杂的社会的人与生产效率之间的多重关系的分析与研究，把对人的多方面需求的满足和工作积极性的激励看作是基本的管理手段。这种理论因此在对人的本质的认识上比之古典管理理论就更为深刻和全面，但在对人在管理中的地位的看法上却并未取得更大的进展；再到后来的管理科学理论，把管理的理论视角转到了对组织各构成要素和组织与环境之间的系统研究与定量分析上来了。这种理论预想，人在管理中的地位会越来越不重要。它企图通过技术性的开发与设计使管理成为某种程序化的过程。但是，管理实践的发展纠正了人们的这种观念，使得人们不得不重新重视和更深刻地去认识管理中的人的本质及其地位；当代管理理论把这种认识推进到一个新的阶段，它不仅继承了此前管理理论对人的理解的一切合理的东西，把人看作是社会性的复杂的人，而且特别强调人在组织中的成长过程，所谓在组织中生存、在组织中成就和实现自我，等等。它把人与组织的关系的传统观念来了一次根本性的转变，人不再是仅仅为了组织及其目标的存在，反倒是组织连同其目标都是为人而存在着的。人成为管理的核心与目的，管理必须以人为本。总之，尊重人、依靠人、为了人是这种新管理理论的基本理念，塑造高素质的人、凝聚人的合成为管理的基本内容，开发人的潜能、促进人的全面发展被看作现代管理的主要任务和终极目标。

　　管理理论的历史发展表明，人是管理的最高学问和理论轴心。对管理中的人的本质及其地位的认识的深化，是推动管理理论发展和决定管理理论内容的关键所在。作为管理理论历史发展的最新成果，当代新管理理论的历史性变革正是从这里开始的。当它把以往管理理论一直作为管理的手段和对象的人提升到管理的核心与终极目的的地位，把对人的激励看作是基本的管理手段的传统观念，变革为把人在组织中成长看作是管理的主要任务和目标的时候，这同时也就意味着：它开创了以人为本、从被管理者的角度来审视和研究管理的全新的视角。由此，它也就为新管理理论更具体、更广泛、更深入的研究开辟了无限宽广的视野和领域。

管理理论研究的这种全新的视角的合理性及其重要意义不仅在于它是符合逻辑的，同时也在于它是实践的必然要求。就其逻辑合理性和意义而言，我们至少可以从以下两个方面加以认识：首先，就管理活动的构成和运行来看，被管理者不仅是管理活动不可或缺的最重要的对象，而且整个当代新管理理论的这种全新的视角的实践合理性及其意义也是显而易见的。众所周知，人类正在迈向新的知识经济时代。在这个时代，知识无疑是最重要和最主要的资源。对于一个具体的社会组织而言，知识资源的创造、拥有、运营和使用能力，将对其生存与发展具有决定性的意义。而知识资源的创造、拥有、运营和使用等都要求有相应的人才与之相匹配。因此，组织管理必须肩负起、并且主要应致力于相应的高素质人才的培养和造就职能，管理必须能够使组织真正成为所谓学习型的、充满活力的、不断发展的有机系统。履行这样的职能，完成这样的管理活动就是他们和管理者一道并且主要是经由他们来具体执行和完成的。换句话说，作为管理对象的被管理者——人，与其他管理对象——财、物等有着根本的不同，它既是对象又是主体，既是管理活动过程的构成要素又是它的实际执行者和完成者。对这种人在管理活动中的独特的双重性质的认识，使得当代管理理论不仅应该而且必须把被管理者提升到管理的核心地位来加以对待。这种变革无疑也是对以前管理理论在这方面的不足的逻辑修正；其次，就被管理者本身而言，一方面被管理者作为复杂的社会的人，当他进入某个社会组织之后，使命，与其说只是管理者的任务，倒不如说就意味着在这个组织中他所能够拥有和经历的一切构成了他生存的主要方式和内容。因此，他必然会对这个组织产生相应的复杂的社会性的要求。而满足这种要求就是这个组织的基本的和主要的任务。组织活动是现代人生存的主要方式和组成部分，组织应该成为人们生活的乐园；另一方面，当我们进一步分析的时候就会发现，生存在社会组织中的被管理者的复杂的社会需求的满足，既不是他们之外离开了他们而存在的什么"组织"给予他们的，也不是固定不变的。事实上，离开了他们，组织也就不复存在，正是他们的参与和活动才构成了社会组织的活的存在与现实。因此，这种满足只能是经由他们的活动并在这种活动的动态过程中逐步地、不断地获得。这种满足的获得，最终必然会集中地表现为我们所说的人的成长过程。由此可见，在组织中成长是被管理者作为管理活动中的人的真正的本质。当代管理理论提出人本管理，把人的培养和成长作为管理的终极目标，正是对人的这种本质的深刻的逻辑再现。这种逻辑的更深刻、更长远的意义就在于，既然人被看作是管理的目的而不再仅仅是手段和对象，那么，管理学就必须重新审视和研究诸如组织与人、组织目标与人的成长和自我实现、管理者与被管理者等这些基本的而实质上又是非常复杂的关系，以及由这些关系连同组织的人财物之间、组织与环境之间等其他更多更复杂的关系所构成的复杂的管理系统。这种对复杂系统的研究，当代学术界称之为新的"复杂科学"。因此可以说，当代管理理论研究视角的改变，非但使管理理论的内容与以往相比有所不同，并且把对管理的研究推进到了一个全新的更高的阶段。

　　当代新管理理论的这种全新的视角的实践合理性及其意义也是显而易见的。众所周知，人类正在迈向新的知识经济时代。在这个时代，知识无疑是最重要和最主要的资源。对于一个具体的社会组织而言，知识资源的创造、拥有、运营和使用能力，将对其生存与发展具有决定性的意义。而知识资源的创造、拥有、运营和使用等都要求有相应的人才与之相匹配。因此，组织管理必须肩负起、并且主要应致力于相应的高素质人才的培养和造就职能，管理必须能够使组织真正成为所谓学习型的、充满活力的、不断发展的有机系统。履行这样的职能，完成这样的使命，与其说只是管理者的任务，倒不如说是对被管理者和组织整体的要求。当代新管理理论所开创的从被管理者角度审视和研究管理的新视角，实质上正是这种新时代的实践要求的必然结果。因为，从这种视角出发，能够使我们在实践活动中更自觉地将个人在组织中的成长与组织的成长统一起来；将组织满足个人的成长要求与这种成长对组织的贡献统一起来；将管理者和被管理者不是对立起来，而是视作在相互学习中共同成长的伙伴；将管理的任务与目标和被管理者的成长与需求合而为一，从而形成社会组织的内在成长机制，使其成为一个真正的不断进步的学习型组织，在激烈的竞争环境中立于不败之地。

总而言之，以往的管理理论实质上并没有从被管理者的角度来研究管理，他们最多只不过是从管理者的角度，围绕组织的目标研究被管理者罢了。从被管理者的角度研究管理，是当代新管理理论开创的新的研究视角。这种视角把作为被管理者的人提升到管理的核心地位，把人在组织中的成长作为管理的最主要的目标和任务，致力于围绕人的成长与组织的发展的多重复杂关系的研究。这样一来，这种研究同时也就把管理的理论研究提升到了一个崭新的高度，即在现代复杂科学的观念下对管理系统的复杂性及其运行机制和规律进行研究。我们知道，以人本管理思想的提出、知识管理的广泛重视和著名的《第五项修炼》对学习型组织的研究等一系列成果为标志，国外管理理论界在这方面的研究已取得了较大的进展，这应该也必须引起我国管理界的高度重视。

第二节　从被管理者的角度谈管理①

一　管理不能够仅仅依靠"人性假设"

人是管理的中心，管理以人为本。"人性假设"历来都是管理理论赖以建立的基础。管理理论一百多年来的历史发展，始终遵循着这样的逻辑："人性假设"→管理思想和理念→管理方式或模式。例如管理史上随着诸如"工具人""机器人""经济人""社会人""复杂人"等假设的不断涌现，所谓的科学管理理论、行为科学理论、管理丛林理论、复杂管理科学理论和相应的各种各样的管理方式或管理模

---

① 本节的内容，本书作者曾以同样的标题发表在《当代财经》2004 年第 9 期，本书有删改。

式也层出不穷并不断演进和发展。管理理论的这种演进和发展，不仅极大地丰富了管理思想宝库，也对管理实践活动起到了重要的指导作用。

但是，理论始终是对普遍性问题的关照与阐释，理论的作用毕竟在于提供一般性的指导。对于一个社会组织的具体的管理实践活动而言，仅有这种一般性的理论指导还是远远不够的。因为，任何一个具体的社会组织的管理实践活动所要面对的人及其组织的状况，都远比理论上的"人性假设"或什么"模式"要更为具体、更加复杂和更加多变。"人性假设"只是对作为一般管理对象的人的普遍特质的理论抽象，而管理实践活动却总要去面对像张三或者李四这些个性鲜明并且其所处环境与心境等都极为具体的特殊的人。这种理论与实践之间的差异，是管理实践最富挑战性的环节之所在。它要求人们必须把理论与实践相结合，必须在深入研究和分析组织内部情况，尤其是被管理者的具体状况的基础上，将抽象的一般理论原则转化为具体的符合组织现实状况的可操作性的措施和方法，唯有如此，才能够真正调动被管理者的积极性和创造性，才能够切实解决组织所面临的具体管理问题。

换个角度说，管理的理论研究可以以某种一般的"人性假设"为基础，来阐述自己的管理思想，开发和论证相应的所谓管理模式等，但管理的实践活动却既不能够直接套用这些"模式"，又不可以仅仅以某种"假设"为基础来设计和实施具体的管理措施和方法。尽管这些"模式"和"假设"有充分的事实根据，得到过严密科学的论证，在理论上完全成立。管理者应当切记，那些事实根据并非取自你自己的组织，虽然它们有代表性，但对你的组织来说也只具有一般的启发和指导意义而已。你所面对的具体问题还得你去切实地加以解决。事实上能够解决实际问题的管理措施和方法，并不是依据什么"模式"和"假设"设计出来之后再被引入或套用到具体的组织管理中去的。恰恰相反，任何有效的管理措施和方法都是针对实际问题的，都是对具体的客观需要的满足。管理者必须通过组织内部的调查研究，尤其是要通过对自己所面对的特定的被管理者状况的具体分析与判断，去寻找符合组织实际的切实可行的管理措施和方法。当然，如果必要的话，人们也可以进一步将这些措施和方法升华为具有个性特色的所谓的管理模式和管理理念。在这方面我国海尔集团的许多所谓"土生土长"的管理经验是值得借鉴的。

二 被管理者状况的调查分析是有效管理的基础

现代管理理念认为，管理就其最一般的本质而言，即联合大家一起为共同的目标而奋斗。换句话说，管理本质上是管理者和被管理者的协同与合作的过程。这种协同与合作不只是工作和行为上的，当然还包括作为其前提的思想和意愿上的"盟约"关系以及作为其结果的"共同成长"和成员不同需求的同时满足等层面。也就是说它是一种多方面的、全方位的协同与合作。所以，管理不仅仅是管理者的事。管理的本质决定，必须认真地全面地考虑如何从被管理者的角度进行管理。

从被管理者的角度进行管理，非但要求管理要满足被管理者的需求，为其成长和发展提供条件、创造环境，而且要反映和体现被管理者的状况和意愿。为此，管理者就不应该仅仅是高高在上的命令者，管理目标与任务的发派者和被管理者的管制者。管理者的主要职责应当是，将组织的情况和被管理者的状况相结合，在组织的要求与被管理者的意愿之间寻求平衡和契合点，使管理的目标与任务真正成为组织与其成员的共同誓愿，让各种管理措施和激励方法作为保持这种"盟约"关系的郑重承诺和制度保障，通过管理者与其伙伴——被管理者——的协同合作，最终满足各自的需求并促进组织与成员的共同成长。显而易见，这样的职责的履行没有对被管理者状况的确切把握是做不到的。而离开了对被管理者状况的科学的规范的调查分析，要做到对被管理者状况的确切把握是不可思议的。管理者必须高度重视被管理者状况调查分析工作在管理中的基础性质和重要意义，把它作为自己的重要任务和基本职责认真对待、扎实履行，以确保这种合作的成功与有效运行。

三　被管理者状况调查分析的基本要求

当我们认同了被管理者状况的调查分析是有效管理的基础，并对其重视起来之后，问题的关键就是必须有一套规范的科学的调查分析方法，以使我们对被管理者状况的了解和把握做到客观全面、真实可靠、具体有效，将我们的管理建立在充分的科学依据的基础之上。有关这种调查分析的具体方法我们也将在另外专题讨论。在这里先就这种调查与分析的基本要求分别谈点初步的认识。

被管理者状况调查的基本要求：

1. 真实。真实是所有调查的生命，也是被管理者状况调查的第一要求。然而被管理者状况的调查要做到真实可靠却是一件十分困难的事情。因为，这里不仅有像其他调查那样，由于方式方法的不当和工作上的问题所导致的调查失真的可能性，更有这种调查在管理者和被管理者的关系下进行所引发的特殊困难性。受双方特定关系的影响，管理者往往不愿意触及和承认某些问题与事实，被管理者也往往难以表露自己的真实的心迹。更糟糕的是，这种情况又常常是在不自觉的状态下发生的。正如一句谚语所说的：真实的情况并不是你看到的、听到的和他们所说的那样。管理者必须意识到，真实来自于科学调查的严密性和艺术性。

2. 具体。虽说抽象是有意义的，但只有具体才能解决实际问题。被管理者状况的调查必须做到具体细致，才能为管理的针对性和有效性提供充分的依据。如前所述，管理不能仅仅依靠抽象的"人性假设"或什么一般性的模式，而应当深入了解这些方面在自己所面对的特定的被管理者那里的具体表现及其特殊性和相应的管理要求。例如，当被管理者作为"工具人"时，决定其有用性的生理、心理素质和经验、知识、技能等的具体情况是怎样的？维护、保持这种"工具"的再利用的要求和保障是什么？当他们作为"经济人"时，其满意的和急迫的需求是什么？量有多大？如何做才能够打动和激励他们？当他们作为"社会人"时，对其来说哪些关系是特别重要的甚至是微妙的？群体、情感、地位、名利等对他们意味着什么？以及他们在这些方面的具体要求是什么？当他们作为"复杂人"时，其复杂性的基本构成是怎样的？哪些方面是重要的和必须优先考虑的？管理上统筹协调其各个方面的具体要求是什么……总之，做到具体细致地了解和把握被管理者状况的特殊性是这种调查的真正的必要性之所在。

3. 全面。被管理者的基本情况和他们对组织的需求都是极其复杂的和多方面的，诸如客观的和主观的、物质的和精神的、群体的和个体的、社会的和个人的、现实的和潜在的、恒久的和暂时的、确定性的和可替代的、自愿的和被迫的，等等。对它们进行全面的调查是保证调查结果的真实可靠性和克服管理的片面性的内在要求。管理者不仅应该全面了解和掌握这些情况和需求，更要注意从中发现它们之间的内在联系，明确它们提出的管理问题，并从深层次挖掘其所蕴涵的管理意义，力求使管理更周到更加贴近实际。

4. 动态。和其他任何事物一样，被管理者的状况随着时间的推移和受相关的管理措施与其他条件的影响，会发生很大的变化。需要特别指出的是，有些变化并非管理所能控制，甚至是管理者容易忽视或无法感觉到的。因此，被管理者状况的调查不能够一劳永逸，而要适时地追随变化，不断地去展开。唯有如此，才能够使管理者及时发现变化带来的新问题、新要求和新机会，以便调整战略和策略，甚至必要时进行管理变革与创新。此外，动态跟踪还能够使管理者较为容易地发现其中可能存在的内在规律性，使管理变得更加自觉。

总而言之，真实、具体、全面和保持动态性，无论是对整体性的调查还是个别调查，都是四个最基本的要求和有效的工具。对它们的恰当运用无疑会增强调查成功的可能性。

被管理者状况分析的基本要求：

被管理者状况的分析，一般是伴随并配合上述调查过程而进行的。它可以分为被管理者状况的事前分析、事中分析和事后分析。

1. 事前分析

事前分析主要是对将要开展的调查的环境状况和对象的基本特性等进行初步的大致的估测和预设，以便能够明确调查的任务并制订较为科学的调查计划或方案。这种分析是在信息不足或缺位情况下的一种假设性分析。它的基本要求有：分析的范围和内容必须围绕调查目的来进行；各种可能性的假设要尽量周全；相关的预设要有利于调查的顺利开展和真实情况的获得等。

2. 事中分析

事中分析是指跟随调查全过程所进行的种种现场分析。它可能是对暴露出来的重大问题和发生的新情况的郑重分析，也可能仅仅是对任何某个细小环节的简单的分析性处理。尽管这种分析可能涉及的内容是极其复杂和多变的，但其根本目的是对调查过程进行有效控制和将其引向深入、客观与科学。因此，它的基本要求主要是：及时发现问题与偏差，准确判断其性质与意义；对所谓积极的和消极的、有利的和不利的、乐观的和反感的等事实一视同仁，客观对待；及时调整任何需要调整的环节和内容，果断纠正偏差，必要时不惜否定原来的调查计划与方案，重新来过。

3. 事后分析

事后分析是指对调查结果所进行的多方面的深入分析和整体性系统性分析。这是本书所强调的被管理者状况分析的重点。由于这种分析的目的主要是为管理提供直接依据，所以它的基本要求至少也应该有以下几个方面：

首先，郑重、客观、全面地分析所有的调查结果。调查结果的内容是多种信息集合的宝贵资源，轻率地处理调查结果、随意地凸显调查结果中有利于自己主观愿望的部分、简单地利用调查结果中的个别内容等做法，都是不经济的。

其次，既要注重细节，又要注重整体结构的分析。细节中往往蕴涵着鲜活的个性和极其隐蔽的内容，忽略细节有可能丢掉真正重要的东西。同样，整体结构分析不仅能够较好地反映事物的内在联系与全貌，而且便于管理总揽全局，从所谓的"结构性功能"的角度去构筑更加理想和有效的管理体系。当然这种结构也是可以细分的，诸如被管理者的基本素质结构、职业倾向结构、需求结构以及个人各方面状况的结构和员工总体状况结构，等等。

事实描述与管理价值判断相结合。对调查结果严格地进行实事求是的描述性分析是全部分析的真实性与可靠性的根本保障。在这里任何主观倾向或偏见都会引起严重的误导和误判，应当尽量加以避免，尤其是要杜绝管理者的个人偏见。然而，我们的分析又不能仅仅停留在就事论事的层面上，因为这样的分析是为管理服务的。所以，要在弄清事实的基础上，进一步将其与管理的要求联系起来，重点发掘和明确其中的管理价值和意义，为管理提供科学依据。这里需要特别注意的是，有些看似无意义的东西不一定真的无意义，而那些被认为是消极的方面，可能蕴涵着重大的管理价值。

总之，被管理者状况的调查分析，直接决定管理的方式方法并最终决定管理的实际效能。它对我们克服管理中的种种形式主义的做法，真正实事求是地做好实际工作，逐渐提高管理质量和水平具有重要的意义。

第三节　基于知识型员工特点的工作设计[①]

索尼老板盛田昭夫说：用人好比"砌石墙"，石头不可能是按一定规律生产出来的，而是有棱有角，没有规则的形状。砌墙时要根据每块石头的不同形状来安排它最适合的位置。随着"石头"本身和工作任务的变化，有时候还要不断变换"石头"的位置，以保持最合适的安排。盛田昭夫的"砌石墙"用人理念道出了只有员工的能力和工作岗位相互适应，相互匹配，才能充分挖掘员工潜力，发挥其最大效能，而工作设计为能岗匹配提供了基本保证。

---

① 本节的内容，本书作者曾以同样的标题发表在《农场经济管理》2005年第1期，本书有删改。

一　工作设计的内涵

所谓工作设计是指为了有效地达到组织目标，合理有效地处理人与工作的关系而采取的对与满足工作者个人需要有关的工作内容、工作职能和工作关系的特别处理。即明确工作的内容和方法，明确工作之间的关系，进行工作设计，必须首先明确工作设计的构成因素及其相互关系。工作设计就是解决工作怎么做和怎样使工作者在工作中得到满足的问题，是在职务设计、人员安排、劳动报酬及其他管理策略方面进行的系统考虑，使组织需求与员工需求获得最佳组合，从而最大限度地激发员工积极性。

做自己喜欢的工作，并在工作中体现个人价值是所有人追求的理想工作模式。在实际生活中，很多人由于种种原因并不能达到这个目标，他们对自己的工作并不满意，也许是因为工作受到太多的限制，不能充分发挥自己的能力；也许是因为工作内容单调，没有挑战性等。因此，科学的岗位设计是激发员工工作热情的第一步。

二　知识型员工的特征分析

知识型员工"指的是那些掌握和运用符号和概念、利用知识或信息工作的人。"当彼得·德鲁克首先发明这个术语的时候，他实际上所指的知识型员工是一个经理或者执行经理。今天这个术语在实际使用中已经被扩展到大多数白领或者职业工作者。本书认为，知识型员工是指具有知识资本产权并以知识为载体进行价值增值的人。根据心理学理论，人格要素包括本我、自我、超我三部分。本我包括生物性本我和人性本我，前者决定着人的利己本性，后者决定着人的利他本性。本我是人与生俱来的本能，与是否接受教育无关。而自我和超我则是以本我为基础，通过教育可以得到强化的人格要素。知识型员工由于受教育程度较高，使得自我人格和超我人格高于一般员工，在自我需求和超我需求方面更为强烈。

知识管理专家玛汉坦姆仆经过大量研究后认为，激励知识型员工的前四个因素分别是：个体成长、工作自主、业务成就、金钱财富。

根据国内学者的观点，知识型员工具有自主性、创新性、高流动性、成就性、挑战性强、不崇尚权威、混合式需求等群体特征。同时知识型员工的劳动也具有以下鲜明特征：

1. 脑力劳动

任何人类劳动都需要同时付出体力和脑力。但不同种类的劳动，体力和脑力的支出在劳动总支出中的比重大不相同。知识型员工的劳动是复杂程度很高的脑力劳动，需要经过专门的、特殊的专业训练，才能获得在该劳动领域中从事创新活动所需要的能力。脑力劳动是知识型员工劳动的主要形式，这种脑力劳动具有复杂性、高度系统性、劳动过程难以监控等特征。

2. 创造性劳动

创造性是知识型员工劳动的最基本、最明显的特点，也是知识型员工区别于非知识型员工的根本所在。知识型员工在劳动过程中，要以知识素质和心理素质为基础，通过运用已有知识和间接知识来创造新的知识。也就是说，知识型员工通过创造性劳动可以产生服务于企业和社会的新概念、新原理，发现新的现象、新的规律，提供新的工艺、新的方法和生产手段，从而为企业创造更多的利润。创造性劳动的结果是创新，创新不仅是知识型员工劳动的目的，而且伴随着知识型员工的劳动过程。

3. 知识性劳动

西方未来学家奈斯比特说："在信息经济社会里，价值的增加不是通过劳动，而是通过知识实现的。"知识是脑力劳动的基础，没有一定的知识积累，脑力劳动是不可想象的。事实上，知识型员工的脑力劳动往往具有创造性，具有创造性的脑力劳动可以称为知识劳动。知识型员工的劳动具有一项特殊职能，就是通过科研创造新的知识，即通过大脑的思维、联想、加工和创造来进行工作，在这些劳动的过程中自始至终伴随着知识的运用、传播和创造，并且把创造性劳动转化为知识产品或服务，造福于消费者和社会。而且，知识型员工在劳动过程中不仅运用已有知识，讲究传播效果，还要以适当的具有创造性的方式进行科研创新活动。

知识型员工倾向于独立自主，这种特性表现为工作场所、工作时间方面的灵活性要求以及宽松的组织气氛，强调工作中的自我引导。知识型员工作为脑力劳动者，在劳动过程中不仅要进行设计和创新，为了提高自身的发展，还要从事与专业相关的理论研究、科学实验或学术交流，要求独立思考，这就使得他们的工作不能局限于某一固定的地点或时间，具有较强的工作自主性。

三 知识型员工的工作设计原则

在工业经济中，最常用的工作设计方法是机械型工作设计法。泰勒所倡导的科学管理就是一种出现最早同时也是最为有名的机械工作设计方法。科学管理通过"时间—动作"研究，把工作分解成较小的、标准化的任务，员工在严密的监督下，反复地进行同一种操作。机械型工作设计法随着福特的流水线生产的发明得到普及和推广。运用这种方法所设计的工作安全、简单、可靠，然而由于很少考虑或不考虑员工在工作中的精神需要，从而使得工作单调乏味、令人厌烦。显然，机械型工作设计法不适于知识型员工的工作设计。

纵观管理理论和实践的发展历史，我们不难发现，从家长制到直线制、再到职能制、事业部制、矩阵制的发展过程中，贯穿着从集权到分权的转变，从纵向到扁平的转变。知识经济时代企业经营管理环境的变化对人力资源管理提出了新的挑战。技术变革、全球化、组织变革对知识型员工工作最直接的影响是传统工作分析方法的动摇。员工的工作方式开始变得更加灵活——在家上班、弹性工作制等；员工的工作范围变得更加宽泛；工作更多是以团队、项目组的形式开展；工作的业绩在很大程度上取决于团队成员对知识的创造、传播和应用所作的贡献以及成员间的相互协调和合作关系；工作的设定应更多地体现出"反映性组织"的色彩；知识型员工要求工作更具有挑战性、独立性、多样化和技术性。因此，对于知识型员工的工作设计应遵循向员工授权；围绕工作团队设计等原则。

（一）向员工授权

如何调动知识型员工的工作积极性是领导工作中的一个难题，充分授权是解决这一难题的重要方法。授权是指在组织内部共享权力，或将权力和权威委派给下属。在西方发达国家，企业高层管理者独裁、专断已越来越无价值可言，扩散和共享权力已广为推行，权力从管理者手中转向知识型员工手中已成为一种不可逆转的发展趋势。通过授权，将一个战略经过自由组合，确定其操作系统和工具，制定自己认为最好的方法。这种组织结构已经日益成为企业的基本组织单位，惠普、施乐、通用汽车等国际知名企业均采用了这种组织方式。给知识型员工授权可以起到很大作用。

1. 实现决策权与知识的匹配。海克观察到，一个组织的效率取决于决策权威和对于决策很重要的知识之间的配置关系。杰克逊和麦克林进一步认为，当知识与决策权不匹配时，有两种基本方式来完成知识和决策权的结合，一种是把知识传递给那些具有决策权的人；另一种是把决策权传递给拥有相关知识的人。他们根据知识在转移过程中要付出代价的大小将知识分为专门知识和通用知识。专门知识在组织的代理间进行转移要付出高昂的代价，而通用知识无须高昂代价即可传播。有关特定时空环境的科学知识都属于专门知识，专门知识的转移要求决策者具有洞察专门知识的哪一具体部分是有价值的能力，否则，必须转移包括对决策有价值的知识在内的更大的知识群。而此知识群的大部分将永远不会被利用，因此，不了解专门知识的哪一具体部分对决策有价值，会使知识的转移成本增加。此外，专门知识的转移，意味着人们接受知识并能很好地理解信息，而这需要花费时间。开发利用知识资源，时间很重要，行动迟缓则要付出代价，甚至坐失良机。知识转移成本的上升，表明组织管理的有效性下降。对于企业组织而言，要在决策中使用专门知识，就应该将许多决策权分散化，把决策权传递给拥有相关专门知识的知识型员工，实现知识与决策权的匹配，以解决知识转移成本的问题，从而提高决策的效率。

2. 增强知识型员工的工作动力。给知识型员工授权，正好满足了其工作的自主性和被组织委以重任的成就感等需要。正如美国通用电气公司的前首席执行官杰克·韦尔奇所说："没有高度信任，管理者不可能发掘员工最大的头脑潜力。"工作中知识型员工自己控制的部分越多，工作的自主性越强，他们就越能感觉到组织对他们的信任和他们所担负的责任，他们就越认可组织的目标，越有可能积极主动地贡献自己的知识资本。工作自主权增大，各种限制减少，这种宽松的工作环境有利于知识型员工的创新，有利于其创造性潜能的释放。授权也有助于满足知识型员工的发展需要。工作自主权增大，要求知识型员工进一步提高知识与技能水平，练就本领，以便自如地驾驭权力。在使用权力的过程中，知识型员工自身也能得到锻炼，感受到进步与成长、丰富与充实。通过给知识型员工授权，组织更有可能成为知识型员工向往的有朝气、有成就感和富有挑战性的企业。

3. 增加企业中的权力总量。不少管理者错误地认为授权会减少自己的权利。事实并非如此，科学研究与管理经验都显示：高层往下授权能够制造出一个更大的权力"蛋糕"，这样每个人都能获得更多的权力。管理者对失去权力的恐惧是授权的最大障碍。给下属授权的管理者得到的回报是下属的承诺和创造性。

此外，授权是组织内部管理的需要。随着组织结构的扁平化，管理者的管理跨度增加，事无巨细的管理已经过时。

（二）围绕团队进行工作设计

当今，知识型员工的工作模式发生改变，出现跨团队、跨职能合作，甚至虚拟工作团队。相应地，企业由过去对员工的点的定位，过渡到现在的区域定位。人在组织中的位置也由点定位到区间定位。在此基础上，西方学者提出用角色说明书代替传统职位说明书。知识型员工团队中，领导与被领导的界限模糊了，双方既是一种互动关系，又是一种角色置换关系。尤其是高科技企业，领导的有效性在于认识和有意识地管理这种互动性。沟通、重视、信任、承诺、支持、创新、学习、合作等成为新的人力资源管理准则。

1. 为知识型员工提供参与式激励。团队能够促进知识型员工参与决策过程。在团队中，团队成员共同作出决策，有助于满足知识型员工责任、成就、认可和自尊的需要，根据激励——保健理论，参与本身可以为知识员工提供内在激励，会使他们的工作更有趣和更有意义；参与还可以增加对决策的承诺。如果知识型员工参与了决策过程，在实施决策时他们更不可能反对这项决策；参与能给知识型员工更大的发展空间，这种方式不仅凸显了他们所拥有的智力资本，而且对他们的创造力具有挑战性。

2. 满足知识型员工的自主性需要。工作团队尤其是自我管理型工作团队的工作组织形式，彻底改变了传统上依靠管理、监控、指令、命令等刻板的管理形式，使知识型员工的个性和创造性得到了极大的发挥，在顺应人性、尊重人格等方面起到了积极的作用，能激励知识型员工自由地、积极地将他们拥有的智力资本贡献给组织；它有助于增强组织的民主气氛，满足知识型员工工作自主性需要，提高其积极性。

3. 共享信息，分享知识，满足发展需要。通过对团队目标，而不是个人目标的承诺，每一位团队成员赢得了对团队各方面工作发表意见的权利，并得到他人的认真对待，成员共同努力以取得团队的成功。实现团队目标需要相互的信任，随着成员彼此的了解，信任会逐渐增加，并随着团队目标的实现会进一步得到加强。信任和相互依赖关系的增强，促进了成员间的交流与沟通，有利于实现信息共享。成功的团队内部成员愿意与他人分享知识，愿意向他人学习，置身于这种相互分享和学习知识的氛围下，员工的技术、决策、人际关系、技能等会得到极大的提高，从而有助于满足知识型员工的发展需要。对于知识型员工来说，在团队中能够得到个人发展的机会，能够帮助伙伴们成长，这是非常令人满意的经历和奖励。

工作岗位是责任与权力的结合体，工作设计的核心内容就是确定岗位的责任与权力。在知识型员工的工作设计中，可采用合同制来解决"授权中的人才风险管理"问题；采用责任来解决"团队建设与个人责任"问题等。

第四节　知识型员工的柔性管理策略[①]

在知识经济时代，一个企业要生存并保持可持续发展，关键是要通过管理找到知识创造、传播和运用的最佳途径，以适应不断变革和高度不确定性的竞争环境。知识的创造、利用与增值，资源的优化配置等，最终都要靠知识、资讯、科技的综合载体——知识型员工来实现。因此，企业应当珍惜和管理好知识型员工这笔宝贵的财富。企业管理有柔性管理和刚性管理之分。所谓柔性管理是指管理的非规范化、非制度化，具体表现为管理的随机性、多样性、多变性等因素的逐步增长。它要求在实际的管理活动中，注重随机性因素，注重感情色彩，注重人际互动关系，注重员工个性，以形成各显其能、人尽其才的局面。21世纪资本、技术、智力、信息的全球流动与扩散，企业逐渐趋向于"无界"。人力资源的柔性管理模式正是冲破了刚性管理模式的有形界限，它不依赖于固定的组织结构和稳定的规章制度进行管理，而是随时间、外部环境等客观条件的变化而变化，是一种反应敏捷、灵活多变的崭新的人力资源管理模式。从本质上说，柔性管理是一种"以人为本"的管理，要求用"柔性"的方式去管理人力资源。柔性管理的最大优势，在于依靠人性解放、权力平等、民主管理，从内心深处激发员工的内在潜力和创造精神，是对管理对象施加的软控制，从而使员工成为企业在全球性激烈的市场竞争中取得竞争优势的力量源泉。

一　知识型员工的群体特征

1. 自主性

知识型员工大多受过系统的专业教育，具有较高学历，掌握一定的专业知识与技能，具有开阔的视野和较强的求知欲。知识型员工拥

[①]　本节的内容，本书作者曾以同样的标题发表在《内江科技》2004年第5期，本书有删改。

有较强的独立自主性，这种员工不喜欢上司把要做的每一件的计划与措施都已安排得非常明确，这样使员工觉得自己是被上司完全摆布，缺少自主性。一般说来，知识型员工倾向于独立自主，这种特性表现在工作场所、工作时间方面的灵活性要求以及宽松的组织气氛，知识型员工不仅不愿意受制于物，甚至无法忍受远处上司的遥控指挥，而强调工作中的自我引导。

2. 创新性

知识型员工从事的不是简单的重复劳动，而是在不断变化和不完全确定的环境中工作。他们充分发挥个人的智慧和灵感，从容面对各种可能发生的情况，不断使产品和设备得以更新，推动着技术的进步。库珀解释说："知识型员工之所以重要，并不是因为他们已经掌握了某些秘密知识，而是因为他们具有不断创新有用知识的能力。"

3. 高流动性

在信息经济时代，竞争的焦点表现在对人才的竞争，特别是知识型员工的竞争，这一大环境为知识型员工的流动提供了宏观需求。知识型员工自身都掌握一定的技术，他们追求的是自身的发展及待遇，一旦他们发现当前环境不再适合自己的发展或者待遇不公时，他们便会另谋出路。

4. 成就性

与一般员工相比，知识型员工更在意实现自身价值，并强烈期望得到社会的承认尊重，并不会被动地完成一般性事务，而是尽力追求完美的结果。因此，这种员工更热衷于具有挑战性的工作，把攻克难关看作一种乐趣，一种体现自我价值的方式。

5. 劳动的复杂性

知识型员工的工作主要是思维性活动，依靠大脑而不是体力，劳动过程以无形的为主，而且可能发生在每时和任何场所。加之工作并没有确定流程和步骤，其他人很难知道应该怎样做，无固定的劳动规则。因此，管理者很难对其劳动过程的考核和监控。

6. 挑战性强

知识型员工具有很强的成就欲望和专业兴趣，注重自我价值的实现，强烈渴望得到社会的认可。他们并不满足于被动地完成一般性事务，而是尽力追求完美的结果。因此，他们更热衷于具有挑战性的工作，把攻克难关看作一种乐趣和体现自我价值的方式。

7. 不崇尚权威

知识型员工由于在某一方面有特长，加上知识本身的不完善性，使得他们不崇尚权威。他们往往利用某种特殊技能，对上司、同事和下属产生影响。

二 知识型员工的管理策略

笔者认为，针对知识型员工的特点，必须采取与传统的"刚性管理"不同的"柔性管理"，才能较好地满足知识型员工的主要需求。

1. 实行柔性工作时间和工作环境

考虑到知识型员工自主性特点及工作自主的需求，实行可伸缩的柔性工作制。柔性工作制把工作时间分为柔性工作时间和核心工作时间，突破了时空限制。在柔性工作时间段内，知识型员工可以灵活地选择自己工作的具体时间和方式，自由选择上下班时间。核心工作时间段是员工必须到班的时间。柔性工作制的实施，对知识型员工来说，一方面，可赢得更多能自由支配的时间，对工作时间有了一定的自主权，上下班可避免因时间统一而造成的交通拥挤，免除了因迟到或缺勤而造成的紧张感；另一方面，由于感到个人需要和生活习惯得到了尊重，能够更好地协调家庭生活、业余爱好和工作之间的关系，因而使其产生了对工作的责任感，提高了工作效率。考虑到知识型员工的挑战性、不崇尚权威的特点及其个体成长的需求，企业还应为他们创造柔性工作环境。需对其实行特殊的宽松管理，尊重人格，激励其主动献身与创新的精神，而不应使其处于规章制度束缚之下被动地工作，导致员工知识创新激情的消失；应该建立一种善于倾听而不是充满说教的组织氛围，使信息能够真正有效地得到多渠道沟通，也使员工能够积极地参与决策，并非被动地接受指令；为谋求决策的科学性，更重要的是求得知识型员工对决策的理解，定期与其进行事业的评价与探讨，听取他们的意见和建议，施以"分散化管理"。

2. 设计柔性化激励方案

针对知识型员工成就性、流动性强的特点，设计科学的柔性化激励方案，是促使他们实现人生追求、获得满足感，并为企业多做贡献的重要环节。柔性化激励方案是与传统的重物质金钱的激励措施相对而言的，是把知识型员工的个性考虑在内，从他们的需求出发，以成就和成长为重点的激励方案。具体可通过以下激励方式，如精神文化激励、信息沟通激励、培训教育激励、工作激励、职业发展激励、知识资本化激励和组织结构扁平化激励等，以激发和释放知识型员工创新知识、创造价值。当然柔性化激励要与物质激励相结合。

3. 多元化的报酬体系

一个结构合理、运作良好的报酬体系应当能够让员工感到公平、公正，并能留住优秀的知识型员工，不断淘汰表现较差的员工。知识型员工的能力与贡献差异大，需求要素及需求结构也有了新的变化。知识型员工不仅要获得工资报酬，还要作为财富创造者，与出资者、经营者共同分享企业的成功，参与企业剩余价值的索取和分配；同时，知识型员工还应当与企业经营者一道，共同参与决策过程。比较而言，机会是激励知识型员工创造、传播和应用知识的更具有影响力的要素。机会的表现形式很多，如参与决策、更多的责任、个人成长的机会、更大的工作自由和权限、更有趣的工作及多样化的工作活动，等等。这些"内部报酬"对知识型员工有更大的吸引力。

4. 个性化的职业生涯设计

为了表明员工所掌握的技能水平、专业水平以及为企业所作的贡献程度，可以建立与社会统一技术等级制度相联系的企业内部技术等级制度，并让等级与报酬以及办公条件成正比，同时避免管理层次和技术等级层次过大的差距。在内部技术等级制度中，知识型员工的职业生涯的成功可以在技术等级上的晋级得到体现，也避免了在管理层次上众人过独木桥的现象。个人的能力、气质以及性格等因素的差异，决定了每个人能做和乐意做的工作有所不同。这种情况也要求企业开辟多条职业生涯通道。

5. 关心员工健康

知识型员工从事的是脑力劳动，缺乏应有的锻炼和娱乐，长此以往健康状况就会受到威胁。IBM 公司、宝洁公司堪称是关心员工健康的典范。他们的做法启示我们，要学会保护企业的生命力，要把员工的健康和安全保障看成企业的投资而非成本，要学会"用利润为员工服务"，使企业生生不息。

6. 关心员工发展

研究发现，大部分的员工当他们正在学习一些知识并不断提高自身的能力时，会感到前途光明，积极性得到极大提高，这必然带来更高的忠诚度。海尔、海信、小天鹅等集团在员工技能培训、学术交流等方面为员工自身发展创造了良好机会，也值得我们学习。

三　结束语

柔性管理应与全方位全过程的严格管理相辅相成；柔性管理的实现必须有一支高素质的员工队伍，同时要营造积极向上的企业文化，培养员工的团队精神和自我实现的高层次需要，只有在此基础上柔性管理才能真正发挥其应有的作用；柔性管理应与柔性管理理念、柔性组织结构、柔性管理方法及手段相配套。

第十三章

人本管理实践中的企业文化问题

第一节　组织文化的人力资源开发管理功能①

纵观人类管理的全部历史，大致经历了经验管理、科学管理和文化管理三大阶段。如果从当代文化管理的视角来审视人力资源的开发与管理，我们就会认识到：对于一个特定的社会组织来说，人并非一般抽象地就是其现实的人力资源。只有经由特定组织文化母体培育和范成的人力及其特殊构成，才能成为这个组织真正现实的和具体有效的人力资源。这意味着，人力资源具有强烈的文化属性；组织文化在人力资源的开发管理中发挥着极其深刻和重要的功能。社会组织必须高度重视组织文化的这种功能，以提升自己的人力资源开发管理品质。

一　人力资源的文化属性

人力简单地说即人的智力和体力。人力能够成为一种现实的具体有效的资源却有其更为复杂的性质和更加深刻的意蕴。正如人们时常所说的那样，人力资源是一种与其他资源本质上不同的特殊资源。这不仅因为它是调动使用其他资源的资源，是其他一切资源得到实际利用的操作主体，还因为这种资源的潜能的开发和现存能量的有效发挥，不像其他资源那样只是一个简单的资源使用问题，而是一个由特

---

① 本节的内容，本书作者曾以《浅析组织文化的人力资源开发管理功能》为题发表在《软科学》2003 年第 4 期，本书有删改。

定的内外文化动力驱使和引领的价值规范和心理激励的复杂过程。换句话说，即人力资源效能的实际发挥本质上是一种文化现象：它一方面直接取决于人的主动性、积极性等心理文化状态；另一方面又受到诸如社会关系、人际关系、组织氛围等人们所处的具体的社会文化环境的巨大影响。进一步来看，任何社会组织都是一个由特定的组织结构和物质系统涵蕴与承载着的文化观念体系。这种观念体系构成社会组织的内在的精神与活的灵魂。它始终统领和规范着组织所有的人、事、物，并以它所主张或倡导的价值和目标时时处处在陶铸、整合着这一切。人们可以不赞同一个组织的这种特定的价值，从而或者不进入或者离开这个组织。但只要在这个组织中，就不得不受其范成和引领，并最终被完全融入其中，使自己由一个一般的人变成为这个组织的特定的"组织人"，如我们常常听到的"海尔人""北大人"，等等。这绝不是简单的宣传口号或形式上的问题。事实上人正是在这种特定的组织文化的意义上，才真正成为组织的现实的人力资源。否则，离开了组织文化规范的人，并不一定就是这个组织的可利用的资源。它要么是这个组织的异己力量，要么就仅仅还是有待开发的可能的资源而已。换句话说，人并非一般地就是现实的资源本身，只有那些经由组织文化的熏陶和规范，并符合组织价值要求的人才成为具体的、特定的人力资源。我们把人力资源的这种特殊性称之为人力资源的文化属性。

二　组织文化的人力资源开发管理功能

人力资源的文化属性决定，文化或者具体地说组织文化，在人力资源的开发管理过程中具有不可忽视的极其重要的功能。

组织文化是一个完整的体系，它虽然有所谓的组织精神文化、制度文化、物质文化等多层次的存在形式，但就其实质而言，它是组织生长生存和发展过程中所形成的，为组织成员所认同与共同遵循的最高目标、基本信念、价值标准和行为规范的总和。一般地说，组织文化能够围绕组织目标，对组织成员的行为动机起到明确的导向作用；

对组织成员的行为方式形成内在的规范作用；对组织的成员群体发生强烈的凝聚作用；对组织成员的心理产生持久而深刻的激励作用。通过这些作用，能够培养出组织成员对组织基本价值追求的高度忠诚，从而解决一个组织生存与发展中的至关重要的内在精神动力问题，并且可以使人力资源开发深刻化，人力资源管理自动化，从而最终由组织文化这只无形的手，引导和激励人力资源发挥和释放出巨大的能量，满足组织的要求。

具体地说，组织文化在组织人力资源开发管理中的功能。主要表现为如下几个方面。

（一）组织理想追求的行为动力功能

组织文化通过对组织及其员工的社会的、道德的、生活的、职业的等各方面的理想与追求的全面整合、教育和引导，确立符合组织所要求的集体和个人的具体目标选择，影响与制约、激发与培育、规范与引导人们的需要与动机，以解决人力资源开发的深层次的动力问题。

（二）组织群体价值观的凝聚力功能

组织文化通过组织共同的群体价值观对与之背离的个体产生心理和群体压力，对与之相符的个体进行肯定和褒奖等方式，整合个体之间以及个体与组织之间的关系、行为与目标，从而形成强大的聚合功能，增强组织的向心力和凝聚力，使组织人力资源的结构性功能大大提高，以增强人力资源使用的整体效能。

（三）组织文化氛围的行为管理功能

组织特定的文化氛围往往会通过潜移默化的心理作用、有形无形的规范作用、一定倾向与标准的筛选作用以及多方面的凝聚、激励作用，在组织内部形成广泛的群体暗示、感染、模仿等心理氛围和典型示范、舆论导向、制度规范等组织风气，对组织及其成员的行为发生普遍的深刻的管理作用。

（四）组织环境的员工养成教育功能

组织环境包括精神的和物质的两个层面。物质环境说到底是内涵有组织价值观的，或涵蕴着组织精神的"文物"而已，是组织精神的一种外在表现形式。组织环境作为组织文化精神的现实存在形式，具有强有力的感染和教化功能。它无时无刻不在影响员工的心理、思想和行为，从而成为前述"组织人"成长的真正的舞台，将潜在的可能为组织所使用的各种人力资源教育养成为组织实现有用的人才。

（五）组织道德的内外关系协调功能

组织道德对内调节员工之间、员工与组织之间的相互关系，能够在内部形成和谐的良好的人际关系，为人力资源的开发管理创设一种良好的氛围。组织道德对外协调组织与社会的各种关系，为组织的生存与发展开拓良好的公共关系局面，增强组织吸引、利用外部人力资源的能力从而既可以优化内部人力资源结构，又可以拓展组织的生成发展空间。总之，以道德为灵魂的组织文化是社会组织内求团结，外求发展，充分发掘其人才资源潜能，实现其人力资源开发管理效能的最内在的精神动力，是社会组织所需求的特定的人力资源及其结构的现实陶铸模式和真正的培育母本。

三　高度重视组织文化在人力资源开发管理中的作用

社会组织的人力资源开发与管理是服务于特定的组织目标。它不同于一般意义上的犹如学校教育那样对人的基本素质的培养与教育，它追求的是符合组织目标要求的人力资源的使用效能的最大化。如前所述，组织需要的人力资源是经组织文化陶铸而成的所谓的"组织人"，组织人力资源的效能的发挥受组织文化动力及其价值观念的驱使与规范。所以，组织人力资源的开发管理必须高度重视组织文化的作用。要充分认识到组织文化在人力资源开发管理中的作用，比之其他任何作用都要更加本质、更为深刻，或者说更大更内在。反过来看，凡是那些人力资源潜能和优势得不到很好发挥的组织，从最根本的意义上来说都是其组织文化存在着问题。因此可以说，组织人力资源的开发管理，不能单单只看作是组织对其人力资源的利用或使用问题。它不仅是组织对其现有的和可能的人力资源对象的加工改造过程，同时又恰恰是组织自身的建设过程，尤其是特定的组织文化的培育与建构工程。社会组织应该下大力气努力培育和建设自己良好的组织文化，将组织人力资源的开发管理融入组织文化的母体之中，充分利用和发挥其在人力资源开发管理上的多重功能，以实现人力资源开发管理效能的最大化。

高度重视组织文化在人力资源开发管理中的作用，还必须摒弃那些赶时髦的、形式主义的做法。例如，不分青红皂白，"唯才是举"，直至给组织引入一些文化异质者，造成内部紊乱，影响组织人力资源效能的发挥，耗散组织人力资源结构性功能。而一提文化培育与规范，仅仅只搞一些表面上的花架子了事，等等。要真正实现组织文化的人力资源开发管理功能，就必须围绕组织目标和共同愿景，培育、铸就组织全体成员的共同心智模式和基本价值取向，建构完整的组织文化体系。因为，只有完整的组织文化体系，才能真正形成深刻而强有力的文化动力，释放出它在组织人力资源开发管理上的全部功能。我们只有用这样的完整的组织文化体系来甄别和筛选、规范和管理组织的人力资源，通过这样深刻而强有力的组织文化动力来激励和发掘、整合与优化组织人力资源的潜能和整体结构，才能真正发挥组织文化的人力资源开发管理的巨大作用。

高度重视组织文化的人力资源开发管理作用，发挥组织文化的多重功能进行人力资源的开发与管理，是作为当代最高管理形态的所谓文化管理的基本内涵与要求。文化管理的最大特点是管理的软化或柔性化与深刻化或内在化。而这种内在化和柔性化的文化管理，既是当前知识经济时代的内在要求，又广泛适用于企事业单位和政府机构等各种各样的社会组织的管理过程。并且尤其直接适用于这些组织的人力资源的开发与管理。所以，我们应该从这种更广泛和更深刻的意义上，来审视和对待组织文化的人力资源开发管理功能的问题，使我们的组织管理水平超越以往的经验管理和科学管理阶段，达到所谓的文化管理的现代新高度。

第二节　企业文化的形成机制与建设方法①

企业文化由于其在企业经营管理中的特殊功能和在当代市场竞争中的高层次性质与深度优势，近年来受到了人们的广泛重视。建设企业文化几乎已成为当今的一种管理时尚。不亚于理论界各种观点的热烈讨论，我国企业界也在建设企业文化的过程中作出了种种努力。然而，实事求是地说，在这种时尚浪潮中，正如其中许多理论讨论很少能指导实践一样，企业界的努力也鲜有成效。究其原因，从根本上说就是人们还没有真正认识和掌握企业文化建设的内在规律。企业文化建设的规律，说到底就是要使企业文化建设的各种方法符合企业文化自身的形成机理的要求。所以，本节就企业文化的形成机制进行讨论，并以此为基础探讨企业文化建设的基本方法。

一　企业文化的形成机制

企业文化是在企业的基本假设的统领下形成的一系列价值观及其表现形式的总和。换句话说，企业文化是一种由假设、价值和文物三个基本层次所构成的企业精神体系。所谓假设，就是被企业所认同的理应如此、天经地义的公理性的东西。它往往表现为企业最内在的理想追求，或者说是企业最根本的精神支柱。所谓价值，就是在企业基本假设的基础上形成的，企业全体员工共同奉行的，与企业经营活动相关的方方面面的价值观念和价值趋向。所谓文物，即有上述假设、价值所代表的文化涵蕴或意义之物，它包括企业象征、故事、神话以及从各种物理展示一直到档案材料、规章制度、行为方式、人际关系、心理氛围和哲学口号，等等。总之，如果说假设代表的是企业的理念的话，那么价值体现的就是企业的态度，而文物则表征的是企业

---

① 本节的内容，本书作者曾以同样的标题发表在《生产力研究》2003 年第 5 期，本书有删改。

的行为。

对于一个特定的企业来说，这种由理念到态度再到行为所组成的内容丰富的严密的文化体系，本质上是这个企业在其内外在情势中所发生的企业社会化习得过程逐渐积累的结果。下列几个方面的文化形成机制在这种社会化习得过程中起了关键性的作用，它们共同构成了企业文化活生生的形成机理。

1. 企业文化的创造机制在企业文化的创生过程中，与关键人物的认同和围绕关键事件形成规范是两个基本的、重要的机制关键。人物首先是领袖人物或企业的创建人、领导人等，他们的信念、价值观和秉持的基本假设往往会给人们提供一种范式，并对企业全体员工发生实际引导和影响；其次关键人物还包括模范人物和典型人物，其中典型人物也包括那些对企业文化有着特殊意义的所谓反面人物。他们的价值观和追求、行为，以及企业和员工们对它们的态度常常会发生明显的示范效应并形成一定的文化氛围；再次，对于新成员来讲，那些与他们最贴近的企业中的老人、师傅和同事们，一般地说来对他们的价值观也有着重要的影响作用。企业文化的基本要素就是在这些相互作用着的社会关系中逐渐生发和沉淀下来的。关键事件可区分为重大事件和典型事件两种。重大事件主要是企业运营过程中所遇到和经历的对企业全局或员工根本利益有着重要影响的大事件。典型事件则可大可小，关键是要看其所意味的文化意义是否具有典型性。企业及其领导人和员工如何认识、对待、处理这些关键事件是企业文化规范产生的最重要的发端。总之，企业文化是在关键人物的主观努力的引领下，经由全体员工的社会化习得认同，于企业围绕关键事件的客观行为过程中被创造出来的。

2. 企业文化的社会化保存与拓展企业文化的最初规范被创造出来之后，要经过企业的社会化保存与拓展才能够使其不断丰满和逐渐固定化，从而形成和发生深刻的文化动力作用。否则这些最初的规范不仅可能是模糊的，而且也是缺乏广泛心理基础支撑的暂时的东西。在企业文化的社会化保存与拓展过程中，主观刻意保存与拓展和自然进化是两类主要的机制。关于自然进化下面再行说明,这里先讨论刻意保存与拓展。这种机制一般又分为两种情况:一是企业成员上岗时的精心选拔与招聘。企业往往招聘那些与企业文化有着相同或相近基本假设甚至价值观的人员进入企业,成为企业的新成员。同样,企业也精心选拔那些已经认同了企业基本价值观和假设的成员占据重要岗位,尤其是各种领导岗位。通过这样的努力,不仅可以缓减和一定程度消除内部文化冲突引起的紧张与压力,还可以指望通过这些被选择的成员的努力、影响与示范,使企业文化在社会化延续过程中得到较好的保存、弘扬与拓展;二是企业成员在岗过程中的多种形式的培训。企业文化形成的初期,真正深刻领会和彻底认同其基本假设与价值观的成员并不是很多。这需要企业对其员工进行有目的的培训,以使企业文化被更多的成员所接受和认同,并真正转变为成员共同体的共同心理与行为准则,从而使其通过这种成员中的传承与普及得到保存与拓展。至于培训的形式可以并且应该不拘一格。例如:正式的与非正式的,群体的与个体的,系列的与随机的,顺序性的与非顺序性的,固定的与可变的,锦标赛式的与达标赛式的,等等。当然,从别的角度还可以列出一系列有意义的其他的培训形式,譬如,从对现有企业文化的态度角度就可以举出诸如保管性的、创造性的和反叛性的等更多的培训形式。

3. 企业文化的自然进化。企业文化是经由人的心理为基础而不断延续与发展的。在企业文化的形成演化过程中,除了上述刻意的保存与拓展之外,还存在着明显的自然进化机制。这种机制主要表现为如下两种情况:第一,被迫学习与适应。企业在其运营过程,内外在的情境会不断发生变化,由这种情境变化形成的压力和紧张,对企业现有价值观和假设造成不同程度的影响,从而迫使企业及其成员学习与适应,使企业文化自然地演变或成长。尤其是情境的重大变化,非但会加强和加快这种自然进化,而且会同时产生一系列新的文化要素然而作为自然进化的结果,它们无疑都会成为成长中的企业文化的有机组成部分;第二,社会获得性遗传与变异。这里存在着两种力量,首先是遗传。企业文化的社会获得性遗传，是通过企业成员之间和在成员的新老交替中形成的群体暗示、感染、模仿等心理机制来实现的。为了强化这些机制，有的企业常常会专门设计制造一些相应的符号、象征、神话、仪式或营造类似的场景与情境；其次是变异。在企业文化的社会化延续的过程中，由于企业内部的不同部门、单位的性质不同，甚至所处地域不同，人员构成不同以及新成员的不断加入等，会产生一些更小的亚文化群体，形成企业内部的文化差异甚至冲突。企业文化本质上是这些亚文化要素谈判的结果，或者说是它们相互作用、逐渐整合的结果。这种结果有可能使企业文化发生变异，严重时还会发生根本性的变革。遗传和变异这两种力量在企业文化的自然进化中同时起作用，才使得企业文化不至于成为一成不变的死的东西，而是一种有着旺盛生命力的、活生生的、日渐丰富与多彩化的成长过程。

4. 受指导和经过管理的企业文化的变革与发展让企业文化自然进化会面临两种重大的风险：一是自然进化过程极其不稳定，忽快忽慢，可能不适应企业发展的要求；二是自然进化的方向不受控制，可能把企业引向错误的文化发展方向。企业的领导者和管理者在感到自然进化时不我待或有风险的时候，他们就需要开始自觉地指导和管理企业文化的建设与发展（当然，在这种时候他们也可能和应该借助外脑的帮助）。为此，他们一般会在如下一些方面作出相应的持续的努力，针对特定的情势公开反复地宣讲变革或保持现有文化的重要性与紧迫性，并营造氛围求得认同；必要时提出新的方向和新的假设借以进行导向；对人员进行相应的调整并起用新人到重要岗位，确保新理念的贯彻与实现；设立并启动相应的各种奖励与惩罚机制以规范人们的行为；进行必要的战略重点的调整为文化工程的建设加固基础；对象征、符号、仪式等各种文物进行废与立，并适当地加以渲染以引起普遍地关注、深入地反思和造成长久地暗示与感染。当然，企业的领导者和管理者在以这种方式发动与推进企业文化的变革与发展的同时，还会采取一系列更为具体的措施对企业文化进行精心地呵护与培育，以保证这个过程健康地顺利地进行。企业文化体系的形成是一个漫长的复杂的过程。构成这个过程的文化形成机制远不止上述四种。例如学者们已经关注到的诸如企业兼并中的文化移植、整合机制以及不合适文化体系的摧毁机制，等等。并且，在不同的企业以及企业的不同发展阶段企业文化的形成过程还会有一些更为特殊的地方值得注意。但是，通过对上述四种具有普遍性的基本机制的讨论，我们事实上已经从文化的创生、延续、拓展、变革、演化和发展等方面对企业文化的整体过程作出了最为基本的和较为全面的讨论。这种讨论也已经为我们下面对企业文化的建设方法的探讨提供了足够的前提和基础。

二　企业文化的建设方法

如果说上一个问题我们关于企业文化的形成机制的讨论，侧重于把企业文化看作是一种客观的现象和过程，通过形成机制来探究其内在的规律性的话，那么，这里所说的企业文化的建设方法问题的实质就是，把企业文化看作是一个主观的自觉作为过程，来指明人们应当如何适应这种规律的要求，按规律办事建设企业文化的问题。鉴于这个问题近年来学术界已经有超乎寻常的足够多的讨论和阐释，我们这里想就几个真正实质性的方面谈点看法。

1. 企业文化建设的四个基本原则

第一，遵循企业文化自身形成机制的原则。企业文化的建设必须遵循企业文化自身形成机制所蕴涵的规律性的要求，按规律办事。上述企业文化的形成机制，从客观上说是机制，从主观上说就是非常具体的行之有效的建设方法；第二，完整建构文化体系的原则。如前所述，企业文化是由假设、价值和文物三个层次所构成的内容丰富的厚重的精神体系，其中，假设是前提和基点，价值是核心和内容，文物是表现和形式。三个层次缺一不可，必须加以完整地建构；第三，凸显独特性的原则。企业文化作为一种社会亚文化和特定的群体文化，其存在的理由和生命力就在于它的独特性。而这种独特性并不是什么主观设计性的区别，它是企业内外在实际状况或情境的真实反映；第四，秉持实在性的原则。企业文化的建设说到底是一个群体心理工程的建构过程，这个过程是一个漫长的生成过程，要切忌追求时尚，摆花架子，急功近利。它需要从远处大处着眼，从近处小处做起，细致入微、可行有效、实实在在地不懈努力，通过逐渐积累来完成。

2. 领导者的文化领袖作用

企业文化的建设是企业整体的精神底蕴和价值体系的自觉塑造过程，是企业存在与发展的全局性的战略问题。企业的领导者必须把企业文化的建设作为自己的神圣使命和企业自身必需的精神支柱，担负起企业精神领袖、文化领袖的重任。他们既应该是企业文化建设的设计者、组织者、引领者，又必须是企业文化基本理念和价值观念的倡导者和最忠实的身体力行的垂范者。领导者的模范带头作用和组织引导作用是企业文化建设的真正航标和根本保障。那种只是流于形式的泛泛的号召和把文化建设交与某个专门的部门单独实施，或者将企业文化仅仅作为对其他员工的要求或做给别人看的做法，注定是不会有任何实际成效的。

3. 企业群体文化心理氛围的营造

企业文化的活生生的存在形态就是企业全体成员有着共同的信念（假设）和价值追求的群体心理氛围的形成。这种群体心理氛围才是企业真正需要的和真正能够对企业的生存与发展起到文化动力作用的东西。然而，企业群体文化心理氛围的形成，一方面要靠企业通过倡导、宣传、规范等主观努力去精心培育；另一方面要靠企业的文物系统所营造的特定情境使其自然生成和演进。企业群体文化心理氛围正是由这两方面的力量的共同作用，在企业内部产生的群体暗示、感染、模仿等心理活动过程来实现的。所以，企业群体文化心理氛围的营造要使上述两个方面有机地结合在一起。否则，不仅这两方面的任何矛盾或冲突都会造成文化导向的混乱，而且这两方面的任何偏废都会使这种努力成为泡影，因为，偏废第二方面会使这种努力仅仅成为一种美好的愿望，无法实现，偏废第一个方面则会使企业文化成为一种无生命的僵死的东西，或仅仅是外在的形式主义的摆设而已。

4. 理念与制度相结合企业文化的建设是企业文化理念在企业内部逐渐社会化的过程

这个过程，从客观上说它表现为企业文化的社会化习得过程，从主观上说便是受指导和经过管理的自觉培育过程。在这种过程的自觉培育方面，海尔模式是很有指导意义的。这个模式就是：提出理念与价值观；推出代表这种理念与价值观的典型人物与事件；在理念与价值观的指导下，围绕典型制定保证这种人物与事件不断涌现的制度与机制，以促成员工对理念与价值观的广泛接受和认同。我国有学者将这种模式称为"海尔管理三部曲"。海尔运用这种模式于企业文化建设的各个方面，取得了举世公认的成就。实践证明，这是一种行之有效的符合企业文化社会化习得过程规律要求的方法，值得借鉴和仿效。

5. 企业文化体系的全面构建

企业文化体系是一个在基本假设的统领下，围绕企业核心价值观而形成的一系列具体文化价值观所组成的从抽象到具体的系统。文化本质上是一种体系性系统性的存在，单个的文化要素是无法存在的。企业文化的功能和作用只有在其完整的体系中才能显示出来，它本质上是这种体系所具有的系统性能量。所以，企业文化的建设必须全面建构这样的文化体系。例如，海尔就通过自己的长期努力成功地构筑了这样的系统。海尔的核心价值观有：（1）海尔精神：敬业报国，追求卓越；（2）海尔理念：只有创业，没有守业；（3）海尔作风：迅速反映，马上行动；（4）海尔人才观：人人是人才，赛马不相马。进而，由这些核心价值观又衍生出其他更具体的，关乎海尔经营活动的方方面面的价值观。如海尔市场观：只有淡季的思想，没有淡季的市场；海尔质量观：高标准，精细化，零缺陷；优秀的产品是优秀的人干出来的；以及海尔服务理念：用户永远是对的；海尔资本运营理念：东方亮了再亮西方；海尔名牌战略：要么不干，要干就要争第一；国门之内无名牌；海尔发展方向：创中国的世界名牌，等等。

需要强调指出的是，企业文化体系不是事先设计好的供人们实施的一张图纸，它实际上是一种在企业的长期发展过程中不断创造、提升、强化、演进和发展的现实形成过程，是这种过程的结果。另外，在企业文化体系的建设过程中，还要注意这种过程的演化中出现的企业内部更小的亚文化之间的协调与整合，以使企业文化健康顺利地发展。

第十四章

管理实践中的人力资源开发问题

第一节　组织人力资源的"文化范成"①

一　文化范成概念的内涵

"文化范成"是本人在《浅析组织文化的人力资源开发管理功能》（《软科学》2003 年第 4 期）和《论人力资源品质的有效提升》（《企业活力》2003 年第 6 期）等文章中提出并加以使用的一个概念。它的基本含义是：特定的组织文化是组织人力资源的成长母体，组织成员只有经由这种母体对其价值观、精神追求以及行为风格和创造能力等的陶铸、培育和规范，才能够真正成为满足组织要求的现实的人力资源。否则，那些没有或不能够认同组织文化理念，不受组织文化的规范，从而不具有组织文化特质的游离于组织文化之外的"文化异质者"，即使其已经是组织的法律上的成员，不论其个人的潜质与能力有多大，也非但不能够成为适合组织需求的人力资源，还可能对组织的人力资源造成多方面的危害。换句话说，人、人的智力与体力、人才等并非一般地、直接地就是特定社会组织的现实的人力资源。只有通过组织文化母体规范性地培育养成的人、人的智力与体力、人才等，才是真正富于组织所需要的具体生产能力和创造力的，忠诚于组织精神理念和价值追求、忠实地为组织服务的现实资源。组织成员之间、组织成员与组织之间的文化冲突，无论对组织成员的积极性与潜

---

① 本节的内容，本书作者曾以《组织人力资源的"文化范成"初探》为题发表在《学术研究》2003 年第 10 期，本书有删改。

能的发挥，还是对组织人力资源整体功能的优化与团队创造力的实现，都是最内在的极其严重的障碍。而这种障碍的克服，除了消极地解雇或拒绝文化异质者之外，更积极更有效的方法就是文化范成。通过文化范成，一方面使组织的人力资源在精神理念和价值观上得到组织文化的规范与整合，从而避免和消除组织文化冲突，增强组织整体创造力和团队战斗力；另一方面也使组织成员的心智模式由此而得到培育和陶铸，从而使其融入组织文化之中，逐步成长为组织的合目的的有用之材。

总而言之，文化范成之文化，主要是指组织文化。如果推广一点说，亦即人力资源成长的特定环境文化；范成之范，即规范、模式以及育化、养成等。其中规范、模式由组织提供，育化、养成表现为组织与其成员之间的文化整合与融通过程。这里既有组织的积极作为与要求，更重要的又是组织成员主动认同、接纳并融入组织文化，使自己快速成长的过程；而范成之成，则一方面是指组织人才培养目标的实现或组织成员达到了组织的特定文化要求；另一方面是指组织成员经由规范养成过程，实现了自我成长，融入了组织之中，成为组织发展的有用之才。至于判断成与不成的具体标准，则是符合组织要求的所谓共同的心智模式的养成。

二　文化范成概念的外延

"文化范成"首先属于人力资源开发管理的范畴。它是社会组织人力资源开发管理方法体系的一个重要环节。社会组织人力资源开发管理的方法体系，一般地说来主要由培训、激励、结构优化和文化范成几个基本环节所组成。其中培训是这个体系的基础，它要解决的是人力资源的基本素质、工作能力和创造技能的生长根源问题；激励是关键，它是人力资源潜能的最佳释放器，是人力资源潜质转化为现实创造力的内在动力机制；结构优化是核心，它非但能够克服资源浪费和形成更强大的结构性功能，而且能够确保经由激励释放出来的人力资源潜能不至于发生结构性的损耗与降减，从而进一步保护和激发人们的创造能力与积极性，使组织的人力资源整体功能达到最大化；文化范成是保障，它关注的是人力资源内在的精神信念、价值追求与创造动机等，它着重要解决的是组织成员对组织精神理念的认同与忠诚问题。换句话说，文化范成是贯穿于社会组织人力资源开发管理全过程的一种内在的规范养成力量，它确保组织法律上的成员真正成为和是这个组织文化上的"组织人"，例如，我们说"海尔人""北大人""深圳人"等便是这个意思。由此，"文化范成"也就应该和能够保障组织人力资源成为忠诚地服务于组织目标的创造力量；其次，文化范成也属于文化动力学的范畴。文化范成是我们经常所说的"文化的功能与作用"的一种具体表现或自觉实现形式，它指的是组织文化作为一种培育、激励与规范力量作用于组织人力资源开发与管理的能量释放过程及其结果。这个过程与结果，既可能自发地发生与实现，也能够和应该是一种自觉的作为和追求。

三　文化范成的特性

文化范成如果在一个社会组织中自发地发生与实现，那它就是一种客观文化现象，即具有客观性。当文化范成是一个社会组织自觉的作为与追求，把它作为一种人力资源开发管理的战略和策略与方法的时候，那它就是一种主观活动和努力，即具有主观性。作为一种客观文化现象，无论人们自觉与否，文化范成现象在任何一个社会组织中都是普遍存在的和经常持续地发生着的。只不过这样自发的过程其运行发展方向和所发生的效应与结果，由于不受组织控制，可能并且往往会对组织不利，甚至会造成深重的、长期的、不易消除的负面影响和破坏作用。现代管理思想已经由过去的经验管理、科学管理发展到新的文化管理阶段，现代人力资源开发与管理，也已经是广受重视的各社会组织的战略核心问题。从文化深层次将组织文化的人力资源开发管理功能具体化落到实处，对人力资源进行自觉的文化范成，不仅可以消除组织文化冲突，避免上述自发性所产生的不利的负面的影响，而且能够形成长久的、深刻的或内在的持续生产能力和创造源泉。

此外，文化范成，或者说社会组织人力资源的文化范成，无疑还具有内在性与过程性等特性。作为一种客观的文化现象和主观自觉的文化追求与努力，文化范成针对的是人的内心世界和精神领域，尽管它在管理上也会表现为一系列外在的形式与方法，例如制度、措施、仪式以及用来营造一定氛围的情景和"文物"（即含蕴文化意义之物），等等。但人们绝不能够祈求仅仅通过这样的外在的形式就能够实现文化范成的目标。因为，文化范成不仅是内在的，甚至是隐性的，而且是一个人的心智模式的逐渐地长期地育化养成过程。这个过程由于其本身的性质和组织发展对其提出的变化性要求而变得极其复杂。这个过程与其目标的实现，需要人们用极富艺术创造性的和恒久的战略意志去精心地哺育、呵护与构筑。这正是摆在我们面前的一个需要进一步深入研究的课题。

四 提出"文化范成"概念的意义

"文化范成"概念的提出，目的是为了解释和针对这样一些现象：如有些社会组织人力资源的构成是很不错的，甚至其成员年龄、知识、能力与专长等结构也是较为合适的，但就是无法形成一个真正的有生产能力或创造力的团结协作的整体或团队。当人们采用诸如激励等多种措施加以应对的时候，非但不能够解决问题，反而会带来更多的麻烦，甚至出现麻烦和问题随激励强度的提高而增强和增多的恶性现象；又如，有些人员素质平平，但一旦进入适合于自己成长的某些社会组织，便如鱼得水，不仅其潜能得到完全释放，超水平发挥着自己的作用，而且能够得到迅速地适意地成长，很快便成为对组织有着重要贡献的举足轻重的人物。相反，有些无论从什么角度来看都应该说是绝对的人才者，但自从他进入一个不适合的组织环境之后，就犹如石沉大海，其能力与素质也随时间的流逝而逐渐退化与降减；再比如，有些人在不同的组织环境中会判若两人，有着完全不同的表现。又如那些不忠诚于组织的组织内的所谓"能人"，不仅不会对组织有所贡献，反而会给组织带来诸多的问题与损害，等等。诸如此类的现象不胜枚举。

这些现象产生的原因和解决的途径无疑都是多方面的和多样的，但组织文化在其中所具有的和能够发挥的深刻的、重要的甚至是决定性的作用却是不言而喻的。然而，当我们用惯常所说的组织文化的功能和作用等概念来解释这些现象和处理这些问题时，却显得过于抽象与笼统。而用文化的规范作用等概念对此加以说明，又显得不够全面。因为规范作用侧重于对人的行为的规制和约束等表面的和被动的方面，无法阐明其中更为深刻的人力资源经由组织文化的教育养成而发生的主动成长的方面。为此，本人提出能够兼顾规范与成长、包容主动与被动的、解释能力与实际操作性更强的文化范成概念，以期一方面在理论上解释这些现象；另一方面在实践上力求为社会组织的人力资源开发与管理提供一种重要的认识与方法。

当然，这样的任务仅只靠文化范成一个概念是无法胜任的。但这个概念的提出却给我们向这个目标迈进探索确定了方向、奠定了基础。以此为基点，我们就能够进一步探索文化范成的方式方法与模式等更为具体的和可操作性更强的问题，以改变当前组织文化研究与建设上的抽象化、神秘化或者简单化、时髦化，和人力资源开发与管理中无法实现甚或忽视文化功能与作用等现象，将我们的管理水平逐步提升到当代文化管理的高度上来。

第二节　人力资源品质的有效提升[①]

人力资源品质是指特定范围内（如社会组织或地区等）人力资源的构成、性质、潜能和可否被有效利用的适宜性等所形成的人力资源的整体状况，它是用于评价现存人力资源素质高低、质量优劣以及能量大小等的一个基本概念。对于一个具体的社会组织来说，人力资源

[①]　本节的内容，本书作者曾以《论人力资源品质的有效提升》为题发表在《企业活力》2003 年第 6 期，本书有删改。

是其创造力和竞争力的源泉所在，人力资源品质的优劣直接决定其自身的生存发展能力和对外的竞争能力。因此，如何提升现有人力资源品质，是现代社会组织人力资源开发与管理的最基本的同时也是最重要的任务。而人力资源品质能否得到有效提升，则取决于人们为这种提升所确立的具体目标的科学性及其实现途径与方式方法的合理性。

人力资源品质的提升首先要有切实可行的具体明确的目标。这种目标的确定，不仅与人们对组织自身现有人力资源状况的评价和对组织发展在人力资源方面所提出的具体要求的认识有关，更涉及人们对人力资源品质优劣的评判标准的理解。在这里有两个问题是我们必须首先明确的。

第一，人力资源品质的优劣是相对的，不是绝对的。通常人们往往要采用一定的指标或参照物作为标准才能对其进行具体的评判。可是，问题的关键又恰恰在于我们用什么样的指标或参照物作标准？那种将一个组织的人力资源状况与别的组织进行简单比较，或者用什么"文凭的等级""专家的级别和数量"等作为标准，对组织人力资源品质进行优劣评判的流行做法，其实只具有某种抽象的理论意义。对社会组织有效提升自己的人力资源品质的实际活动而言，这种做法和其采用的标准都是不可取的和没有什么实质性意义的。事实上，评判一个组织人力资源品质的优劣，关键要看其是否能够很好地满足组织运营与发展的要求，是否能够使组织富于相宜的或足够的创造能力与对外竞争能力。因此从实践角度看，评判组织人力资源品质优劣的指标或参照物，只能从这个组织自身来寻找，即必须从这个组织的实际状况及其内在需求出发进行考量，才是合理的和有意义的。

第二，人力资源虽然就其一般的意义而言，它是指人的体力和智力的总和，但人的智力和体力作为一个特定的社会组织的资源，却有其更为具体的内容。它往往表现为被这个组织现实地有效地加以利用的、由组织成员集体智慧和能力所构成的具有特定结构的系统。换句话说，对于一个特定的组织而言，人力资源是一个整体概念，它并非组织成员个人所拥有的孤立的东西，亦非组织全体成员的智力和体力的简单相加。人力资源整体品质的优劣不仅与构成这个整体的要素的状况有关，更取决于其结构的合理性。因为构成人力资源整体的每一个个体，都只是作为这个整体的特定相关要素而存在的，他们的素质和能力虽然一般地会影响到这个整体的品质，但真正决定这个整体品质优劣的却是其整体结构性功能的强弱。因此，评价一个社会组织的人力资源品质的优劣，就不能够仅仅看其构成要素或个体的情况，而应当从整体着眼，通过着重考察其结构的是否合理，以及由这种结构所能够形成的满足组织生存发展要求的整体功能或结构性功能的强弱来加以判定。明确上述两个问题，对社会组织有效地提升人力资源品质具有至关重要的意义。因为，从组织的实际状况及其内在需求出发和着重考察人力资源结构的合理性及其整体功能的强弱，不仅是我们正确理解人力资源品质优劣的评判标准的基础和关键所在，而且由此它们也就成为社会组织科学确立人力资源品质提升的具体目标的两个基本原则。

具体点说，这两个基本原则的精神实质就是从组织实际状况及其内在需求出发，即一方面要以组织现有人力资源的基本情况为基点；另一方面要针对组织所从事的具体活动或经营内容，根据其运营和未来发展的实际要求来确定人力资源品质提升的具体目标。

所谓着重考察人力资源结构的合理性及其整体功能的强弱，就是既要考察人力资源的配置与组织的具体活动内容是否匹配，又要考察人力资源的内部结构是否做到了资源的优化配置；既要考察人力资源整体功能在静态上是否达到了最大化，又要考察这种功能对组织的发展来说在动态上是否能够形成最佳的支撑，等等。通过这些考察，并以此为重点来确定人力资源品质提升的具体目标，以使我们能够将人力资源配置的适宜性、经济性、有效性和先进性有机地结合在一起。总之，按照这样的两个原则来确立人力资源品质提升的目标，是人力资源品质提升目标的科学性和有效性的根本保障和本质要求。

人力资源品质提升的具体目标确定之后，接下来的问题就是要选择实现这个目标的具体途径与方式了。

近年来，由于人力资源开发与管理受到了普遍重视，不仅理论界在相关的方面有层出不穷的各种各样的提法和观点，实践方面也有令人眼花缭乱的创造，甚至还不时地会出现一些时尚性的流行的观念与做法。冷静地思考这些观念与做法，除去其积极的一面这里暂且不提之外，其中也存在着许多令人担心的问题。这里与我们的讨论直接相关的有两个问题：第一，由于人们过分地追求时尚，追求新奇，从而忽略或忘却了那些最为基本的并且是真正有效的途径和方式；第二，人们往往不是从各种途径与方式的协同配合上来认识和应用这些方法，而是过分迷信其中的某一种或某个环节。一旦这样做无法奏效，就转迷信另一种或另一个环节，从而造成了虽然流行风潮不断涌现，但实际上却鲜有成效的一些尴尬局面。

本书认为，人力资源品质的提升是一个非常实在的逐渐显效的过程。在这样一个过程中是不存在什么神奇的、立竿见影式的方法的。实现组织人力资源品质提升的真正有效的途径与方式，恰恰就是那些容易被忽略与忘却的最为基本的提升方法或环节的有目的的组合。所谓"有目的的"就是指，这种组合必须以人力资源品质提升的具体目标为满足对象，要根据这个目标的要求来进行相应的组合。而所谓"组合"就是说，要讲求各种途径与方式的相互配合与整体功效，把它们当作一个在实现组织人力资源品质提升过程中的动态的方法体系来看待。至于这里所说的"最为基本的方法或环节"，则主要是指如培训、激励、结构优化、文化范成等。鉴于这些范畴的内容已经是人所共知的基本常识，下面我们就以这些常识为前提，重点谈谈当它们作为人力资源品质提升的基本途径与方式组成一个动态的方法体系的时候，它们各自所具有的不同地位和作用的问题。

培训　在人力资源品质提升的基本途径与方式的体系中，培训是基础。包括实践锻炼在内的各种各样的培训或学习，是人力资源基本素质、工作能力和创造技能的生长根源。任何意义的人力资源品质的提升都必须以此为起点和基础，通过适当的培训形式培育自己所需要的人力资源的基本潜质，为后续的进一步的人力资源整体品质的提升夯实基础。

激励　激励是人力资源品质提升的关键所在。通过培训所培育起来的人力资源的潜质只是一种可能性，这种可能性是否转化为现实的创造力，是衡量人力资源效能高低及其品质优劣的关键。激励是人力资源潜能的最佳释放器，是人力资源潜质转化为现实创造力的内在动力机制。人力资源品质的提升必须通过各种有效的激励机制来推动。

结构优化　结构优化不但能够克服资源浪费和形成更强大的结构性功能，而且能够确保经由激励释放出来的人力资源潜能不至于发生结构性的损耗与降减，从而进一步保护和激发人们的创造能力与积极性，使组织的人力资源整体功能达到最大化。因此，结构优化是人力资源整体品质提升的核心所在。只有抓住这个核心，搞好结构优化，才能使组织成员各有其位、尽展其能、相互配合，组成一个具有更大创造能量的真正有战斗力的团队。

文化范成　文化范成是指通过特定的组织文化母体对组织成员的价值观及其精神追求和行为风格的培育、规范和陶铸过程。这种过程对于由活生生的人所组成的人力资源来说是至关重要的。它能够使组织的成员在认同组织价值观及其基本精神理念的基础上，忠诚于组织，与组织同心同德，并在实际工作和活动中养成符合组织文化特点和适应组织要求的特有行为风格。唯有这样经过组织文化母体范成或陶铸的成员，才可以说是组织真正现实的人力资源。否则，那些游离于组织文化之外或与组织文化格格不入的异质者，无论其潜质有多大，无论其潜能是否被激发了出来，即使是不对组织人力资源整体造成损害，也不可能成为组织适宜的现实的人力资源。所以，文化范成是人力资源品质提升的根本保障，缺乏这种保障的人力资源品质的提升，其现实有效性就要大打折扣。

综上所述，培训、激励、结构优化、文化范成等这些基本方法，恰恰是人力资源品质提升的最基本的和真正有效的途径与方式。实践中，如果出现它们不能奏效的现象，那不是这些途径与方式本身的问题。因为，对这些途径与方式的任何运用的不当同样会使其失效。比如，将它们割裂开来，或者夸大抑或贬低其中任何一个的功用，都是不合理的和不可取的。因为，那样将会破坏上述由它们协同配合所形成的，作为贯穿于人力资源品质提升全过程的动态的方法体系的性质。换句话说，只有将这些途径与方式作为一个整体，使其在人力资源品质提升的过程中相互作用、相辅相成，才能够最终实现组织人力资源品质提升的具体目标。

另外，还应当指出，我们以上所讨论的还仅仅是人力资源品质提升的基本途径与方式。在现实的实际操作中，由于各个社会组织的具体情况及其人力资源方面存在的问题不尽相同，人力资源品质提升的途径与方式也应当有所区别。这意味着，当人们运用这些基本途径与方式于实际操作的时候，还要根据组织的具体情况和要求，对它们的组合状况以及具体实施内容等作出相应的适当的调整与设定。必须强调指出，这种区别是至关重要的。可以说，没区别就没有针对性，也就不可能有人力资源品质提升的真正有效性。

第三节　社会组织的内部人才开发①

当前，围绕第一资源——人才的竞争日趋激烈。各种社会组织都把人才开发作为自己的重点工作与核心战略。为了能够开发出对自己的组织真正有效的或能够带来更大生产能力的实用人才，许多社会组织都或从理论上设计、或在实践中创造、或由国外和其他组织引进，使得自己的人才开发的方式方法，花样不断翻新，各种所谓的人才开发的新概念、新时尚、新潮流层出不穷，令人眼花缭乱。

然而，据我们所做的"关于不同人才开发方式的效果比较"的专项调查显示，与这些时尚和潮流所表现出来的犹如搞运动式地热闹的表面现象极不相称的是，这些新花样不但实际收效难如人愿，甚至还产生了一系列负面的效应。相反，真正有效的反倒是诸如培训、激励

---

① 本节的内容，本书作者曾以《论社会组织的内部人才开发》为题发表在《人才开发》2004 年第 1 期，本书有删改。

等在这些"潮流和时尚"中容易被人们忽视和忘却的所谓"传统"的方法，尤其富有成效的是那些依据组织实际情况，由这些"传统方法"生动地结合在一起的各种具体的组合方式。个中的原因和其所昭示的真理值得我们认真思索与对待。

社会组织的人才开发相对地可以区分为，以人才引进和人力资源共享为主要内容的"外延式"的外部人才开发，和以组织现有人力资源的品质提升为主要内容的"内涵式"的内部人才开发两个基本方面。

一　社会组织内部人才开发的重要性

内部人才开发的重要性表现在它是社会组织人力资源战略的核心内容，是社会组织竞争力的内在源泉和绝对基础。与外部人才开发相比，它更为根本，更加重要。按理来说这是不言而喻的，本不该成为一个需要讨论的问题。我们这里之所以把它专门提出来加以强调，是因为依据我们的专项调查显示：在当前激烈的人才竞争中，普遍存在着人才开发重外部引进，轻内部培养，甚至忽视内部人才开发问题的倾向。似乎一提人才开发就是要引进人才，而引进人才就是将那些绝对地拥有"高学历""高职称""高文凭""高名望"者占为己有，甚至不顾自己的组织是否真的需要和能否有效地使用他们，当然也不惜任何代价。其结果非但使这些被抢占的"人才"成为各组织之间炒作、争夺的对象，长期发挥不了应有的作用。如他们当中或出于自己不满意，或受到更强有力的诱惑与争夺，两年连换二至三个单位者不在少数。与此同时更引起了许多内部问题，诸如内部成员的心灰意冷、人才政策的有失公平、人际关系的紧张和人力资源结构优势的耗损，等等。

究其原因，这至少暴露了人们在人才开发观念上的两个误区。一是把人才竞争认为就是人才争夺。这虽然是两个有关联的问题，但其性质却是不同的。人才争夺的主体是社会组织．它的实质与目的是占有人才。而人才竞争的主体是人才本身，它的实质与目的是提升组织成员对自己组织的贡献力和创造力。所以，人才争夺最多只不过是人才竞争的一个环节而已；二是把人才开发等同于人才占有。这是本末倒置了。人才一般地说来就是能够创造价值的人，只不过人们的才能有大小之分罢了。然而，今天人们所谓社会组织的人才开发的真正含义，并非指对有大才能者的数量上的绝对追求与集聚，而是指对现有人才——不论其才能是大还是小——潜质的充分发掘、能力的进一步培养、创造性与贡献力的有效利用等。可见人才占有只不过是人才开发的起点而已，绝对不能把二者画等号，更不能颠倒过来把人才占有当作是人才开发的目的。

毫无疑问，无论是实现增强人才对自己组织的贡献力和创造力，以使组织在激烈的人才竞争中立于不败之地的人才战略目标，还是完成组织对现有人才潜质的充分发掘、能力的进一步培养、创造性与贡献力的有效利用等人才开发的主要任务，组织内部的人才开发都是绝对重要的，它显然居于主要的、基础性的和根本性的地位。离开或缺失了内部人才开发的所谓人才开发，不管其花样有多少，都只能做做形式主义的表面文章罢了。然而，观念上的上述两个误区必然导致的共同结果，就是在实践中对组织的内部人才开发的重要性的低估和忽视。这应当引起我们的高度重视。

二 社会组织内部人才开发的基本内容与特性

社会组织的内部人才开发不仅有其特定的内容，而且有其特殊的性质和自身的规律性。为了能够寻找到符合这种规律的内部人才开发的基本模式，有几个相关的问题是必须首先加以明确的。

第一，内部人才开发本质上都是一项十分严肃的、长期的战略性工作。它讲求务实有效，深入细致，长期不懈地努力。内部人才的开发是对人的才能的长期培育和对人的潜质的不断发掘的复杂过程，是一个逐渐显效的过程。常言道："十年树木，百年树人。"在这里不存在什么捷径或可供人们投机取巧的妙法。任何时尚与潮流都是不合适的，那些跟风赶潮的形式主义的花架子是注定不会有什么成效的。

第二，内部人才开发是在既定的人员基础上，对组织现有人力资源品质的提升过程。既定的人员基础要求内部人才开发切不可好高骛远，不切实际地追求什么理想性的纯粹的高指标、高规格，必须从现有人员的实际状况出发，实事求是地设计富有特色与个性的组织培养和个人成长计划，采取切实可行的措施与方法精心培育、逐步落实；人力资源品质的提升是内部人才开发的核心或主要内容。这是一个漫长而又复杂的过程，必须通过对被开发对象的素质与能力的培育，潜质或潜能的发掘，创造力和贡献力的集群整合与优化，以及使他们真正忠诚地满足组织需求，为组织带来更大生产力和效益的价值观的造就与行为的规范等诸多层面与环节的协同配合、逐次推进来完成。

第三，内部人才开发以满足组织特殊需要为目标。决定内部人才的开发与诸如学校等侧重于人的基本素质的培养过程，在性质上是有区别的。内部人才开发必须富有具体针对性以适应组织的需要。换句话说，内部人才的开发实际上是对组织现有成员满足组织特定需要的职务贡献能力的培育与发掘，它更多地关注的是人才的职务适应性的培育和职务技能的成长。在这里任何抽象的"高学历""高职称"都是外在的，甚或是不重要的。

第四，内部人才的开发是组织人力资源整体战略的重要内容或组成部分。从社会组织人力资源整体战略的角度来审视，内部人才的开发无论是集群培育、全员素质提升，还是个别培养，都是为了服务于组织人力资源结构的优化和整体效能的最大化的。也就是说，内部人才的开发，开发的是组织所需要的人的才与能，讲求的是组织成员间的才能的相互匹配与集群（团队）创造力的提升。因此，内部人才开发过程中的具体开发对象的确定，所需开发的重点内容或层面，开发方式和效果的评价等，都必须放在组织人力资源整体战略的全局中来考量。

上述内容和特性表明，内部人才开发是一个非常实在的、复杂的并且是逐渐显效的过程。这样一个过程是不存在什么神奇的、立竿见影式的方法的。在这里真正有效的途径与方式，恰恰就是那些容易被忽略与忘却的最为基本的所谓的"传统"的方法或环节的有目的的组合。这种组合必须能够满足组织的现实需求，以解决组织人力资源方面存在的具体问题为目的，要根据这个目的的要求来进行相应的组合。而组合要讲求各种途径与方式的相互配合与整体功效，把它们当作一个在实现组织人力资源品质提升过程中的动态的方法体系来看待。至于最为基本的和传统的方法，则主要是指如培训、激励、结构优化、文化范成等这些耳熟能详的方法。这些方法是人力资源品质提升最基本的和真正有效的途径与方式，是真正符合组织内部人才开发内容与特性的科学的方法。

第四节　外部人力资源的开发利用①

人力资源是举世公认的现代社会组织生存与发展的第一资源。因此，无论是现代的企业还是其他社会组织都把人力资源的开发利用作为自己重要的核心战略。从现代市场观念的大视角来审视，就一个具体的组织而言，这个战略的成功不仅在于要搞好组织内部的人力资源的开发利用和有效管理，对组织外部的人力资源的积极适度地开发和充分有效地利用，亦是其不可或缺的十分重要的方面。因为，现代社会组织的人力资源的配置本质上应该是一个内外兼容的开放性的动态体系。本书想就外部人力资源的开发利用问题谈谈自己的认识和看法。

所谓外部人力资源，是指一个组织所处的现实环境中除了自己在册成员之外的所有可资利用的人力资源。组织外部人力资源的开发利用，不仅是组织自身生存与发展的内在要求，也是组织融入和参与现代市场一体化活动的基本内涵之一。首先，就组织自身的内在要求来看。人力资源虽然是组织最重要的资源，是组织生存发展的支柱、竞争的法宝和创造力的源泉，但任何一个社会组织对人力资源的承载都

---

① 本节的内容，本书作者曾以《试论外部人力资源的开发利用》为题发表在《理论导刊》2003 年第 9 期，本书有删改。

是有限的和具体的。人们不可能通过人力资源总量的无限扩张来达到更优甚或最优的结果。当一个组织没有相应的能力或条件——就相对的意义而言，这对任何一个组织都是无法超越的事实——占有自己所需要的更多的人力资源，或者为完成某些具体的项目和业务使用组织内部人力资源的成本过高或不合理的时候，有效地开发利用组织外部的人力资源就不仅是必要的，而且也是一种更具现代积极意义的合理的选择，此其一；其二，人力资源利用的有效性取决于组织所能够掌控的人力资源总量和结构的合理性。而这种总量和结构的合理性，并不一定表现为一个组织是否能够建构起独立的完备的内部人力资源体系。——这往往是不可能的，甚至是没有必要的。从现代市场一体化的大视角来考察，现代社会组织应该是一个开放的系统，这种开放系统必须具备有效吸纳、联结、利用、共享外部资源、能量、信息的开放性结构。因此，组织人力资源的总量和结构，就应该以它能否成为真正的具有上述开放性功能，能否成为整合内外可资利用的人力资源，从而最终成为满足组织现实需求的有效平台，来作为衡量其合理性的重要标准。换句话说，即外部人力资源的开发利用是组织建构其合理有效的人力资源体系的重要组成部分，是这个体系的开放性的根本保障。缺少这个部分的人力资源战略非但不具备现代社会所要求的开放性，并且是不完备的，残缺不全的；其三，这样一来，组织就有可能大大缩减内部人力资源的总量，降低成本，把内部人力资源配置的重点放在满足内部必需和对外具有强有力的开发利用能力的合理结构的建构上来，从而尽可能形成所谓四两拨千斤的效果。这既符合以最小的投入获取最大的效益的经济学原则，也是现代组织运营的基本要求。

其次，就组织融入和参与现代市场一体化的内涵来看。在现代市场条件下，社会组织参与和融入市场是其无法自愿选择的基本生存方式。然而，通常一提起参与市场，人们首先想到的就是竞争。其实这是一种片面的理解。市场当然有竞争，但市场更重要的是一种资源配置方式，是独立的市场主体相互连接、共享利益的桥梁和纽带。市场的这种性质要求参与市场活动的主体，即各种各样的社会组织，切忌把人力资源市场仅仅当作争夺资源的战场。那种一旦争夺对象得手就把自己封闭起来，使自己成为一个万事不求人的孤立的个体的做法，是不符合市场的本质要求的。即使是讲竞争，良性的竞争也是反对垄断与独占的。因为无论是孤立还是垄断与独占，都将使真正的市场不复存在。真正的市场要求作为市场主体的社会组织必须融入市场，使自己成为市场运作过程总链条中的一个纽结。不仅市场是自己的，而且自己也是市场的；市场上的人力资源是自己可以和应该利用的，自己的人力资源也同样是市场其他主体可以利用的。只有在这样的相互作用的动态过程中才显示出市场配置资源的现实功能。也只有在这样的相互作用的动态过程中才能使市场中的人力资源存量得到充分地利用，使其潜能得到真正有效地开发和释放。现代社会组织必须用这样的市场观念的大视角来配置自己的人力资源，把组织外部的人力资源看作是市场提供给自己的，可资开发利用的难得的重要资源。把对组织外部人力资源的开发利用，作为自己参与市场活动的基本内容，通过融入市场的方式来建构自己适合于市场化运作的人力资源体系，构筑自己适应现代市场要求的开放性的动态的人力资源战略。

组织外部人力资源的开发利用无论对组织自身还是对整个社会都具有十分重要的意义。对于社会组织来说，外部人力资源的开发利用不仅可以补充内部人力资源的不足，优化组织的人力资源结构，还可以通过外部人力资源开发利用的多种方式实现借力打力的功效，以便使组织能够借用外力来解决和办理一系列仅靠组织自己无法解决和办理，或组织单独解决办理起来成本高、风险大的问题和事项。此外，通过外部人力资源的开发利用，使组织与外部环境建立起广泛的联系或结成良好的联盟，从而突破传统组织以围墙为边的空间界限和以组织结构图为准的逻辑边界，使组织的触角发散性地广泛地深入到市场当中，形成以小搏大的局面。这无疑将扩大和增强组织生存与发展的空间和能力，提升组织在市场运作中的自由度，使自己立于不败之地。总而言之，现代社会组织在人力资源开发利用的战略布局上，必须树立如下两个基本观念：一是融入市场，利用市场为自己提供的条件与机会，借力而为。要认识到，这是现代社会组织在市场中生存和发展的基本方式。那种把自己封闭起来，一味地追求自身孤立的内部体系的完善性的人力资源配置方式，在现代市场化的条件下既是徒劳的，也是应当摒弃的不符合游戏规则的旧的观念；二是必须把外部人力资源的开发利用作为组织人力资源开发利用的整体战略的重要组成部分，内外兼顾，统筹安排。在市场运作的动态过程中实现符合自身要求的人力资源的优化配置。

就外部人力资源开发利用的社会意义而言，一般地说来，通过社会组织等各市场主体对外部人力资源共同的、相互的开发利用，既可以盘活存量，使社会总体人力资源得到动态的优化配置，又可以实现增量，使人力资源的潜能得到充分地释放和结构性地增长，从而最终实现社会整体人力资源环境的优化、品质的提升和利用的有效性。具体地说，在我国这样一个人力资源总量巨大，潜能开发不足，结构不尽合理，各社会组织内部人力资源容量有限等现实条件下，基于市场化运作的上述外部人力资源的开发利用更显示出其特殊的意义。党的十六大提出，实现全面建设小康社会的奋斗目标，要走出一条"人力资源优势得到充分发挥的新型工业化路子"。本人以为，这决不意味着我们可以搞人海战术，采用过时的组织、机构人员总量扩张的粗放型的做法。因为这违背工业化的本质和规律。问题的关键在于创新，走新路子要有新方式。上述以内部人力资源为基本平台，内引外联，使组织广泛地融入市场，充分开发、调动、利用外部人力资源的现代人力资源开发战略，既拓展了组织生存发展的空间，增强了组织生存发展的能力，又不失为能够解决我国人力资源存在的现实问题，使我国人力资源的优势得到充分发挥的一种更具现代积极意义和广泛社会效益的新方式。

外部人力资源开发利用的具体策略和方式，对于不同的社会组织说来，由于其自身情况、所处环境、开发利用的目的以及被开发利用对象的状况等的不同而必然有所区别。换句话说，这里并不存在什么一般的统一的固定的策略和方式。外部人力资源开发利用的策略和方式的本质和生命力恰好在于它的多样性、灵活性和具体有效性。所以，社会组织应该从实际出发，根据自己所处的具体情况，实事求是地制订和采用富有特色的有效的策略和方式。当然，这并不排斥我们学习和借鉴他人的经验和做法。例如，借船出海、结盟合作、业务外包、资源共享、吸收引进等都是可资借鉴的策略和方式。但是，无论人们采取什么策略与方式，只要能够遵循如下一些基本的原则和满足这些要求，就应该被认定是可以采用的好的策略和方式：1. 不违反法律、政策和道德规范，符合市场游戏规则；2. 出于组织自身的内在需求，符合实际情况；3. 相对成本更低、风险更小、更能解决问题；4. 既能为组织拓展生存与发展空间，增强组织在市场中的自由度，又能对优化环境和社会人力资源的优化配置与充分利用产生积极效应。另外，还应当指出，人力资源是一种与其他资源不同的特殊的资源，它的能量的释放和潜能的发挥，本质上取决于其自身的主动性、积极性和创造性。因此，在我们开发利用这种资源的过程中，要始终处处贯彻"以人为本"的现代经营管理理念，必须始终把对人自身的利益的保护与需要的满足放在首要的位置。唯有如此，才能够真正调动和激发其主动性、积极性和创造性。

第五节　人才多渠道柔性利用的基本形式①

一　人才多渠道柔性利用模式

人才的多渠道柔性利用就是指对人才的利用不仅仅依靠区域内所属单位的人才来创造效益，而是放宽政策，走借"脑"发展之路，不拘一格引进智力，采取多样化的、柔性的利用形式来达到与区域外部的人才的共享，从而创造出更大的效益。

---

① 本节的内容，本书作者曾以《人才多渠道柔性利用的核心理念和基本形式》为题发表在《科技进步与对策》2009 年第 12 期，本书有删改。

人才的多渠道柔性利用有四大功能①：一是可以部分地解决人才结构性紧缺矛盾。从人才资源稀缺方来看，这种来去自由的方式，在一定程度上缓解了某些地区、机构难以引进亟须人才的矛盾。二是能够降低人才使用成本。从人才使用方来说，柔性多渠道利用无疑可以节约人才投资与引进中的交易费用。三是可以减少人才流失风险。从风险角度来讲，柔性多渠道利用在一定条件下放飞了人才，使人才的"自我实现"需求得到满足，从而减少了流失人才的风险；四是有利于人才自身素质进一步提升。从经济学角度来说，人才柔性多渠道利用，可使闲置的人才流动起来，发挥作用，使人才找到发挥自身才能的最佳位置，提高人才使用效率，提升自身素质。

二　人才多渠道柔性利用的核心理念——"不养而用"观

中国人事科学研究院副院长王通讯在《让管理成为提升人的科学》的研究中说，今天的世界，人才使用正在发生变化，"不养人而用人，是用人的上策""不求所有，不求所在，但求所用"更加重要②。为什么提出用人不养人呢？原因是现代科技的发展和市场经济体制改革的深化，使得人才日益打破单位和部门所有，而成为社会化的人才。他们在为单位、本地工作的同时，也可以以多种方式为其他单位或其他地方服务。于是一种新的用人方式——"用人而不养人"应运而生。

人才竞争的激烈，不仅表现在人才竞争时间的提前上，更表现在空间的扩大上，现在人才的竞争可以在学校，在家庭，甚至在网上。人才竞争的空间位移，表现为人才竞争的距离拉近。人才"不养而用"的观念要求我们按照市场经济发展的要求，打破国籍、户籍、身份、档案、人事关系等种种制约，突破工作地域、工作单位和工作方式的限制，以更灵活的用才方式，使国内外各类优秀人才为我所用。

"不养而用"观念的产生，与当代信息技术、互联网技术的发展

---

① 王莉莉：《人才思想观念发展变化问题研究》，《中国人才》2003 年第 10 期。
② 赵曙明：《人力资源管理研究》，中国人民大学出版社 2001 年版，第 67 页。

密不可分。网络已不仅仅是用来通信、联系的工具，它还是寻找合适人才的桥梁。我们要充分利用现代科技手段，同时调动经济、科研、项目设立等手段，把"不养而用"发展起来，形成一种重要的用才方式。

三 人才多渠道柔性利用的不同层次或发展阶段

1. 以民间自发推动为主的阶段

该阶段引进外部人才方面的特点是形式单一、松散。地处偏远、经济落后区域的一些企业，在本企业面临技术难关时，可以到工业发展相对成熟，技术较为领先，人才较为集中的中心城市乃至全国各地，通过"走亲访友"，请"师傅"，依托"星期日工程师""业余工程师"来解决其技术难题[①]。这是由企业之间甚至个人之间建立的一种临时松散的关系。这种民间自发式的要素流动，将对该地区的建设起到很重要的推动作用。在这一阶段，虽然信息渠道比较狭窄，人才利用形式也比较单一，人才共享也未成规模，但这一形式将会引起第一波人才多渠道利用方式的浪潮。

2. 以企业联合推动为主的时期

该阶段引进外部人才方面的特点是出现了形式的多样化。在这一阶段，区域内部的各种经济主体——企业要与区域外的各相关经济主体进行联营或合作，以便形成一个以全面工业化为基础的区域产业布局体系和以垂直分工为特征的分工协作体系。这种体系一旦形成，仅仅依靠"师傅""星期日工程师""业余工程师"的方式就会显得捉襟见肘，区域内和区域外都需要更多的人才利用形式。此时，企业间的项目合作、业务外包等人力资源利用形式开始涌现，人才交流的信息渠道也不再仅仅依赖亲朋好友的引荐，而是人才中介市场开始发挥作用。这样就会出现人才利用形式的多样化和小规模化的局面。

---

① 冯彬：《长三角人才合作：现状与对策研究》，硕士学位论文，华东师范大学，2006 年。

3. 以政府引导、市场推动为主的时期

该阶段的特点是人才利用形式多样、有序。在这一阶段，人才共享进入快速发展时期，人才共享形式多样、有序。这时，各地合作单位所在政府应加强交流，各地政府人事部门应就多形式利用人才方式在政策上达成一致，完善各地人才多渠道利用方式的措施和手段，使区域外和区域内人才合作利用呈现多元化、由点及面、不断推进的趋势。

四　人才多渠道柔性利用的形式

人才多渠道利用的形式多种多样，比如兼职、短期聘用、参加课题组、定期支援、讲学、咨询以及带项目、带成果、带技术共同合作，其目的是要促进知识转化为生产力，要有利于双方的长远利益，具体来说，分为以下五种形式[①]。

1. 项目式人才利用

项目式人才利用是指因技术开发或项目攻关的需要，不同单位的人才结成合作伙伴，形成研究团队，实行项目共同研发、技术共同攻关、利益共同分享的运行机制。无论从应用领域还是使用现状来看，项目式利用都颇受欢迎。从目前的情况来看，项目式人才利用的方式主要有：高校与企业之间的技术攻关合作、技术咨询、管理咨询和信息服务等。

2. 租赁式人才利用

人才租赁是指用人单位通过人才租赁机构选聘所需的某种专门人才，并通过这些机构为所聘人才发放薪酬以及办理社会保险、档案管理等人事代理业务的一种用人方式。目前，北京、上海、广州、深圳等地从事人才租赁的机构已有300多家，2005年业务量突破10万人。

3. 外包式人才利用

对单向性或临时性的管理职能或技术项目，本单位没有这方面的

---

① 何琪：《长三角人才共享透析》，《中国人才》2006年第12期。

人才能够完成，租赁人才又不方便，则可以将单项工作任务外包。区域内和区域外在人才优势和生产成本上存在的极大差异，为跨区域成功实施外包活动提供了良好的前提。比如，某单位自身培训力量薄弱，无力承担培训重任，就应该在发展自身培训力量的同时，在区域外寻找培训资源相对密集的地区，把培训外包，以此来提高劳动力技能。

4. 兼职式人才利用

现有各领域的人才都可以在企业兼职，企业人才也可以互相兼职。但兼职式利用必须以不侵犯单位知识产权、不泄露单位商业秘密、不冲击单位经济利益、不损害社会和公众利益为前提。有关部门出于保护本区域利益的需要，对人才兼职还采取"种种限制"或"无所作为"的态度，这种态度严重打击了人才的积极性，阻碍了人才多渠道利用的发展，所以针对人才兼职还需采取"公开鼓励"的态度。与此同时，还可以发展提供兼职信息的主题网站，为单位急需各专业人才时提供方便。

5. 候鸟式人才利用

"候鸟型人才"是指那些"不迁户口，不转关系，来去自由"，跨国界或地区进行工作的高级人才。对海外人士可以采取"常回家看看"的"候鸟"政策，通过一定形式的智力回流使这些专家、学者、企业家为家乡的建设添砖加瓦。这些人才的流动，对当地经济的发展、本地人才资源的发展及文化的交流都极为重要。而且，通过这种人才利用的模式还可以将本地的人才流动引入到国际人才流动的大循环中，争取到具有高超技能的外流人才。人才资源的共享，意味着不一定要求人才必须回国才算是回流，尽管人不回国，但心向祖国，同样对祖国的建设贡献了力量。可以说，候鸟式人才共享有利于最大限度地开发我国的海外人才。相比其他的利用形式而言，候鸟式人才利用方式具有明显的时空特色：空间上的跨区域性和时间上的"季节性"。

五　人才多渠道柔性利用的保障措施

1. 创新人才观念是基础

人才多渠道柔性利用是一种新型的用人方式，既能节省用人成本，又能提高人才利用效率，但是很多用人单位对这一理念还处于模糊的认识阶段，谈起人才，只想到拥有。事实上，人才成长发展需要有相宜的环境，这不仅是社会化大生产的必然要求，也是市场经济发展的基本条件。因此，要加大宣传力度，帮助用人单位转变观念，淡化地域间的"楚河汉界"，大力实施柔性引才引智战略，实现人才互通共享。

2. 完善资讯平台是关键

人才中介市场要发挥操作平台的作用，建立一体化的人才市场是实现人才多渠道柔性利用的关键。构建人才资讯共享平台，一要建立以一体化为核心的区域共同市场，搭建要素流动共享平台，特别要共建区域性的人力资源共同市场、信用征信共同市场、科技成果共同市场，保证各种生产要素通过市场合理流动；二要建立人才信息库，形成覆盖面广、时效性强的人才信息平台，加强人才信息库的分类工作，按行业、等级进行分类。充分运用网络技术，健全人才信息交换和发布机制，实现人才网络的连接，及时促进人才市场的供需平衡。

3. 健全法规政策是支撑

国际国内经验表明，人才合作进展缓慢与缺乏必要的制度保障密切相关。加强人才合作和多渠道柔性利用，必须建立健全各项法规政策。首先，要完善有关人才多渠道柔性利用的劳动报酬、解雇解聘、兼职、人才流动争议仲裁等法律法规，推进人才市场的法制化建设；其次，要实现区域内人才社会保障的一体化，使区域内的人才所享受到的社会保障水平一致或接近，其社会保障账户可以无障碍地随工作或生活居住地的流动而流动，并享受居住地社会保障；最后，对商业秘密的保护措施继续加强，人才多渠道柔性利用增加了人才流动的频率，但是过于频繁的流动，特别是一些骨干人才、具有特殊技能和专长的人才频繁跳槽，可能会造成生产开发中断、瘫痪以及技术、商业秘密泄露、流失，给企业带来许多纠纷和巨大经济损失。这就需要国家制订有关法律，采取必要保护措施，使人才和单位利益都受到保护，确保人才多渠道柔性利用健康有序发展。

参考文献

《马克思恩格斯全集》第 3 卷，人民出版社 1960 年版。

《马克思恩格斯全集》第 42 卷，人民出版社 1979 年版。

《马克思恩格斯选集》第 1 卷，人民出版社 1972 年版。

《中共中央关于深化文化体制改革推动社会主义文化大发展大繁荣若
    干重大问题的决定》，2011 年 10 月 18 日。

艾恺：《世界范围内的反现代化思潮》，贵州人民出版社 1991 年版。

陈小义：《如何实施有效的柔性管理》，《商业研究》2000 年第 11 期。

冯彬：《长三角人才合作：现状与对策研究》，硕士学位论文，华东师
    范大学，2006 年。

冯国珍：《柔性管理——未来管理的发展趋势》，《江西社会科学》
    2000 年第 9 期。

甫玉龙等：《浅议中国企业文化中的道德力量》，《北京化工大学学
    报》2002 年第 2 期。

傅长吉：《管理与人的存在方式》，《安徽大学学报》（哲学社会科学
    版）2006 年第 5 期。

傅长吉、丛大川：《"管理"与人的生命存在——对"管理"产生前
    提的哲学反思》，《安徽大学学报》（哲学社会科学版）2005 年第
    4 期。

高冠新、郭启贵：《反思管理本质的新视野》，《理论月刊》2009 年第
    8 期。

官鸣：《管理哲学》，知识出版社 1993 年版。

韩立新：《穆勒评注中的交往异化：马克思的转折点——马克思〈詹姆斯·穆勒《政治经济学原理》一书摘要〉研究》，《现代哲学》2007 年第 5 期。

何琪：《长三角人才共享透析》，《中国人才》2006 年第 12 期。

何伟强：《中西方管理人性论的辩证思考与应然构建》，《浙江教育学院学报》2008 年第 5 期。

贺来：《马克思哲学与"人"的理解原则的根本变革》，《长白学刊》2002 年第 5 期。

胡锦涛：《高举中国特色社会主义伟大旗帜　为夺取全面建设小康社会新胜利而奋斗——在中国共产党第十七次全国代表大会上的报告》，2007 年 10 月 15 日。

黄小晏、颜冰：《"2009 年中国管理哲学创新论坛"综述》，《教学与研究》2010 年第 3 期。

坚喜斌、李剑：《"全国管理哲学创新论坛"会议综述》，《教学与研究》2007 年第 7 期。

江卫东：《知识型员工的工作设计与激励》，《科学学与科学技术管理》2001 年第 11 期。

康杨：《管理中的人性假设综述》，《学理论》2009 年第 25 期。

黎红雷：《人性假设与人类社会的管理之道》，《中国社会科学》2001 年第 2 期。

李放：《懒蚂蚁与懒管理》，《企业标准化》2008 年第 19 期。

李燕萍等：《文化差异对人力资源开发与管理的影响——中法合资企业的人力资源开发与管理》，《科技进步与对策》2002 年第 6 期。

李一白：《美国政府科技人员的管理》，《全球科技经济瞭望》1999 年第 12 期。

刘宏、孙德宝：《制度与文化结合的人本管理原则》，《经济经纬》2001 年第 4 期。

刘劲杨：《穿越复杂性丛林——复杂性研究的四种理论基点及其哲学反思》，《中国人民大学学报》2004 年第 5 期。

刘友红：《对西方管理学中人性假设误区的文化哲学辨析》，《学术月刊》2004 年第 10 期。

刘友金、张天平：《管理学》，中国经济出版社 2008 年版。

马克思：《1844 年经济学哲学手稿》，人民出版社 2000 年版。

齐善鸿：《先进企业文化的基点是尊重人性——企业竞争力的不竭源泉》，《中外企业文化》2003 年第 12 期。

齐振海：《管理哲学》，中国社会科学出版社 1988 年版。

乔东：《管理思想哲学基础反思》，博士学位论文，清华大学，2005 年。

乔东：《西方传统管理思想中的实体人性论》，《山东师范大学学报》（人文社会科学版）2010 年第 1 期。

乔东、李海燕：《从模式管理到实践管理：管理思想哲学基础反思》，《山东师范大学学报》（人文社会科学版）2005 年第 4 期。

邱耕田：《应用哲学研究与马克思主义哲学创新——全国应用哲学第十一次理论研讨会综述》，《哲学动态》2006 年第 1 期。

芮明杰：《管理学》，上海财经大学出版社 2005 年版。

宋培林：《基于不同人性假设的管理理论演进》，《经济管理》2006 年第 11 期。

苏健：《管理与人性》，博士学位论文，中共中央党校，2003 年。

孙雅静：《企业文化——开发商业银行人力资源潜能之关键》，《技术经济》2002 年第 5 期。

唐伟杜、秀娟等：《现代管理与人》，北京师范大学出版社 1998 年版。

唐云川：《从海尔看企业文化建设》，《云南电业》2001 年第 12 期。

王莉莉：《人才思想观念发展变化问题研究》，《中国人才》2003 年第 10 期。

王文奎：《从被管理者的角度谈管理》，《当代财经》2004 年第 9 期。

王文奎：《当代新管理理论的四大核心理念》，《理论导刊》2003 年第 1 期。

王文奎：《企业文化的形成机制与建设方法》，《生产力研究》2003 年第 5 期。

王文奎：《在组织中成长——从被管理者的角度谈管理》，《理论导刊》2002 年第 2 期。

王晓红：《现实的人的发现——马克思对人性理论的变革》，博士学位论文，吉林大学，2008 年。

徐建龙：《企业人本管理思想综述》，《哲学动态》2000 年第 5 期。

许小东：《现代工作设计的基本原则与成功要点》，《企业经济》2001 年第 12 期。

阎秀敏：《管理哲学在中国的研究思路评述》，《汕头大学学报》（人文社会科学版）2009 年第 6 期。

尹卫东：《哲学视野中的西方管理思想流变》，博士学位论文，苏州大学，2002 年。

袁闯：《管理哲学》，复旦大学出版社 2004 年版。

原明妮、刘国平：《对人性假设新发展的哲学思考》，《现代企业教育》2006 年第 4 期。

张兵：《哲学视野下管理中的人性假设》，硕士学位论文，兰州大学，2006 年。

张德：《人力资源开发与管理》，清华大学出版社 2001 年版。

张剑、陈晖：《管理学》，中国工商出版社 2008 年版。

张隆高：《德鲁克的管理思想》，《南开经济评论》1999 年第 3 期。

张明兴：《西方管理学人性假设的哲学思考》，《贵州财经学院学报》2006 年第 3 期。

张守连、胡克明：《哲学智慧与企业管理的相互提升——"中国管理哲学创新论坛·2009"综述》，《哲学动态》2010 年第 1 期。

赵曙明：《人力资源管理研究》，中国人民大学出版社 2001 年版。

郑冬芳：《论马克思"人的本质"思想的形成过程和发展脉络》，《教学与研究》2009 年第 2 期。

周三多：《管理学》，高等教育出版社 2005 年版。

朱华桂：《论中西管理思想的人性假设》，《南京社会科学》2003 年第 3 期。

［比利时］伊·普利高津：《确定性的终结》，湛敏译，上海科技教育出版社1998年版。

［德］恩斯特·卡西尔：《人论》，甘阳译，上海译文出版社1985年版。

［德］费希特：《人的使命》，商务印书馆1961年版。

［德］海德格尔：《存在与时间》，上海三联书店1987年版。

［德］黑格尔：《精神现象学》，商务印书馆1961年版。

［德］黑格尔：《逻辑学》，商务印书馆1966年版。

［德］黑格尔：《逻辑学》，杨一之译，商务印书馆1981年版。

［德］黑格尔：《小逻辑》，商务印书馆1980年版。

［德］黑格尔：《哲学史讲演录》，贺麟等译，商务印书馆1983年版。

［德］康德：《纯粹理性批判》，蓝公武译，商务印书馆1987年版。

［德］兰德曼：《哲学人类学》，工人出版社1988年版。

［德］雅斯贝尔斯：《新人道主义的条件与可能》，商务印书馆1963年版。

［俄］列宁：《列宁全集》第38卷，人民出版社1959年版。

［古希腊］亚里士多德：《形而上学》，吴寿彭译，商务印书馆1959年版。

［美］彼得·德鲁克：《管理——任务、责任、实践》，孙耀君译，中国社会科学出版社1987年版。

［美］彼得·德鲁克：《管理的实践》，齐若兰译，机械工业出版社2009年版。

［美］彼得·德鲁克：《管理实践》，上海译文出版社1999年版。

［美］彼得·德鲁克：《社会的管理》，徐大建译，上海财经大学出版社2003年版。

［美］彼得·圣吉：《第五项修炼》，上海三联书店1988年版。

［美］彼得·圣吉：《第五项修炼》，王秋海等译，东方出版社2006年版。

［美］丹尼尔·雷恩：《管理思想的演变》（中译本），中国社会科学

出版社 1986 年版。

[美] 德博拉夫·安克拉等:《组织行为与过程》,孙非译,东北财经大学出版社 2000 年版。

[美] 迪尔·肯尼迪:《企业文化——企业生活中的礼仪与仪式》,中国人民大学出版社 2008 年版。

[美] 弗兰克·G. 戈布尔:《第三思潮马斯洛心理学》,吕明等译,上海译文出版社 2001 年版。

[美] 弗雷德里克·泰勒:《科学管理原理》,马风才译,机械工业出版社 2007 年版。

[美] 哈得罗·孔茨、西里尔·奥唐奈、海因茨·韦里克:《管理学》,中国社会科学出版社 1987 年版。

[美] 赫伯特·A. 西蒙:《管理决策新科学》,李柱流等译,中国社会科学出版社 1982 年版。

[美] 理查德·L. 达夫特:《管理学》,清华大学出版社 2009 年版。

[美] 乔西亚·罗伊斯:《忠的哲学》,麦克米兰出版公司 1908 年版。

[美] 托马斯·彼得斯:《追求卓越:美国优秀企业的管理圣经》,中央编译出版社 2001 年版。

[美] 威廉·大内:《Z 理论——美国企业界怎样迎接日本的挑战》,中国社会科学出版社 1984 年版。

[美] 西奥多·W. 舒尔茨:《论人力资本投资》,北京经济学院出版社 1990 年版。

[英] 史蒂文森:《人性七论:基督教、弗洛伊德、洛伦茨、马克思、萨特、斯金纳和柏拉图人性论》,赵汇译,国际文化出版公司 1988 年版。

[英] 苏·纽厄尔:《构建健康组织》,周祖城等译,机械工业出版社 2004 年版。

Andrew M. Pettigrew, "Management Research After Modernism", *British Journal of Management*, 2001 (11).

Armen A. Alchian, "Harold Demsetz, Production, Information Costs, and

Economic Organization", *The American Economic Review*, 1972 (6).

A. L. Cunliffe, "Managers as Practical Authors Reconstructing Our Understanding of Management Practice", *Journal of Management Studies*, 2002 (3).

Church, A. T., "Culture and Personality: Toward an Integrated Culture Trait Psychology", *Journal of Personality*, 2000 (68).

Keith Horton, "The Limits of Human Nature", *The Philosophical Quarterly*, 1999 (197).

Li Zhi, Li Jianling, Zhao Nan, Luo Zhangli, "Empirical Study on the Human-nature View of Chinese Enterprise Managers: Its Structure and Characteristic", *Chinese Management Studies*, 2011 (5).

Tim Ingold, "Human Nature and Science", *Annual Festival of Science*, 1999 (9).

后　记

　　本书的上篇是在我的博士论文的基础上修改而成的，下篇是在对我独立或者和其他作者共同发表的相关论文做了修改编辑后集成的。本书能够成书并顺利出版，凝结了许多人的心血和劳动。例如，中国社会科学出版社的领导和编审们的认可与支持，特别是田文同志的大力支持与协助；我所在的西安理工大学和西京学院的领导以及有关部门负责人和工作人员的支持与积极协助等。

　　宋振航、王玥两位同志花费了两个月的时间对书稿内容进行了修改完善和整理编辑工作，并且在成书出版工作和相关资料包括外文资料收集翻译等诸多方面作出了重要贡献。

　　书稿内容中借鉴和使用、引用了国内外研究者的许多相关成果、思想观点与文献等。除了那些（当然是绝大部分）我们在脚注和参考文献或者正文叙述中已经说明和标注过的以外，由于各种主客观原因，肯定还是有遗漏掉的。我在这里要对大家表示最诚挚的谢意，并请被遗漏者谅解！

　　最后，我还要感谢我的家人，特别是我的爱人焦慧玲女士的宽容、支持和无微不至的关怀。感谢西京学院、西安理工大学、西安交通大学对我进行相关研究工作给予的支持与帮助。

王文奎

2019 年 3 月于西安